图书在版编目（CIP）数据

地域性与国际化：文创设计的新探索 / 卢朗, 李旸
主编. -- 南京：江苏凤凰美术出版社, 2023.11
ISBN 978-7-5741-1290-2

Ⅰ.①地… Ⅱ.①卢… ②李… Ⅲ.①文化产品 – 产
品设计 – 研究 Ⅳ.①G124

中国国家版本馆CIP数据核字(2023)第221762号

责 任 编 辑　王左佐
装 帧 设 计　徐静琪　焦莽莽
责 任 校 对　孙剑博
责 任 监 印　于　磊
责任设计编辑　韩　冰

书　　　名　地域性与国际化：文创设计的新探索
主　　　编　卢　朗　李　旸
出 版 发 行　江苏凤凰美术出版社（南京市湖南路1号　邮编210009）
制　　　版　江苏凤凰制版有限公司
印　　　刷　南京大贺开心印商务印刷有限公司
开　　　本　787 mm × 1092 mm　1/16
印　　　张　23.5
版　　　次　2023年11月第1版　2023年11月第1次印刷
标 准 书 号　ISBN 978-7-5741-1290-2
定　　　价　280.00元

营销部电话　025-68155675　营销部地址　南京市湖南路1号
江苏凤凰美术出版社图书凡印装错误可向承印厂调换

地域性与国际化：
文创设计的新探索

**Regionalism
and Internationalization:**
New Exploration of Cultural and Creative Design

卢 朗　　李 旸　　主 编
Lu Lang　　Li Yang　　Editor

江苏凤凰美术出版社

目 录

Contents

序 言

在当代文创设计的研究和实践中，"地域性"和"国际化"是两个重要的命题。一方面，地域性是文创设计的创意基础和重要特征，设计成果往往就是地域文化的重要载体；另一方面，文创设计要获得更强劲的发展动能和拥有更广阔的发展空间，也需要超越地域性，具备更为广泛的国际认同和接受的特质。因此，如何拓展和升华文创设计中的地域性，使其获得国际化影响；抑或借助国际化视野促进对地域性的再发现和新认识，进而建立起两者在文创实践中的协调共振机制，都是值得我们深入思考和积极探索的问题。基于此，我们策划并组织了以"地域性与国际化：文创设计的新探索"为主题的国际研究生学术论坛，聚焦国内外高校硕博研究生在这一领域的成果，以期通过研究生群体的学术交流活动，促进对此内容的深入研究。这也是苏州大学艺术学院在研究生培养工作中的又一次重要活动。

苏州大学艺术学院的研究生培养历史可以追溯到 20 世纪 80 年代初。2000 年，苏州大学获批成为全国第二家拥有设计艺术学博士学位授予权的高校；2005 年，又成为全国首批 34 所获得艺术硕士（MFA）专业学位授予权的高校。2011 年，艺术学升格为学科门类后，又通过调整申报获得一级学科设计学博士学位授予权和美术学硕士学位授予权。近年来，学院不断加强国际合作交流，成为"国际艺术、设计与媒体院校联盟"成员单位，并与 10 多所国外高水平艺术院校建立了合作关系。学院有大批研究生赴海外开展访学、展赛和工作坊活动，也有多个国家和地区的留学生来我院攻读硕士、博士学位。经过 40 多年的发展，艺术学院研究生培养质量不断提高，国际化进程渐入佳境，研究生群体日益成为学院一支活跃的学术力量。他们的才华、努力和成果，在近年来一系列的研究生学术论坛、实践创新大赛和设计工作坊等活动中得到了充分的展示，自身能力也得到了更加多元化的训练和提升。

"地域性与国际化：文创设计的新探索"国际研究生学术论坛得到了江苏省艺术学类研究生教育指导委员会和苏州大学研究生院的大力支持，先后获批为 2021 年度江苏省研究生培养创新工程项目和苏州大学研究生国际学术创新论坛项目。2021 年 8 月起，我们开始了论文征集以及稿件的初评、复评等工作，最终评选出 29 篇入围论文，其中有 19 篇论文获得"优秀论文奖"，并在论坛上做了分享。

2022 年 9 月 9 日，由江苏省艺术学类研究生教育指导委员会和苏州大学主办，苏州大学艺术学院、苏州大学非物质文化遗产研究中心承办的"地域性与国际化：文创设计的新探索" 国际研究生学术论坛，采取线上线下、全程同步直播的形式，在苏州大学炳麟图书馆报告厅举办。论坛共分为四个学术单元，分别由中国美术学院杭间教授、清华大学美术学院方晓风教授、上海美术学院朱小地教授和意大利罗马第一大学罗蕾达娜·迪卢秋教授担任评议专家，对来自 6 个国家、16 所高校的博、硕士研究生发表的成果进行了学术点评。在论坛的互动环节，专家、演讲者与参会人员还展开了热烈的讨论。当日共有 2380 多人在线上线下参会，论坛取得了圆满成功。

为了保障本次活动的学术质量，彰显活动的学术训练价值，在论坛前和论坛后一年多的时间里，我们多次组织专家对入围论文进行指导。经过多轮的打磨和修改，这本文集最终得以形成了。这些成果选题广泛，视野开阔，既有对当代文创已有实践的反思，又不乏建设性的见解以及多元化的探索。虽然在研究深度和实践水准等方面还有提升的空间，但青年学子们富有热情和智性的思考，正是文创设计持续的活力所在。衷心地希望这一成果能为高水平文创设计人才的培养带来启示，同时也为文化创意产业的发展提供积极的智力支持。

是为序。

卢朗

2023 年 1 月 18 日

1 | 基于敦煌藻井纹样的文创设计及数字化传播研究

余 兰

基于敦煌藻井纹样的文创设计及数字化传播研究

余 兰

摘 要 随着智能化时代的到来，数字化技术已经逐渐被应用到人们生产和生活的各个方面。将中国传统藻井纹样与数字化技术相结合，根据敦煌藻井纹样的构成规律及元素组成，通过对原始纹样图像的数字化采集和整理，运用智能化软件将纹样矢量化，能够重新拟合藻井纹样并进行再设计，获得文化创意类产品。同时，它有利于探索中国传统藻井纹样的跨领域数字化设计，实现传统纹样的国际化传播。

关键词 藻井纹样；文创设计；数字化传播；地域性与国际化

敦煌藻井纹样作为我国传统纹样中一道亮丽的美"井"，不仅是传统纹样的杰出代表，体现了中国对外开放包容的胸襟和兼收并蓄的精神，也是民族文化遗产的重要组成部分。藻井纹样经历中国各个朝代的更迭不断发展和演变，形成了绚丽多姿的造型、丰富多样的形式、灿烂缤纷的色彩、吉祥美好的寓意，具有特有的审美价值和艺术魅力。随着科学技术的发展，互联网、大数据的出现，以及信息化、智能化的普及，做好中国传统纹样的保护传承和创新发展，是研究中国文化的重要内容，也是复兴中华民族的时代责任，更是保护我国文化、防止文化遗失的有效举措。将中国传统纹样与现代数字化技术相结合，能真正让中国传统纹样"活"起来、中华优秀传统文化"传"下去，同时为中国传统纹样在现代设计中的可持续发展和国际化传播提供一条新路。

余兰，女，苏州大学博士研究生，研究方向为装饰艺术史。

基金项目：国家社会科学基金艺术学重点项目（20AG009）；中国纺织工业联合会职业教育教学改革研究项目（2020ZJJGLX044）

一、藻井纹样的概述

（一）藻井纹样的起源

"藻井"一词，最早见于汉赋。张衡的《西京赋》中说："蒂倒茄于藻井，披红葩之狎猎。"[1] 王延寿在《鲁灵光殿赋》中描写鲁灵光殿时写道："圆渊方井，反植荷蕖，发秀吐荣，菡萏披敷，绿房紫菂，窋咤垂珠。"[2] 何晏在《景福殿赋》中记载："茄蔤倒植，吐被芙蕖，缭以藻井，编以疏。"[3] "藻井"特指木制建筑中房屋穹顶的结构，多层木条交叉叠加，呈正方形、六边形、八边形。由于形状和古时候的水井类似，所以称其为"藻井"。由于古时的房屋穹顶多为木制框架结构，因此容易引起火灾，而水可以灭火。《风俗通》记载："今殿作天井。井者，东井之像也。菱，水中之物。皆所以厌火也。"[4] 魏晋南北朝时期，随着佛教的传入，大量的石窟、佛像和壁画艺术出现。最早的藻井纹样大多来源于佛教石窟的穹顶装饰，尤以敦煌莫高窟中留存的数量最多。由于藻井纹样多装饰在石窟的顶部，不容易被风沙雨水等侵蚀，所以至今保存较好。

（二）藻井纹样的发展

藻井纹样随着朝代的更迭，其艺术特点和风格样式也发生着改变。敦煌石窟中，从早期的魏晋时期到中期的隋唐时期，再到宋元、西夏的藻井图案都各具特色，反映了当时的历史和文化背景。如魏晋南北朝时期的藻井图案庄重朴实，承袭了淳朴的汉画神韵，又受到西域装饰风格的影响；隋唐时期由于政治、经济、文化都相对繁荣，尤其是唐代经济发展迅速，民风开放，随着西域风传来，藻井图案带上了异域色彩，纹样繁盛华丽；到了五代至宋元时期，由于历史和宗教元素的多民族交融，藻井纹样呈现各种风格，丰富多样。藻井的演变和图案发展与每个时代的政治、经济、人文等因素息息相关。魏晋南北朝的庄重、隋代的异域、盛唐的绚丽，每一个时代都铸造出一方美丽的藻井。

二、数字化文创设计让敦煌文化走向世界

（一）敦煌文化的守护传承和国际化传播

敦煌是世界人类四大文明的交汇点、丝绸之路上的璀璨明珠、佛教东传的重要通道，更是东西文化和艺术交流的门户，从而融合了丰富多彩的文化精髓，构成了辉煌灿烂的人类艺术宝库。自 1976 年以来，敦煌研究院就致力于敦煌莫高窟的保护和修复工作，一代又一代的"莫高窟守护人"潜心于敦煌文物的研究和保护，积极推进敦煌学的国际化，先后组织开展各类国内外的学术交流活动，举办多场关于敦煌文化的学术论坛和线

上线下主题展览，深化敦煌文化在不同地域、不同民族和不同国家之间的交流沟通和认识理解，使得敦煌艺术得以延续，也让敦煌文化走向了世界。[5]

　　自 20 世纪 90 年代开始，莫高窟人又不断努力探索让历史和文物"活"起来的有效途径，深化文化与科技融合，先后完成了多项有关敦煌壁画数字化技术和公关研究。[6] 2016 年，敦煌研究院利用互联网技术建立了中英文版"数字敦煌"资源库（图 1），

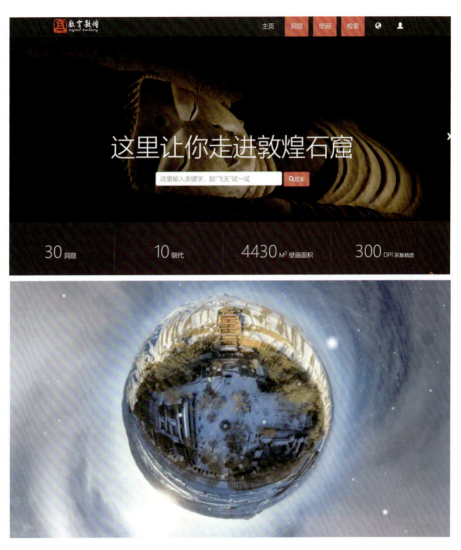

图 1　"数字敦煌"资源库界面

通过网络平台向全球发布 30 个经典洞窟的高清数字化内容和图像，实现全球共享及全景漫游。观众进入"数字敦煌"资源库界面后，可采用 VR 360 度"云游"的方式参观敦煌石窟和欣赏壁画之美，从而实现"沉浸式"虚拟游览体验。访客覆盖 70 多个国家（地区）和全国 34 个省（自治区、直辖市），全媒体平台浏览量达 1.14 亿人次。[7]

（二）敦煌数字化媒体及文化创意产品

随着国际化进程的日益加快，在国际化的各类设计中，我们不难发现有许多中国传统元素和中国文化基因。敦煌研究院借助新媒体平台，充分挖掘敦煌元素，探索敦煌文化，创新传播形式，先后推出了"数字供养人"项目、"云游敦煌"小程序、敦煌动画剧、敦煌岁时节令、吾爱敦煌、和光敦煌和敦煌说等系列化、多元化、高质量的数字媒体创意文化产品（图 2），逐渐形成了以文化价值为核心、科学技术为支撑、数字传播为手段的敦煌文化创意传播体系。敦煌研究院还相继推出"让千年敦煌与时代接轨"

图 2　敦煌数字媒体创意文化产品

的专题栏目。访客来自全球 120 多个国家和地区，成为国内外颇具影响的文化品牌，社会反响良好，也为我们开拓了一条探索文创发展新模式的道路。

　　近年来，国潮风尚再度在全球范围内崛起。品牌和文化 IP 的跨界融合，在继故宫 IP 成为"网红"之后，大众也将目光集中在敦煌这个中西文化交汇处的丝路宝地上。敦煌逐渐成为新的品牌和文化 IP 的焦点。敦煌研究院不仅会自主设计原创产品，还会与国内外各大知名品牌合作，拓展敦煌文创 IP 产品的设计范围和领域，涉及博物馆纪念品、生活日用品、文具类用品、服饰类配件、家居创意品等。产品上的装饰从伎乐飞天到九色鹿，从青绿山水到藻井纹样，无一不是对敦煌元素的提取、锤炼、糅合和创新。其中，应用范围较广泛、数量较多、产品适用性较强的莫过于藻井纹样，有藻井纹样服饰品（丝巾、胸针、挂件）、家居饰品（抱枕、墙贴、杯具）、文具（书签、纸胶带、笔筒）等（图 3），琳琅满目，种类繁多。这些都彰显了藻井纹样极高的艺术价值和独特的魅力。

图 3　藻井纹样文化创意产品

三、藻井纹样的数字化创新设计

（一）井然有序

绘制藻井图案的第一步就是确定图案的组织和框架结构。首先是绘制藻井图案方形或者圆形的外轮廓线，然后按照选定的藻井构成样式在轮廓线内部添加圆形和菱形的框架骨骼线。由于藻井的骨骼是对建筑穹顶木架结构的模仿，所以排列十分规则和秩序。我们把轮廓和结构的绘制归纳为"井然有序"。以三兔藻井为例，就是典型的方中有圆式，即可先画出方形外轮廓和内框，以及中心三角形、圆形和四角角隅轮廓（图4）。

（二）井上添花

完成了外部轮廓和内部框架结构的绘制后，在其中点缀各种莲花植物纹样、飞天人物纹样、异域动物纹样等，中心方井和帷幔点缀卷草纹、云纹等纹饰装饰。之后，对符合主旨的元素通过"重构""组合""象征""叠加""平衡"等表现手法结合现代装饰艺术特点，以现代设计法则进行藻井纹样的再造和设计。所以，第二步填充内部元素和纹饰被称为"井上添花"。如敦煌诗巾 App 中的三兔藻井，在中间三角形区域填充"共生"三只耳朵的兔子，然后于中心同心圆绘制莲花花瓣和佛像"开光"，四角装饰侧面的写实莲花纹样，外框填充二方连续缠枝忍冬纹边饰（图5）。

（三）随类赋彩

要对传统经典藻井图案的色彩进行整理和筛选，可选取最具代表性的色彩组合方案，依据绘制的藻井纹样线描稿上色。注意每个层次色彩的搭配，同时采用推晕的方法对纹样的深浅进行赋彩。填色时注意藻井图案不同部分和层次之间的对比关系、不同面积大

图4　井然有序　　　　　　　　图5　井上添花　　　　　　　　图6　随类赋彩

小色彩的配置比例，最后可以用白色或者黑色的线条勾勒图案的边缘轮廓达到色彩的调和。我们把第三步根据不同类型的藻井图案填充颜色叫作"随类赋彩"。此案例选择深红色作为背景主色调，搭配粉绿色，运用渐变的手法上色，色调和谐统一（图6）。

四、藻井纹样数字化传播的必要性与重要性

（一）是对民族审美价值的延续

敦煌纹样的演变过程是纹样自身变化与当时社会人文环境互相融合和互相推动发展的结果。敦煌藻井纹样发展的阶段性特征因为受到不同历史时期社会、政治、经济、文化、审美等因素的影响，所以呈现出时代、地域和民族的差异性艺术特点。在每个时期，每一种藻井纹样都具备独特而多变的艺术形式，不仅不断汲取本民族文化的精髓，也兼收并蓄各种外来的涵韵，以最为直观的视觉化形式传递着各朝代、各民族、各地区的精神气质和审美取向，成为独特社会风尚的符号和艺术风格的缩影。

对敦煌藻井纹样整体性和延续性的研究，需在不同历史、社会、民族和审美的跨文化、跨地域、跨媒介背景下，归纳不同典型藻井纹样特点的演变规律；从符号学、图像学、考古学等多学科交叉的视角探讨其美学特征，发现敦煌藻井纹样的造型美、构成美、内涵美，总结出不同类型藻井纹样特有的形式美法则及美学意义。系统全面地比较和总结藻井纹样的艺术特点和审美特色，对研究整个敦煌石窟艺术史都具有极其重要的意义和价值。

深入挖掘敦煌藻井纹样在表达"形"和"意"方面的关联性，研究纹样的美学价值和内涵寓意，能够让我们更容易读懂藻井纹样背后的"故事"，理解纹样的造型特色、构成规律和色彩应用，领悟敦煌藻井纹样在功能性、装饰性和审美性上的和谐统一，延续我国自古以来"格物致知"的哲学艺术理念，从而更好地发掘地域性、民族性的审美取向和精神气质，领悟中西方传统文化和艺术形式的异同，弘扬中华优秀传统文化，振兴民族精神。

（二）是对民族文化基因的转译

数字化是指运用数字技术，以各种信息化平台、智能设备终端为载体，重视数据分享和数字化呈现，科普各种文化知识。在纹样数字化的过程中，如果仅仅是复制和再现原始纹样是无意义和无价值的，而是应该结合不同时期、不同类别纹样的艺术特色，从原始静态的纹样中挖掘其背后所蕴含的社会风尚、历史文化、生活状态、审美取向和

民族精神。田川流曾经提出："在当代可利用高新科技辅助创作艺术图像，在图像的创新理念、方式技术等方面能展现新的风貌，结合了现代艺术特征的图像创作能更准确地指向现代人们的内在精神世界与心理空间。"[8] 因此，要充分挖掘敦煌传统文化，梳理、复原和再造石窟藻井纹样，建立起藻井纹样的数字化文化基因工程，以历史文化为时间主线，以民族地域为空间范围，开发宏观、微观、纵向、横向的敦煌藻井纹样数据库系统和谱系构架。

纹样以视觉化、符号化的特点成为从古至今各个艺术设计门类的重要基础和源泉，对纹样的整理、研究、复原和再造，充分发挥现代科技创新的重要引擎和支柱作用，在传统与现代、艺术与科技、视觉与文化之间架起一座桥梁。所谓纹样数字化，不是仅仅简单地把纹样以数字化方式来展示，更需要挖掘中国传统纹样中蕴含的历史文化深意。所以，针对敦煌藻井纹样的数字化研究，必须从其产生的社会背景入手，探究各个历史朝代石窟的发展，分析其穹顶藻井纹样所蕴含的文化意象和内涵寓意，从而总结归纳藻井纹样在题材、造型、色彩、构成、工艺上的规律，以数字化技术为支撑，建立敦煌藻井纹样数据库及纹样知识库。

敦煌石窟中的藻井纹样具有立像达意、以像传情的艺术目的。藻井纹样数字化更是一种传统与现代的碰撞、图案纹样与数字化技术的结合。将技术的普适性与艺术的审美性相融合，不仅实现艺术与技术共生，而且可促进藻井纹样在现代技术条件下的发展进步。因此，致力于敦煌藻井纹样数字化设计与传播，可以让中国传统纹样借助现代数字化技术得以保护和传承，进而延伸出国际与本土、历史与文化、艺术与科技、商业与生活等的良性互动，实现中国传统纹样的传承与创新发展。

（三）是对民族文化遗产的保护

融入数字化将成为未来中国纹样传承和推广的新方向和新趋势。它也是对民族文化遗产较为有效的保护和传播方式，可复原敦煌藻井纹样的真实样貌，并以完整、科学的形式保存并传承。充分利用数字化的手段，我们可以结合敦煌藻井纹样的造型特色和象征寓意，将艺术与技术有机结合，通过数字化技术，以一种动态式交互和沉浸式体验的形式展示给人们。如 VR、AR、3D、声、光、电技术等，可全方位、立体化打造敦煌藻井纹样的演绎和传播方式，让人们更容易跨越时间和空间了解到敦煌莫高窟中的藻井纹样，在情景式、沉浸式、交互式的体验中传播和弘扬中华优秀传统文化，有利于民族文化遗产的保护和推广。

利用新媒体技术对中国传统装饰纹样进行数字化设计与应用，不仅区别于传统意义上复制重现纹样的方式，而且是对传统纹样数字化、时尚化、多元化的保护传承和创新应用。敦煌藻井纹样的数字化开发，应注重普适性、实用性、创新性和时尚性，传播敦煌文化的同时提高大众的认知度，以寓教于乐的方式促进中华优秀传统文化的传播。同时，立足敦煌藻井纹样与时尚流行色彩的结合，以现代设计理念再造传统纹样，将藻井纹样背后蕴含的文化特质和精神力量，以符合时代的现代审美取向和标准进行诠释。

数字化技术日新月异的发展打破了传统生产和生活的方式，将敦煌藻井纹样与现代智能技术融合，才能实时、高效、便捷地设计应用和展示传播藻井纹样，从而更好地传承和弘扬敦煌文化。从敦煌藻井纹样中激发灵感，将纹样背后所蕴含的传统文化和美好寓意融入现代纹样设计，同时构建国际共建共享数字化纹样信息平台，可为文化创意设计领域和产业发展提供本源范本。建立一个以数字为媒介，保护、传承与发扬敦煌藻井纹样的数字化综合应用平台，能够对中国传统纹样进行横向、纵向的解析与演绎，以图文并茂、声影同传的方式实现跨时间、跨地域的数字化和国际化传播。

敦煌藻井纹样不仅仅蕴含了深厚的文化底蕴，也是中华民族传统文化的优秀瑰宝。它从对称均衡的构成形式到柔和丰富的色彩搭配，从自然生命的主题构思到吉祥美好的内涵寓意，处处流露出古人的高超技艺和工匠精神。在大数据、互联网、智能化的浪潮下，中国传统纹样与现代数字化技术相结合，既是科学与美学、艺术与技术的有机统一，也是对文物的保护、文化的传播和文明的传承。敦煌藻井纹样与现代数字化技术结合展示，以跨国家、跨区域、跨民族和跨媒介的方式传播，可让更多的人感知到敦煌文化的博大精深和中华文明的灿烂辉煌，让传统纹样在新的时代得以保存、传承和活化，实现对民族文化基因的转译和民族文化遗产的保护，让中华优秀传统文化融入人们的日常生活之中，树立文化自信，弘扬民族精神。敦煌藻井纹样的数字化，能够让敦煌走向世界，让世界认识敦煌，实现敦煌绚丽文化的传播和中华优秀文明的传承，增加民族认同感，树立起文化自信。

注 释

[1] 龚克昌等评注 . 全汉赋评注 (F)[M]. 石家庄 : 花山文艺出版社，2003:416.

[2] （南朝梁）萧统编，于平等注释 . 昭明文选 [M]. 北京 : 华夏出版社，2000:326.

[3] 任继愈 . 昭明文选 [M]. 长春 : 吉林人民出版社，2007:189.

[4] 萧统编 . 文选 [M]. 卷十一，上海 : 上海书店，1988:158.

[5] 樊锦诗 . 为了敦煌的久远长存——敦煌石窟保护的探索历程 [J]. 敦煌研究，2004(3):5–9.

[6] 陈振旺，樊锦诗 . 文化科技融合在文化遗产保护中的运用——以敦煌莫高窟数字化为例 [J]. 敦煌研究，2016(2):100–107.

[7] 樊锦诗 . 敦煌石窟保护与展示工作中的数字技术应用 [J]. 敦煌研究，2009(6):1–3.

[8] 田川流 . 艺术图像研究的学科属性和美学特征 [J]. 中国文艺评论，2020(5):56–65.

Research on Cultural and Creative Design and Digital Communication Based on Dunhuang Caisson Pattern

Yu Lan　　*Soochow University*

Abstract With the advent of the era of big data and intelligence, digital technology has been gradually applied to all aspects and fields of people's production and life. This paper combines the traditional Chinese algae pattern with digital technology for innovative application in the field of cultural and creative design. Based on the composition rules and elements of Dunhuang algae pattern, the pattern is re-designed by digitizing and organizing the original pattern images, vectorizing the pattern using intelligent software, and re-fitting the algae pattern, and applying it to cultural and creative products. The purpose of the research is to explore the cross-disciplinary digital design of traditional Chinese algae patterns and to realize the regional and international dissemination of the patterns.

Keywords Caisson pattern; Cultural and creative design; Digital communication; Geographical and international

2 新媒体环境下城市符号在文创设计中的应用研究

叶凯婷

新媒体环境下城市符号在文创设计中的应用研究

叶凯婷

摘　要 随着新媒体技术的迅猛发展，文创产品的热度一直居高不下，涌现出越来越多具有浓郁地域特色及城市符号色彩的优秀文创设计。本文以当下优秀文创案例为基础，通过强化城市符号在文创设计中的价值地位及其具体的应用体现，使得"新"符号更好地推动"新"文创的发展，让文创设计更好地走向国际舞台，得到更广泛的传播。

关键词 新媒体；城市符号；文创产品；地域性

在科技快速发展的今天，一座城市的特色建筑、风土人情、文化内涵等可以随时随地通过社交软件及媒体平台进行记录或传播，让人们足不出户便可了解各地的风土和文化。蕴含丰富城市文化内涵的文创产品则在物质层面构建起人们对城市文化进行深入了解的渠道。文创产品是一种艺术衍生品，它可以利用原生艺术品的符号意义、美学特征、人文精神、文化元素，对原生艺术品进行解读和重构，通过设计者自身对于文化的理解，将原生艺术品的文化元素与产品本身的创意相结合，形成一种新型文化创意产品。[1] 本文就是基于城市符号的相关理论，在新媒体的背景和国际传播的需求下，挖掘城市符号的价值，并对其在文创设计中的应用展开研究。

一、新媒体发展背景下的城市符号

(一) 城市符号的概念与内涵

城市符号的根脉来源于城市文化。美国哲学家兼诗人爱默生说："城市是靠记忆而存在的。"一个城市的长期发展积累了丰富的记忆符号。这些符号是现代城市的生命之

叶凯婷，女，苏州大学硕士研究生，研究方向：平面设计。

根，具有不可复制性和识别性。我国地大物博，历史悠久，不同地域的文化差异大相径庭，这对不同城市的符号建构有极大的推动作用。其中，地域文化符号与城市符号之间还是有一定区别的。地域文化符号主要以时间为发展脉络，侧重点是以梳理及挖掘历史上地理区域划分的传统文化符号为主；城市符号则是主要将视觉落点放在现代区域位置的划分上，载以传统文化和现代文化相结合的符号整合归纳。两者的研究领域存在交叉，但也各自独立。

罗兰·巴特在《符号学与城市规划》中，将城市作为一种话语进行分析，探讨建筑和城市之间的关系，构建起城市符号学基础理论。在国内，对城市符号的研究更多聚焦于对城市文化符号学的归纳和解读。2008年，刘溢海教授在《论城市符号》中给予城市符号明确的定义，城市符号是指能够代表该城市文化特征，具有传承价值，给人以深刻印象并且让人引以为豪的标志性的事物。[2] 城市符号就是基于对城市文化的传承和发展，提取出符合现代审美及价值认同的彰显城市个性与特色的要素。之后，张鸿雁教授又提出了"城市文化资本"这一概念。[3] 这个概念建立在对城市符号学的认同基础上，以现代的角度来看城市的发展，强调了城市符号的重要性和可能性。如果说城市是文化的"容器"，那么城市符号便是"容器"中的精华。

城市符号的内容多样化，在现代化的发展过程中，它早已不受任何形式的限制。在一些特定因素下产生且给人留下深刻印象的事物，往往都可能成为城市的代表与象征。以苏州为例，园林、苏绣、评弹、吴语等早已成为苏州这座城市的代表性符号，近年来城市建设发展中建成的苏州博物馆、苏州中心等也成为苏州新的城市符号。

（二）城市符号与文创设计的关系

各地区城市符号大相径庭，但在现代化发展下，许多城市"千城一面"。在文创领域，"千创一品"现象也层出不穷。"文化产业既有意识形态属性，又有市场属性，但意识形态属性是本质属性。一定要牢牢把握正确导向，坚持守正创新，确保文化产业持续健康发展。"[4] 从文化产业角度来看，城市符号与文创设计，一个是基石，一个是载体。基石的厚度能够保障载体的深度，而载体的宽度又起到夯固基石的作用，两者相辅相成，相互作用。

就目前来看，鲜有城市重视语言景观和城市活力的关系。[5] 城市符号是抽象的，由历史、人物、古建筑等城市内涵凝聚而成，是集大成的综合性"团体"。城市符号的积累为文创设计带来了丰富的灵感，文创设计的创新又为城市符号的传承与传播提供了强有力的支撑，两者共同肩负着对中华优秀传统文化继承与发扬的使命。从城市的"实"物体走向"虚"符号，又从"虚"符号走向"实"文创，可形成良性的相互转化的螺旋式发展路径。

（三）新媒体环境下强化城市符号的重要性

党的十八大报告提出了"实施创新驱动发展战略"等关于文化创意产业的重要主张，表明地域性文创产品的创新设计已经上升到国家经济和社会发展的重要地位。近些年，各地政府相继出台多项政策扶持地方文化产业发展，对非遗文化相关内容的设计尤为重视。在新媒体推动下，人们建构起一条资料收集、内容创新、传播形式多样化发展的创新之路，力争将地方特色更好地转化为城市符号。种种举措都凸显了城市符号的重要性。以苏州桃花坞为例，在地方政府的支持下，和与苏州高校、老字号品牌等文创团队的合作中，它以设计创新打响了地方"非遗"品牌，同时推动了桃花坞地区文旅产业的发展，使桃花坞成为苏州的一个重要城市符号。强化城市符号，不仅利于经济发展，更是透过城市符号让大众深入了解其背后独特的地方文化，使地域性文化走向国际化，不断促进各文化的交流与融合。

二、新媒体环境下强化城市符号在文创设计中的新体现

近年来，随着博物馆文创产品的爆火，蕴含地区文化底蕴及城市符号的文创产品也渐入佳境。通过对一些优秀文创案例的分析，我们可以看到它有以下几个特征。

（一）产品内容极富现代性

文创设计作为现代产物，其内容必须紧跟时代进行创新设计。故宫博物院近期推出的一系列产品（图1），如虎年日历、国画常用色的彩妆、仿古制通行宝钞样式的贴纸，无不体现了北京这座城市作为明清两代都城大气、深厚、庄严的历史底蕴。在虎年日历设计中，人们对虎的形象进行了"拟龙化"，四周分布祥云，与云龙的图像相似；在现代语境下，长翅膀的老虎又意味着如虎添翼的内涵；国画常用色的彩妆产品，使得传统文化在一定程度上以现代的方式又一次被大众所了解，故宫收藏着大量国画作品，将在作品中提取的颜色作为象征北京的城市色彩，并用于文创设计之中；大明通行宝钞是我国也是世界上迄今票幅面最大的纸币，以通行宝钞为基础的二次创作，再加入现代化的元素如"绝不秃头""逢考必过"这些名词，以一种幽默的方式契合着现代人的日常与审美，得到了广大消费者的认可和喜爱。

图1　故宫博物院的部分文创产品

（二）新"玩法"提升趣味性

移动互联网和现代媒体的发展，使得年轻群体热衷于网红打卡、拍 Vlog 等与地域性的文化、建筑进行互动。这也促使文创设计朝着更具趣味性、互动性、多样性的方向发展。

一方面，文创设计将产品中的传统元素与"盲盒热""剧本杀""密室逃脱"等潮流文化相结合，打破了产品缺乏可玩性的僵局；另一方面，将"潮""萌""搞笑"等流行元素和更加大胆及多元的色彩、造型、材质融入产品之中[6]，使产品更富有趣味性。例如，2021 年夏季多地推出的地方特色性雪糕得到了人们极大的关注。这里以苏州和南京为例（图 2），苏州推出了以城市建筑为主要造型的雪糕，如拙政园、虎丘塔等，南京也有牛首山景区形象的雪糕，以及与博物馆合作的"文物"雪糕造型，如梅瓶雪糕等。

图2　苏州及南京推出的地方特色雪糕

（三）"新"符号注重实用性

地域性文创产品的语意在传达过程中，以造型为媒介实现编码与解码，并产生一定的效果和有所反馈。[7]大部分顾客往往追求性价比高的文创产品，因此造型很大程度上影响着文创作品的受欢迎度，对造型的研究有利于文创实用性的体现。

如何使文创设计真正具有美观价值，又富有实用价值，成为文创设计的一大挑战。有的作品仅展示作为"符号"这一单层含义也足以成为优秀的文创设计案例。以图3为例，苏州博物馆根据"陶冶之珍"展厅展示的一组造型各异的颜色釉瓷器，按其比例缩小制成了一套小花瓶冰箱贴。这样一套文创产品，实用价值高，同时又能很好地展示出历史上苏州地方制瓷器的工艺精美，给参观过这一展厅的大众留下深刻的印象，极富纪念意义。

同样，在迪拜世博会上作为中国馆指定展出的彩妆品牌花西子（图4），其创作的"傣族印象"系列产品运用云南傣族经典的"孔雀舞"这一符号，兼具实用性和美观性，向世界展示了我国云南这座城市的底蕴——傣族文化，同时也将中国彩妆更好地推向了国际舞台。强化城市符号就是要以实用、美观的文创产品来打动顾客，既传播真正富有地方特色的文化内涵，又以实用性给客户带去便利。

（四）新方式凸显收藏性

文创产品作为艺术作品，充分体现了收藏性特征。通过对城市符号的挖掘整理，对其进行再设计，从符号属性转化为产品属性，该产品可引发顾客对所在城市的记忆联想，从而达到提升自身收藏价值的目的。极具地方特色的优秀文创产品之所以受到广大

图3　苏州博物馆推出的小花瓶冰箱贴

图4　迪拜世界博览会上花西子品牌的"傣族印象"系列产品

群众的青睐，主要也体现在文创产品具有的收藏性上。

现下越来越多巧思及新方式的出现使得文创产品的设计不仅外观精美，与众不同，同样对其内在文创产品本体的把控也要求更高，这凸显着文创产品收藏价值的重要性。盲盒这一产物受到年轻群体的极大喜爱，收藏盲盒成为一种时尚潮流。伴随新媒体技术的不断发展，现代年轻人喜欢通过网络视频等方式来分享好的产品，这也产生了像"开箱""文创好物推荐"之类的新视频。正是在这类媒体的发酵下，文创的收藏价值越加彰显。河南博物院推出的"考古盲盒"文创产品——"失传的宝物"（图5），把时下流行的"盲盒"概念和文物结合，将青铜器、元宝、铜佛、铜鉴、银牌等"微缩文物"藏进土中。这一文创设计将考古学探索未知的特性与盲盒消费的随机性和不确定性紧密结合，是一次成功探索，并对河南博物院和地域文化起到很好的宣传作用。[8] 这一文创设计在众多网友"开箱"视频的互动下刺激了更多人的购买欲望，凸显了文创产品的收藏性。

图5　河南博物院推出的"失传的宝物"考古盲盒文创产品

三、强化城市符号的文创设计未来发展趋势

如何利用好新媒体，在内容、形式上进行创新都离不开对城市符号的持续深入探索。越来越多的设计师注意到城市符号的价值，开始深挖城市符号的内涵并将其作为自己文创设计的灵感土壤。笔者在收集案例的过程中，也对未来的发展趋势进行了归纳和总结。它主要体现在以下三个方面。

（一）文化底蕴的深入挖掘

"文创热"背景下，越来越多的活动及比赛邀请国内外设计师对地域性文创进行创作。对设计师来说，设计的第一步都是进行实地考察，与当地居民交谈，走访街道城镇，深入挖掘当地的衣食住行，总结出一套独特的地域文化符号，而不仅是简单利用网络对该地区进行概括笼统的了解。对于地方政府来说，应找到合适且乐于发掘探索的设计师或团队进行深入合作，将城市符号通过文创设计这一载体真正呈现出来。2021年，北京王府井大街东方广场推出的"故宫以东·城市盲盒"活动，以交互VR为主要媒介，"城市盲盒"的新概念将老北京遛鸟、投壶、滚铁环等休闲娱乐文化展现在大众的视野之下。这种结合新媒体技术的尝试，让城市符号与文创设计的融合创新有了更多的可能性。

（二）跨界形式的多样化

新媒体的衍生发展，诞生出更多具有新颖创意的产品。跨界这一新形式结合多种载体，融合多种符号，发挥出"1+1>2"的效果。对未来文创设计来说，它是不可多得的发展方向。对于跨界来说，以强化城市符号为出发点，有利于更好地寻找合作对象，其涉及的产业及层次十分广泛，往往会产生意想不到的多样化的传播效果。

如图6，苏州博物馆在2020年中秋节期间与苏州"老字号"乾生元合作推出了一款

图6 苏州博物馆2020年"一团和气"中秋文创礼盒

名叫"一团和气"的中秋文创礼盒，展示了苏州经典的桃花坞图案。该文创产品呼应中国传统节日，提炼传统城市符号，加强了图案的地域属性，并将其提到苏州"新"符号的高度进行宣传，以新颖及趣味吸引消费者，引起大众的关注热度。食品与博物馆、非遗技艺的跨界融合赋予这款文创作品实用性，同时又以手作让客户体验到苏州地区桃花坞木刻年画的制作流程。跨界的形式逐渐多样化发展，线下传统的销售模式已不能满足现有的市场，线上宣传及销售模式成为主要渠道，因此设计过程中，设计师必须考虑如何展示文创产品、如何将城市符号的内涵通俗易懂地表达出来、如何将城市符号的价值理念给予体现及传承等问题。

（三）地域性设计与世界相联

文创设计的地域性发展十分迅猛，同时随着世界交流的频繁，其走向国际化是必然趋势。中国各区域都有独特的地理风貌、风土人情以及风俗习惯，这使各个城市的发展在很多方面的差异极大。现在，大部分国内设计师拥有现代设计的教育背景，并对传统城市符号进行着探索和创作，正在逐步架起传统符号与世界相连的桥梁。但这要求设计师多看、多想、多交流、多分享，学会运用新媒体的技术手段，并以国际性发展的眼光去挖掘中华优秀传统文化，从多角度对城市符号进行归纳总结甚至重构。

现代城市不能仅仅局限在历史积累的符号之下，需要人们继续探索、发现、创造现代发展中的"新"符号，比如新式建筑、潮流文化、新型产业、小说文学等。笔者由此概括出"新"城市符号的地域性与国际化的创新路径主要有两条：一条是挖掘城市中的"旧"符号，并对其进行加工升级以适应现代城市的发展，由此转化为"新"的城市符号；另一条是在城市的品牌建设中主动寻找新的对象，把它打造成"新"的城市符号。这两条路径，将共同建构起这座城市完整的城市符号体系。

以在迪拜举办的世界博览会为例，中国馆特别设计并展出了以四川熊猫为形象的文创衍生品，即以大熊猫结合迪拜服饰推出的熊猫 Mossi 莫西纪念品之一的"迪拜小王子"（图7）。此外，还有致敬中国文化的十二生肖、与当地文化融合后推出的"城市系列"、与科技结合的"熊猫机器人"等。现场还开展了一系列熊猫主题的相关活动，使用沉浸式 VR、快闪等互动体验技术，让参观者如身临其境地感受大熊猫的成长，向世界展示我国四川特有的城市符号。

四川因独特的自然环境成为大熊猫的故乡，"大熊猫"被打造成为四川的"新"城市符号，成为四川城市品牌建设中的重要一环，并在世博会等国际性舞台上以文创产

图 7　迪拜世界博览会上 Mossi 莫西熊猫衍生品
之一的"迪拜小王子"

品的形式更好地向外传播。未来会有越来越多的中国文创设计载以城市符号这一丰富内涵，走向国际舞台。当中国文创设计注重地域性和国际性的融合时，这就为未来中国品牌的建设打下了牢固的基石。

在新媒体快速发展的当下，文创产业是庞大的新型综合性产业，迎接它的更多的是机遇。如何将地域性的文创设计价值发挥到极致？如何将城市符号巧妙地融入文创设计？如何将地域性文创推向国际？笔者认为，回答这些问题的核心应该回到对城市符号的探索与提取上来，注重城市符号在文创设计中所体现出来的现代性、趣味性、实用性、收藏性等特性，以更好地挖掘出"新"符号来推动创"新"文创的诞生。只有真正归纳与强化好内在的城市符号，才会有创意十足的文创设计出现。

注 释

[1] 董旸，刘威，芦博文. 基于沈阳故宫历史文化的文创产品设计研究 [J]. 包装工程,2017,38(4):11–16.

[2] 刘溢海. 论城市符号 [J]. 城市发展研究,2008(1):112–116.

[3] 陆绮雯. 城市符号是文化资本 [N]. 解放日报,2010–07–24(9).

[4] 王翠翠，石莹，邵雷. 廊坊市非遗文化文创产品设计在强化城市符号中的探索研究 [J]. 今古文创,2021(36):73–74.

[5] 卢德平，艾宇琦. 语言符号是城市活力的象征 [N]. 中国社会科学报,2021–05–18(4).

[6] 王亦敏，刘璎珞. 更具吸引力和生命力的旅游产品文创设计研究 [J]. 设计,2021,34(17):66–68.

[7] 吴介，张琳. 基于地域性建筑元素的文创产品设计转换路径探究 [J]. 建筑与文化,2021(8):60–62.

[8] 马新玥. 初探博物馆文创产品的开发与发展——以河南博物院 "考古盲盒" 为例 [J]. 今古文创,2021(34):65–66.

Research on the Application of Urban Symbols in Cultural and Creative Design under the New Media Environment

Zhang Chenfan   Polytechnic University of Milan

Abstract With the rapid development of new media technology, the popularity of cultural and creative products has remained high, and more and more excellent cultural and creative designs with strong regional characteristics and urban symbols have emerged on the market. The paper mainly focuses on the analysis of current excellent cultural and creative cases, strengthens the value position of urban symbols in cultural and creative design and its concrete embodiment, so that "new" symbols can better promote the development of "new" cultural and creative design, and make cultural and creative design better move to the international stage and get widely disseminated.

Keywords New media; City symbols; Cultural and creative products; Regionality

3 | 国际化背景下西兰卡普系列文创产品创新设计研究

刘怡琳

国际化背景下西兰卡普系列文创产品创新设计研究

刘怡琳

摘　要　本文针对传统西兰卡普织锦所面临的困境，通过对西兰卡普织锦图形的设计创新，探索现代化设计审美与地域性特征情感共融的发展空间，使西兰卡普在文化创意方面实现对地域、审美的突破。此外，探索西兰卡普传统元素、地域性情感与国际化现代设计语言有机结合的可能性，从图形的提炼与简化、图案的创新与拓展、价值的转换、多元化的传承、现代设计方式和审美、文创产品载体推动等层面对西兰卡普织锦进行再设计，并完成了一系列的文创实践成果，从实践角度寻求国际化背景下西兰卡普艺术的重生、发展和突破。

关键词　国际化；地域性；西兰卡普文化创新

一、研究与设计的必要性

(一) 西兰卡普织锦概述

土家织锦简称西兰卡普，土家语是"打花铺盖"的意思，距今已有两千多年的历史。土家织锦是土家族传统的手工技艺之一，它是中华民族织造技艺的重要组成。在著名的云锦、宋锦和蜀锦三大名锦之后，它与壮锦、黎锦和傣锦合称中华民族民间的四大名锦。传统的土家织锦大多以棉线、麻线和丝线为原材料，由手工编织而成，工艺独特，采用一种无规律的"通经暗纬，断纬挖花"方法，使得成品图案有浅浮雕感，极具艺术效果。[1] 土家先民曾用土家织锦"西兰卡普"记录民族历史。西兰卡普织锦承载着原始先民的拜物

刘怡琳，女，苏州大学硕士研究生，研究方向为艺术设计。

崇拜与生活寄托，是极具地域性、民族性和文化感的活化石。现存西兰卡普织锦作品实物众多，艺术性强，可以挖掘的内容丰富，为西兰卡普文化创新再设计提供了可实施的基础。

（二）西兰卡普织锦发展现状与困境

虽然传统西兰卡普在过去漫长的岁月中创造了众多的优秀作品，取得过辉煌成就，但在国际化背景下的今天，随着时代变化、文化生态环境改变，它的发展陷入了困境，面临着文化价值流失、使用价值降低、设计成果减少以及审美无法跟上现代设计发展、传承艰难等危机。如何使西兰卡普织锦纹样通过国际化设计重获新生需要进一步探索和研究。

近年来，国内学者对于西兰卡普的理论研究有了一定的规模。以"西兰卡普"为关键词检索，笔者发现从 1980 年到 2018 年相关文献共有 307 篇[2]，成果显著。虽然西兰卡普相关理论研究已经走在了前面，但实际应用却没有跟上步伐，市面上关于西兰卡普的优秀设计作品少之又少。同时，伴随经济全球化和时代审美变化的冲击，西兰卡普的生存现状不容乐观。笔者经过调查分析后得出了西兰卡普逐渐衰亡的几个原因。

1. 在表现形式上：现有的西兰卡普设计作品多以临摹和复制为主，简单生硬地将西兰卡普的纹样图形强行拼接在一起，普遍存在创新能力不足、不符合现代审美观念、产品附加值不高以及价值认同感低等通病。不说走向国际，它甚至都难以被当地人所接受。

2. 在功能与用途上：传统的西兰卡普主要是服务于生活，例如为新生儿所准备的花盖裙、窝被，以及新娘的嫁妆，等等。在商品琳琅满目的今天，与其他同类商品相竞争，它明显处于劣势。想要在新时代利用地域性和民族情怀获得新生，西兰卡普织锦与文创以及旅游产品结合是一个亟待解决的问题。

3. 在文化价值上：文化价值是西兰卡普受到人们大力保护的一项重要原因。西兰卡普的迷人之处不仅仅体现在精美独特的视觉效果上，它更是土家族深厚文化内涵的多年沉淀。但是对其文化内涵的挖掘与开发需要人们的长期接触与感悟，而这并不适应于当下快节奏的氛围。传承过程中的"短平快"造成了文化内涵的流失，使得文化符号变得陌生，工艺缺少"灵韵"，造型缺少"创新"，情感缺少"乡愁"。放眼市场，众多土家族旅游景区在消费式开发纪念品，这虽然可以取得短期的经济价值，但长远来说，对西兰卡普是一种巨大的消耗。

综上所述，对西兰卡普纹样进行文创设计创新是可以实施且十分必要与紧迫的事情。

二、西兰卡普系列文创设计产品的创新理念与设计要求

针对西兰卡普传承与发展面临的危机、现有西兰卡普相关文创设计存在的不足，以及对于西兰卡普纹样文创产品国际化设计形式的探索，本文对西兰卡普系列文创产品的创新理念与设计实践进行了探索，如图1所示。在西兰卡普纹样图形设计的过程中，设计师先根据图形符号象征提取出基本的图形符号，再将传统的西兰卡普图形符号进行转化，保留其符号原有意义和内涵的同时，利用现代化设计方式进行形象结构的变化与重组，使之获得现代风貌、国际化特质的全新表现。在表现形式上，保持西兰卡普图形的地域性特点和独特审美，运用点线面和形式美的构图法则，获得国际审美认同感。在文化内涵上，体现自身文化象征性的同时，寻求国际趋同的文化认知观念和情感观念。这要求设计师对西兰卡普纹样进行创新设计时，理解西兰卡普图形符号"图必有意，意必吉祥"的意义和土家族地域性特色，并对当下的时代特征、国际化审美倾向有较为清晰的认识与判断，从形式、设计手法、文化内涵到精神层面，达到传统和现代、地域性与国际化的创造性融合。

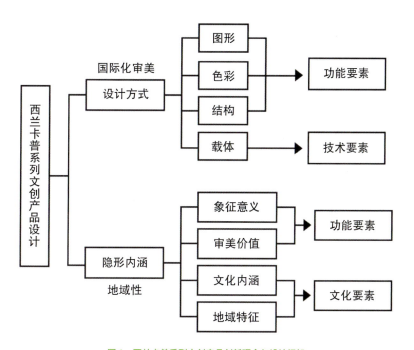

图1　西兰卡普系列文创产品创新理念与设计框架

（一）西兰卡普图形符号的整理与提取

在创作构思阶段，设计师必须夯实基础，了解西兰卡普纹样的符号学基本构成要素，即图形、色彩、结构、载体、质感及其在特定语境之下呈现出的内涵、地域性特征、文化信息、历史民俗典故等象征意义，了解西兰卡普纹样"悦目"的形式要素，同时把握其满足文化承载、美好祝愿等文化需求的意义要素。设计时，设计师还要整理好西兰卡普的符号与象征意义，提取出其精髓和内核。这样能帮助设计者更好地理解纹文化以及通过设计产品来传承文化基因。

西兰卡普纹样作为一种可以被感知的视觉符号，题材丰富多元，多源自地域民俗、生活题材以及自然崇拜。它大致可以分为四类：一是以动物为主题的图案，比如说白虎纹、燕子纹、阳雀纹、猫脚迹、马毕纹、狮纹等；二是以植物为主题的图案，例如菊花纹、牡丹花纹、椅子花纹等；三是以生活民俗、吉祥寓意为主题的图案，此类大多反映土家族人民的生活和期盼，例如迎亲图、老鼠嫁女、龙凤呈祥以及一些以吉祥文字为主题的图案；四是生活器物或者崇拜敬仰所衍生的几何图形，可概括为菱形纹样、斜线纹样、单个小型纹样等。

这些图形是西兰卡普地域性传统文化与生活方式的重要体现，承载着土家族千百年来在文化宗教、社会习俗、艺术审美、文化底蕴、地域特征等方面的深层次精神内涵，具有物质表征和精神追求相交融的特性，并通过自身发展将隐性情感与诉求抽象化转化而成纹样。这些极度凝聚的符号形式背后，饱含着土家族人对于生活的期盼，具有一定的吉祥意义，外显形式下内藏着丰富的寓意。例如最具争议同时也是最具特色的"台台花"纹样，其内涵丰富，蕴含着土家族人"崇白虎"和"赶白虎"的双重寓意，图形符号背后的语意是土家族人民祈求先祖"白虎"保佑子嗣健康成长、一生平安的美好期盼。万字纹，汉语本义为"吉祥云海"。在土家族文化中，万字纹又分为两个方面：一方面是对远古太阳神的崇拜，象征着光明、正气、吉祥；另一方面，又融入了一些宗教观念，有守护和平安之意。再比如，梅花系列纹样是西兰卡普植物花草类中数量较多的一个大类，织锦姑娘用梅花冰清玉洁、傲霜斗雪、报春不争春的品格来反映土家族人民坚韧不拔的精神和正直无私的品格。

虽然西兰卡普纹样看似构成复杂、寓意深厚、造型丰富多样，但其实它们都是由基本的矩形、三角形、菱形和线造型等几何图形，利用不同的排列方式，并赋予特殊含义所创造的图形组。这种运用几何图形、注重形式美感的排列组合设计形式与国际流行的设计形式有异曲同工之妙，为之后探索兼具国际化和地域性的西兰卡普系列文创设计方式提供了可行性。所以，收集、整理与充分了解西兰卡普符号及其背后的象征语意是设计师设计之初必须夯实的基础。只有分析出西兰卡普织锦"形"与"义"的文化渊源、图形关联和构成，不断提炼与简化，寻找其个性与共性，才能与时俱进，设计出兼备地域性情感和国际化审美的文创产品。因此，笔者以西兰卡普纹样的基本几何型作为符号模型，以现代设计审美为依据，继承西兰卡普传统图形特征，融汇情感与文化开展再设计工作，并将其应用到文创产品设计中。

（二）现代化设计手段与传统构成形式的融合

国际化背景下的现代设计形式讲究点线面的构成与分布，讲究色彩的运用与搭配。西兰卡普由几何图形构成，色彩搭配明艳大气。将西兰卡普的几何图形和织线进行提取与简化，人们可以完美地将其分解为点、线、面。加之西兰卡普图案创作本就是对周边自然事物的简化和平面叙述，是将三维物体转换为二维创作的过程，运用现代设计手法对西兰卡普图形进行再设计，可以使西兰卡普文创产品设计具有国际化特征。首先，在创作西兰卡普系列文创产品时，沿用传统的二方连续、四方连续、单独纹样的构图形态，保留其地域性特征，再以现代设计审美、点线面的分布和编排形式，进一步延伸民族地域风格的同时，提升其现代设计艺术的高度。其次，在把握西兰卡普色彩搭配规律的基础上，依据现代设计中对色彩明度、纯度、色相以及对比色、互补色等多种手段的应用来调整西兰卡普系列文创作品的色彩系统，在保留民俗特点的基础上，更具国际化的现代审美特征。最后，也是最重要的一点，深入挖掘西兰卡普织锦图形背后的文化和情感，将其与其他地区、其他国家的织锦文化进行对比，寻求审美与情感的相通之处，从情感和内涵上寻求国际认同。

三、地域性与国际化视域下的西兰卡普设计创新与实践分析

完成以上对于西兰卡普图形符号的提取与整理以及融汇地域性和国际化的设计框架构建后，笔者开始了西兰卡普系列文创产品设计的实践尝试。

（一）基本型提取

创作初期，笔者查阅和收集了大量的西兰卡普相关文献、图片，也去湖南土家族聚居地进行了实地考察。通过对现有西兰卡普织锦进行不断分析，并运用归纳、解构、变形、分解、夸张等多种设计手法对原有图形表象进行提取和再设计，最终，笔者将其分解为方形、菱形、W形、E形、加号形、胡须形、万字形等12种基本几何图形（图

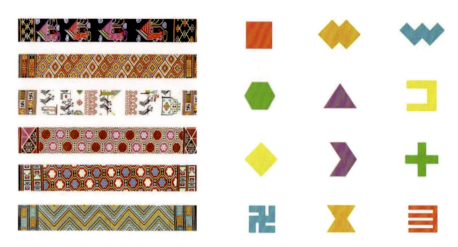

图 2　西兰卡普基本型提取

2）。以这 12 种几何形为基础，笔者开始了后续一系列的设计活动。

（二）西兰卡普十二生肖系列文创产品的设计

西兰卡普十二生肖系列文创产品采用上文所构建的设计框架和思路进行创新设计。它以 12 种基本形为基础，结合西兰卡普图形符号"图必有意，意必吉祥"的语义内涵进一步深化与拓展，配合十二生肖原有的吉祥寓意进行组合、改造与设计，拓展图形的外延和内涵，丰富图形设计题材和表现形式。如图 3，通过基本形、西兰卡普方块字和十二生肖的特征结合与重组，设计了具有西兰卡普特点的十二生肖字体。下面选取"牛"字进行具体分析：以牛的汉字字形为框架基础，用象征着面的矩形、代表着线的 E 字形以及用作"点"发挥点缀作用的菱形，通过变形、重组、嫁接等设计方式进行二方连续的排列变化，使"牛"字体与牛的形象形成共生图形，并采用现代设计手段、西兰卡普原有的排列特点去获得和保持整体图形的节奏感与韵律感。加上符合"牛气冲天"这一吉祥寓意的红黄配色突出西兰卡普追求的图形吉祥寓意，如此一来，一个兼具西兰卡普地域性特征和国际化审美的图形字体就完成了。沿用这种设计方式，配合十二生肖不同的特性，笔者将剩下的 11 个生肖字体全都创作了出来，之后开始第二阶段的设计工作。

第二阶段的设计工作较为复杂，需要以设计好的十二生肖字体为主体，配合 12 个基本型进行四方连续的排列变化与再设计，创造出符合主旨且具有一定主题性的综合设

图3　西兰卡普十二生肖字体

计图腾，并赋予这些图腾以吉祥寓意，同时要兼顾图形的功能意义、形神意义、文化意义以及情感赋能。这一阶段也是需要不断去尝试与调整的。

如图4所示，拿龙和蛇的图腾设计来说，笔者主要从图形的功能意义、形神意义、文化意义和情感赋能四个方面进行具体分析。在进行西兰卡普十二生肖之龙图腾的创作之时，笔者选取了前文提到的"台台花"图形和凤纹作为主图形来衬托龙字并进行设计重组排列，选取的这两个典型的西兰卡普图形所指的文化语义具备"祈求平安""顺遂

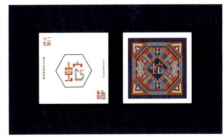

图4　龙图腾与蛇图腾

图5 西兰卡普十二生肖图腾创作

好运"的相似性含义，可以完美融合。同时，凤纹与龙字体的结合与碰撞，也能够产生"龙凤呈祥"的吉祥含义。四方连续的排列方式和对称的图形体现了图案构图的完整与细腻，展现出一种和谐的美感，获得图形功能意义与审美意义的统一。几何组成的类物象形的龙凤图形兼顾了传统与现代化的双重特征。配色上，将西兰卡普原有色彩系统中的颜色，按照现代设计审美与配色公式，提高色彩的纯度、明度，再运用对比色和互补色的优势，大面积雅致不失明亮的海蓝色、用作串联画面的浓郁黄色和明媚热烈的桃红色产生了一定的视觉冲击力，大胆现代却又不失民族气韵。富丽的颜色系统将龙凤呈祥、祈祷幸福安康的吉祥内涵和诉求烘托得更具氛围感，图腾的审美性以及语义信息超越自身界限，更好地促使人与物、人与图之间产生情感的交流与共鸣。

西兰卡普图形的意义不仅体现在外在的表现形式上，更应该聚焦于文化内涵和精神层面的信息表达。进行再设计过程中，设计师应该体现图形的文化意义、形神意义和功能意义。所以，在设计西兰卡普蛇生肖图腾时，笔者跳出了简单地依靠形体与现代设计审美去体现国际化的方式，而是从意义本身入手。蛇是自然界存在的古老而又常见的动物，人们对于蛇和蛇图腾的崇拜不局限于某个地区、某个民族。参考各种文献与记载，古埃及、印度和中国都有对于蛇崇拜的记载。在设计蛇图腾时，笔者紧扣多地区人民对于蛇的崇拜，选用了土家织锦中一个特殊的艺术形象"大蛇花"（土家族语中唤作"窝此巴"）的图形为主要装饰图形来呼应蛇字体，主体纹样由规则的小三角形、菱形块，运用设计审美排列组成。它像极了蛇身斑纹，旁边的辅助纹样脱胎于寿纹平织，从上到下形成了十分规则的曲线，呈现出一种绵延不绝的气势，具有极强的设计审美。同时，主纹的长蛇与附花寿纹结合在一起，寓意着吉祥，象征着民间追求的亘古不变的求生、趋利、避害的三大主题，既体现了土家族先民对于蛇的广泛崇拜，又能唤起其他有蛇崇拜传统的国家和地区人民的共鸣。配色上，以沉稳的藏青色和具有一定警示作用的红色为主，视觉效果强烈，从构图、图形创造到配色都体现出一种威严感，以再设计的形式唤起人们对于蛇图腾崇拜的记忆。

第三阶段，相关文创产品的衍生，设计师设计和创造的图腾以数码印刷的方式与文创产品相结合。如图 6 所示的丝巾、笔记本、鼠标垫、包装、纺织品以及服装与西

图 6　西兰卡普创新图形在文创设计中的应用

兰卡普相结合，既注重质感的体现，又呈现出设计创新的效果，具有一定的商业价值。设计师要让西兰卡普图形走进大众的生活，通过西兰卡普图形在现代文创产品设计中的应用与传承，推动富有地域性特征的西兰卡普走向世界。可见，从图案创新、地域性情感、国际化设计手段三个角度体现西兰卡普图形符号语义与现代设计结合的可能性，可使西兰卡普图形纹样摆脱垂亡的命运，在国际化背景下，依靠地域性特征和情感赋能，重获新生。

在地域性与国际化视野下进行西兰卡普图形纹样的创新设计，不应是对传统元素的堆积和复制，而是通过对西兰卡普外在表征和隐性语义进行充分的理解和提炼，将西兰卡普图形纹样的地域性符号语义结构与现代设计有机结合在一起，通过国际化现代审美需求进行图形纹样设计。在设计形式上寻找符合国际、不同文化与地域的审美共同点，在文化情怀上突出个性、寻找共性，追求国际情感和文化的认同感。这就使西兰卡普系列文创设计在情感、形式上实现对地域和审美的突破，并最终应用到文化创意产品的开发上。本文基于符号学的语义，提出元素解读模型，建立设计流程，通过归纳、分析、演化和创新应用的方式，验证西兰卡普图形纹样创新设计的可行性，将国际化的设计审美与地域性的情感融入相结合，可进一步探索新时代西兰卡普的生存与发展，以期传统西兰卡普文化在传承与发展的同时走向国际的舞台。希望本文的设计研究和实践应用，能够为西兰卡普纹样重获新生探索出一条具有可行性的道路。

注 释

[1] 冉红芳，田敏."西兰卡普"：从传统走向现代——土家织锦文化遗产发展中的理性思考 [J]. 中南民族大学学报（人文社会科学版），2015,35(5):54-58.

[2] 田志梅，陈嫱.文化创意产业格局下的土家旅游商品创新设计——以西兰卡普为例 [J]. 创意设计源,2018(5):54-58.

图片来源

图 1-6. 笔者创作，2021。

Research on Innovative Design of Xilankapu Series Cultural and Creative Products under the Background of Internationalization

Liu Yilin   Soochow University

Abstract With international design development under the background of regional cultural innovation as the research foundation, in view of the traditional Xilankapu brocade is facing predicament, by Xilankapu brocade graphic design innovation, explore the modern design aesthetic and the development of the regional characteristics of the emotion communion space, seeking international aesthetic balance, make the common cultural creativity in the form of a breakthrough for the regional aesthetic. On the basis of understanding the development dilemma of Xilankapu, this paper and a series of design achievements in it explore the possibility of the organic combination of traditional elements of Xilankapu, regional emotion and international modern design language. From refining and simplification of the graphics, design, transformation, innovation and development, the value of the diverse heritage, modern design style and aesthetic, the carrier and the product of a few points to re-design of Xilankapu brocade, and created a series of text and practice result, from the Angle of practice, seeking international background, the sealand karp art, development and breakthrough of rebirth.

Keywords Internationalization; Regionality; Xilankapu cultural innovation

4 | 一窗一世界：基于苏州园林花窗的交互设计探索

吴广懿

一窗一世界：基于苏州园林花窗的交互设计探索

吴广懿

摘　要　本文基于苏州园林花窗的艺术特点进行互动装置设计。观众通过观察装置中各种窗框的变化，透过花窗看到不同的风景，使观众在思考花窗背后含义的同时，感受其中的奥妙。

关键词　苏州园林；花窗；借景；交互设计

苏州是位于中国江苏省东南部的一个城市，也是我的家乡。这里拥有丰富历史名胜，以苏绣、昆曲（中国最古老的戏曲形式之一）、评弹（一种音乐/口头表演的艺术形式）和苏州古典园林而闻名。苏州园林作为中国传统园林的重要代表，在园林历史发展中具有重要的作用，而花窗设计更是园林艺术中不可或缺的元素。本文希望可以通过对苏州传统园林的研究，产生超越地域的审美，从而能够走向国际。设计文化离不开其民族的历史、特性、社会观念和审美思想，抛去文化背景谈论国际设计风格是不切实际的，应当积极寻找二者兼容的设计语言，因此可以利用丰富的民族图形资源、现代的视觉设计语言和新技术的表现手段、国际视觉审美标准以及综合现代理性与感性思维的模式，创造出超越地域的独特设计。

苏州古典园林是长江南岸最古老、最著名的私家园林群，花窗又是园林艺术中不可或缺的元素。因此本研究致力于推动传统文化符号的保护和国际化的传播。选择以图形这种国际视觉语言，对苏州园林花窗进行创新设计，使观众能通过窗户看到不同的风景，能够将花窗图案与背后的含义联系起来。

在研究中，探讨如何使用创新设计的方式推动地方文化的全球化进程是最核心的主题。该项目完成后，邀请了来自不同国家和背景的人进行项目测试，几乎所有人都认为其具备了审美价值，体现了苏州园林的风格。有些观众在开始时对初始图像的波纹效果感到困惑，然而在插入不同花窗并看到静态图象后，逐渐理解了设计概念。结果表示，以图形为基础，传达审美设计核心元素的方式是可靠的。

在推动传统文化符号的保护和传播的工作中，应当思考如何激发外地人对本地历史和文化的兴趣。苏州拥有超过 2500 年的历史，有着丰富的文化遗产和众多的历史文化遗迹，如苏州古典园林。大多数情况下，这些园林都容易被忽视，并非所有的游客都能充分理解园林的历史和文化意义，因此本文将切入点专注于苏州园林的一个微小元素——花窗设计和借景技巧，作为设计的出发点。

语言和字符是属于国家和地区的，每个国家都有自己独特的语言，同一国家也有不同的方言，方言不仅在发音上有差别，在字符使用上也有差异。在全球一体化的今天，语言差异已经成为信息传递的主要障碍之一，而图形的优越性就在于可以超越了民族和地区的界限，在跨文化对话和交流中发挥更大的作用。

那么，为什么本项研究会设计一个互动装置呢？电影电视、广播和报纸杂志是人们都比较熟悉的三种传统媒介。自 20 世纪中叶以来，科技飞速发展，极大地改变了人们的生活方式，对传统媒介中枯燥的文字和图象越发不满，开始不断追求更有冲击力的媒体体验。同时设计师们开始精简繁琐的传统设计流程，借助计算机和数字媒体技术进行设计，大量的数字媒体项目应运而生。例如，传统的博物馆有助于传播国家文化，培养对自身民族文化的认同感，随着新技术的出现和发展，现代艺术家和设计师能够在设计中结合光、声、影像，给文字和图像带来了更大的视觉冲击，比传统媒体更具有互动性。总的来说，设计具有参与性和互动性的数字媒体作品来弘扬传统文化，是与现代科技结合的全新尝试。

本项目是一个良好的开端，利用创新设计弘扬地域文化。这种方法不仅可以应用于苏州，也可以应用于世界各地。

One Window, One World: Exploration of Interaction Design Based on the Window Design in the Classical Gardens of Suzhou

Guangyi Wu   Parsons School of Design

Abstract This paper introduces an interactive installation that demonstrates the concept and artistic characteristics of the window design in the classical gardens of Suzhou. By letting audiences experiment with various window frames and see different scenery through the windows, this installation allows them to make connections between the window patterns and the meanings behind them.

Keywords History and culture of Suzhou, Classical Gardens of Suzhou, Window design, Graphic design, International

Introduction

My hometown Suzhou is a major city in southeastern Jiangsu Province in China. With a history tracing back over 2,500 years, it has abundant relics and sites of historical interest. It is famous for Suzhou embroidery, Kunqu (one of the oldest extant forms of Chinese opera), Pingtan (a musical/oral performance art form), and the Classical Gardens of Suzhou. As an important representative of traditional Chinese gardens, the Classical Gardens of Suzhou have played a significant role in the historical development of gardens globally, and window design is an indispensable element in

Guangyi wu,female,Master's degree students,design+technology,parsons school of design at the new school the garden art context. I expect that people will find my demonstration of the window design in the Classical Gardens of Suzhou appealing and valuable. This project aims to boost the interest of non-local people in Suzhou and its Classical Gardens and to encourage them to visit this beautiful place in Eastern China. In addition, my goal in the design process is to transcend the regional aesthetic feeling of Suzhou traditional gardens and make them gain international influence. The design culture is inseparable from its national design history, national characteristics, social concepts, and aesthetic thinking mode. We cannot adapt to the international design style without our cultural background. However, we should actively seek the design language to communicate with the international and have national characteristics. We can use the rich national graphic resources, modern visual design language and new technical expression means, international visual aesthetic standards, and comprehensive modern rational and perceptual thinking mode to create a unique international design beyond regional.

As an essential representative of traditional Chinese gardens, the Classical Gardens of Suzhou have played an essential role in the historical development of global gardens. Window design is an indispensable element in the context of garden art. The Classical Garden in Suzhou is the oldest and most famous private garden on the south bank of the Yangtze River. In this project, I seek to promote the conservation and international dissemination of traditional cultural symbols. I choose graphics as a visual language to show the window design of Suzhou gardens. This is because graphics are an international visual language. Graphics excel at some of the limitations that language imposes on thought. The advantage of graphics is that it is international, which language cannot compete with its rivals. The window frame patterns are similar to paper-cut patterns with Chinese features familiar to people around the world. I designed an interactive installation that demonstrates the concept and artistic characteristics of the window design in the Classical Gardens of Suzhou. By letting audiences experiment with various window frames and see different scenery through the windows, this installation allows them to connect the window patterns and the meanings behind them.

This project is a good start, and it should start talking about how to use innovative design to make regional cultures and histories more global. People from different countries and backgrounds were invited to test the project. The test results show that almost all users tend to think that the project is genuinely aesthetic and clearly in the style of Suzhou Classical Gardens. Some users were confused by the wave effect on the initial image. However, after inserting different window boxes and viewing still images, they said they gradually understood the concept of the project. Therefore, it is feasible to convey the core elements of aesthetic design through graphics in this project.

Inspiration

In this project, I seek to promote the protection and dissemination of traditional cultural symbols, particularly in my hometown, Suzhou. I have identified a common phenomenon in China: local people do not care about or visit important local landmarks, no matter how well-known they are. Given this lack of interest among locals, how can we stimulate interest in local histories and cultures among non-locals? For example, my hometown, the main city in southeastern Jiangsu Province, has more than 2,500 years of history, vast deposits of cultural artifacts, and numerous historical and cultural heritage sites like the Classical Gardens of Suzhou. However, as is often the case, most people now ignore these beautiful gardens, and opportunities to bring them to the world remain limited. I hope my project will remind people of scenic sites such as the Classical Gardens of Suzhou while also making the background of such places more fascinating and appealing. It may make people more interested in the gardens and motivate them to learn more about them. Believing that not all visitors will fully appreciate the historical and cultural significance of the gardens, I decided to concentrate on a tiny element of the gardens in Suzhou — the window design and the borrowed scenery technique.

In this design, I choose graphics as a visual language to show the window design of Suzhou gardens. This is because graphics are an international visual language. Graphics excel at some of the limitations that language imposes on thought. The advantage of graphics is that it is beyond nations and culture, which language cannot compete with its rivals. Language and characters are national and regional. Each nation has its unique language, and the same nation has different dialects. Dialects not only have differences in pronunciation but also in the use of characters. In today's global integration, language differences have become one of the main obstacles. Nevertheless, graphics do not have this kind of communication barrier. The British do not know Chinese characters, the Chinese do not know English characters, but they can understand and appreciate landscape painting. The nature of graphics transcends national and regional boundaries and will play a more significant role in intercultural dialogue and communication. A feature of traditional East Asian garden design, borrowed scenery involves "incorporating background landscape into the composition of a garden"[1]. Also, the window frame patterns resemble paper cutting patterns, which have Chinese characteristics that are familiar to people all over the world. These are the reasons I chose to focus my project on window design in the Classical Gardens of Suzhou.

So, why did I decide to create an interactive installation? We are all familiar with the three traditional media: film and television, radio, and newspapers and magazines. Rapid technological development since the mid-20th century has dramatically changed people's lifestyles. Increasingly dissatisfied with the stodgy texts and images of traditional media, people have begun to pursue more impactful media experiences. Meanwhile, as designers have begun streamlining cumbersome traditional design processes and embracing computer and digital media-based techniques to design and create works, a large number of digital media projects have emerged. For example, in the old days, museums helped spread national cultures and cultivate people's interests in their own cultures. However, the development of new media technology has enabled contemporary artists and designers to combine light, sound, and image in designs that give text and images more visual impact and facilitate greater interactivity than traditional media. Thus, in my view, creating a participative and interactive digital media work to represent traditional culture is a fresh endeavor compatible with our modern technological society.

Research

1. Introduction of Suzhou

Suzhou is a major city located northwest of Shanghai in southeastern Jiangsu Province. The city's history traces back over 2,500 years, and it has several beautiful historical sites, including Tai Lake. Indeed, it is home to various ponds, rivers, and lakes, and receives adequate rains, which reach their peak in early summer, known as the plum rain season[2]. Suzhou is known and respected for its beautiful scenery (glassy-surfaced canals, delicate classical gardens), a highly developed economy, and unique cultural practices such as embroidery, Pingtan, Bonsai (design of miniature tree in a shallow pot), Kunqu, and Suzhou special food[3]. In fact, the richness of Suzhou's resources and culture led to the coinage of the saying, "In heaven, there is paradise; on Earth, there is

Suzhou."

2. The Classical Gardens of Suzhou

Suzhou is well known for its beautiful gardens. As one saying puts it, "The gardens in the South of the Yangtze River are the finest under heaven, and the garden of Suzhou is peerless among them." The Classical Gardens of Suzhou are the most time-honored and prominent private gardens along the southern Yangtze River. The Suzhou gardens gradually developed from the time of the Five Dynasties to the middle of the Qing Dynasty. At that time, Suzhou had developed handicrafts, commerce, and natural conditions. The city was also home to many poets and painters and enjoyed a flourishing economy. Suzhou's profound cultural and artistic traditions enabled it to became one of the most affluent cities along the southern Yangtze. Many bureaucrats, wealthy merchants, and literary scholars purchased land and scrambled to build gardens as places of pleasure and entertainment. With rivers running through the city and convenient transportation, the natural conditions in Suzhou were quite favorable for the development gardens. Also, the region had abundant stone and wide varieties of plants. These conditions significantly contributed to the development of the art of gardening. At present, Suzhou has the most preserved ancient private gardens in the country, and these gardens — particularly, The Humble Administrator's Garden, The Lingering Garden, The Master-of-Nets Garden, and The Surging Waves Pavilion — represent the pinnacle of artistic achievement in classical gardening[4].

3. The Sizes and Forms of Windows

The windows first appeared on pottery. At that time, the bricks in the window holes were engraved with geometric patterns to make them easy to look through. Later, windows were gradually integrated into garden walls, and various window patterns were constructed with bricks and wood strips[5]. In early garden construction, windows were called wall windows. These windows can be divided into three form-based types: Huachuang (windows with patterns like flowers), Kongchuang (windows only with window frames), and Jingchuang (a combination of the characteristics of Huachuang and Kongchuang).

The lower frames of Huachuang are generally about 1.1 to 1.3 meters high; their diameters are typically 0.7 to 1.2 meters, and their center positions are usually about 1.6 to 1.7 meters from the ground, equivalent to the horizon of a person[6]. Huachuang are composed of window frames and window cores. The window frames have various basic geometric shapes such as squares and circles, as well as irregular shapes — for example, of leaves or pomegranates. Combining two or more shapes, the complex and varied window frame patterns show unique aesthetics to the viewers. The window core patterns are more flexible and elaborate. They include not only repeatedly combined geometric elements, but also various abstract patterns, natural objects, and combinations thereof. The combinations of the window frames and window cores also vary. The windows are often located separately at the ends of corridor or the corners of courtyard walls. The positions are flexible[7].

4. Basic Functions of Windows

The windows in the Classical Gardens of Suzhou perform the basic functions of windows. As a result of its geographical location, Suzhou enjoys four distinct seasons, a mild climate, and abundant rainfall. The annual average temperature is 15.7°C, and summer highs can reach 40°C. In addition, the rivers in the country are intertwined and the lakes are densely covered, so the humidity is relatively high. This makes it necessary to design buildings with numerous windows to ensure air circulation and effective ventilation and reduce humidity[8].

At the same time, the Classical Gardens of Suzhou are small in size and divided by walls. The use of solid walls would be visually dull and even block light, darkening the interior spaces. Meanwhile, integrating windows into the walls enables the walls to perform their separation function and enhances the brightness of the interior spaces[9].

More importantly, windows are an indispensable part of the borrowed scenery technique. The windows themselves are scenes, and the inside and outside scenes borrow from each other, epitomizing the borrowed scenery technique. The landscapes, pavilions, flowers, and trees on the other side of the walls are vaguely visible through the windows, and when you move your gaze to these scenes, the pictures become even more varied and dazzling.

5. Patterns of Windows

Huachuang usually do not have a sash. Although most of the windows were artificially created, the creators tried to remove traces of artificial carving and make them more natural. The Huachuang in the Classical Gardens of Suzhou have various shapes — squares, arcs, circles, hexagons, octagons, and fan shapes. In addition to the variable exterior contours, the window cores of the Huachuang in the Classical Gardens of Suzhou are also unique. The garden's owner created rich patterns by changing the bends of the window cores, which include hexagons, diamond flowers, begonia, fish shapes, and so on[10].

6. The Connotations of Patterns

Despite the complexity and variability of the window frame and core patterns, the overall patterns follow certain rules. The window cores can be roughly divided into two main parts: hard scenes and soft scenes. The hard scenes feature clear and straight lines, giving audiences a sense of righteousness, while soft scenes feature tortuous and subtle lines, making the audiences feel soft and reserved. Ancient people often projected their emotions, interests, and ambitions onto the shapes of the scenery when building the gardens[11], and window patterns also served as spaces for the projection of personal thoughts and reflections. The connotations of window patterns fall into three main categories: blessings, personal ambitions, and religious culture.

Execution

For the project, I created a portable black box with a screen inside. A hole on one side of the box allows users to insert the window frames, and they view the scenes on the screen through the artificial window [Figure 1—3].

I designed my window frames [Figure 4—5] based on my research into the traditional windows in the Classical Gardens of Suzhou and the meanings of the patterns they used [Figure 6—10], and I showed the photos with imagery related to the meaning of the patterns on the screen. I expected that audiences would be able to understand the relationships between the window frame patterns and the garden scenes on the screen. For example, the window frame below features a flower and cracked ice pattern, and the window shows an image of plum blossoms on a snowy day. The flower pattern symbolizes the plum, while the cracked ice pattern represents the snow [Figure 11—13].

Another window frame also features a cracked ice pattern, but the central image is a circle, symbolizing the sun [Figure 14—15].

The window frame below has a different flower pattern, representing the begonia rather than the plum represented in Figure 13 [Figure 16—18].

The window frame below has a similar pattern with bamboo, symbolizing the

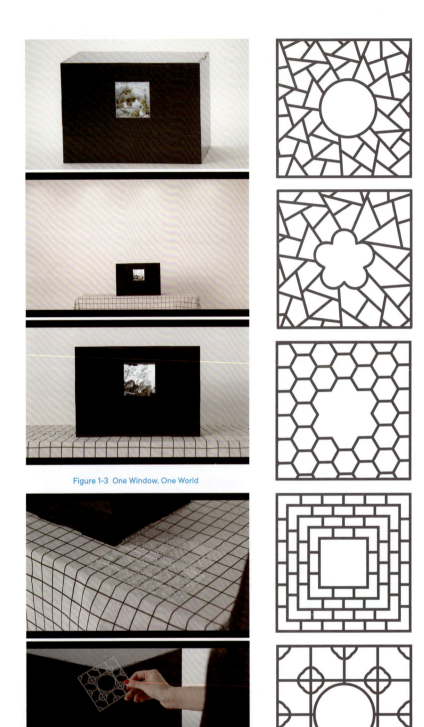

Figure 1-3 One Window, One World

Figure 4-5 Window Frames

Figure 6-10
One of the window frames

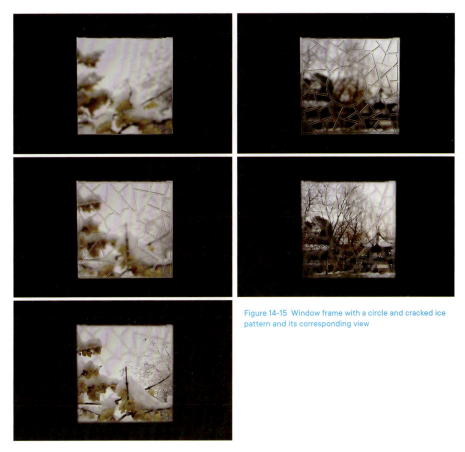

Figure 14-15 Window frame with a circle and cracked ice pattern and its corresponding view

Figure 11-13 Window frame with the flower and cracked ice pattern and its corresponding view

garden owner's desire to be lucky in the step-by-step progression of his career [Figure 19—21].

These images are shown with blur and wave effects so that users cannot see the scenes clearly. The aim in this project is to let users insert different window frames into the "wall" and look through them. The images will only be clear if the users insert the correct frames. The project presents four window frames, each of which matches a corresponding scene. Users can test different window frames and think about why particular frames reveal clear images; this may help them notice the relationships

Figure 16-18 Window frame with a different flower pattern and its corresponding view

Figure 19-21 Window frame with a similar pattern with bamboo and its corresponding view

between the window frame patterns and the imagery in the photos.

User Test and Feedback

I tested my project with people from different countries and backgrounds. I also invited three of my friends who were born in Suzhou to participate in the project in person. Almost all users told me they believed the project is truly aesthetic and obviously in the style of the Classical Gardens of Suzhou. Some users were confused about the wave effects on the initial images. However, after inserting different window frames and viewing the still images, they stated that they gradually understood the project's concept. Unfortunately, however, most of the users were unable to make the connections between the window frame patterns and the images independently. Although they recognized these relationships after I explained them, I believe this is an important element will require more work. In addition, I received comments that it is suitable for taking photos of and displaying it as an installation to look at.

Conclusion

To further develop this project, I plan to create more window frames with different patterns. As you can see, I currently only have four window frames with geometric patterns, and they belong to the Huachuang category. There are other kinds of window frames with organic shapes or that belong to other categories of windows in the Classical Gardens of Suzhou that I can research and create. In addition, I believe that creating the scenes on the screen on my own is a better option than using photos. For this project, I just used photos showing the imagery I wanted the users to see, but I believe designing the views of the gardens using 3-D modeling would enable the users to more easily decipher the imagery.

Finally, in my view, this project is a good beginning; it should initiate discussions of how to use innovative design to make regional cultures and histories more global. This approach should not be limited to my hometown, Suzhou, designers could certainly apply it to other cultures and histories around the world. I intend to continue focusing on this issue in the future and to create more projects designed to stimulate people's interest in the history and culture of Suzhou. In so doing, I hope to encourage people to preserve and pass along the history and culture of Suzhou and bring this beautiful city to the rest of the world.

References

1 Stepanova, Jekaterina. Kraushaar, Frank (ed.). Eastwards: Western views on East Asian culture. Bern: Peter Lang, 2010. p. 162.

2 Wang, L., Shen, J., & Chung, C. K. L. 2015. City profile: Suzhou-a Chinese city under transformation. Cities, 44, 60.

3 Silberstein, R. 2015. Eight Scenes of Suzhou: Landscape Embroidery, Urban Courtesans, and Nineteenth-Century Chinese Women's Fashions. Late Imperial China, 36(1), 20.

4 Jin, X. 2000. The Classical Gardens of Suzhou. Soochow University Press.

5 Lou, Qingxi. The Art of Windows. Tsinghua University Press, 2011. p. 4.

6 Suzhou Garden Design Institute. Suzhou Garden [M]. Beijing: China Architecture & Building Press, 2004.

7 Liu, Jiali. Analysis of the Graphics Composition Design of Windows in the Classical Gardens of Suzhou. China Academic Journal Electronic Publishing House, 2019.

8 Jin, Xuezhi. Aesthetics of the Classical Gardens in China. Beijing: China Architecture & Building Press, 2005.

9 Li, Yu. Leisure and Love · Room · Wall. 1671.

10 Yin, Dingbang. Introduction to Design. Hunan Science and Technology Press, 2004. p. 87.

11 Chen, Wei. Aesthetic Research on the Cultural Connotation of the Classical Gardens in China. Beijing University of Civil Engineering and Architecture Journal, 2001. Volume 17, No. 1.

5 | 墩头蓝在空间设计中的创新运用研究

谭淑芳　朱　彦

墩头蓝在空间设计中的创新运用研究

谭淑芳　朱　彦

摘　要　墩头蓝是广东省非物质文化遗产项目，将其应用于当代空间设计，是这项传统技艺更好地融入现代生活的重要途径。本文在对蓝染历史以及墩头蓝现状进行梳理的基础上，对墩头蓝的典型纹样以及色彩特征进行了归纳整理，并根据其特色和文化内涵，对这一传统蓝染工艺在空间设计中的应用进行了研究。

关键词　墩头蓝染；空间设计；文化传承；创新运用；非遗

蓝染是一门古老的传统技艺。《诗经·小雅》所收《采绿》一诗曾提及"采蓝"[1]，东汉末年赵崎在《蓝赋》中描绘了陈留地方大面积种蓝的景况。古人称蓝色为"青"或靛青，古语"青出于蓝而胜于蓝"[2]中的"青"所指的就是蓝。秦汉时期，政府鼓励染料种植，在中央有专门为染色而设的作坊。唐代设有专业的靛蓝染色机构"青曰"，蓝染工艺在此时传入日本。宋元时期，蓝染工艺已发展到相当高的水平，积累了不少染色技法。到了明代，可用染色的植物扩大到几十种，政府成立"蓝靛所"。清代，套色工艺有了进一步发展。民国时期，引进的化学染料取代了传统的靛蓝染料，蓝染工艺逐渐没落。

墩头蓝染属于客家文化的一脉，于2015年11月入选广东省第六批省级非物质文化遗产名录。明清时期，墩头村家家户户都种棉织布，是典型的大型织染专业村。随着现代纺织技术的普及和生活方式的转变，墩头蓝市场需求萎缩，当地还在从事这门传统技艺的大多是老人，其生存情况不容乐观。如何使这项传统技艺与现代生活相融合，是目前亟待解决的问题。本文从空间设计的角度，对墩头蓝在当代生活中的创新应用展开探讨。

谭淑芳，女，广州大学美术与设计学院硕士研究生，研究方向为室内与环境艺术。

一、历史溯源及现状发展

"墩头蓝"所在地墩头村位于粤东河源市和平县彭寨镇,这里的种棉纺织历史悠久。明清时期,墩头村曾氏家族利用大青叶、栀子等纯天然植物染料发展棉纺织印染技艺,并曾学习踹布,最终生产出纯天然的蓝色系列布料,因产地而名"墩头蓝"。织布染坊的前身是东江第一儒林梅园书屋。嘉庆十年(1805),曾氏后人曾出资修缮书屋,集中给村民传授织染技术,之后织染逐渐发展成为支柱产业,墩头村村民普遍精通织染技术。

传统的墩头蓝纺织技艺有十几道工序,包括煮浆、浆纱、撑纱、打纱筒、耕纱、过厚、梳布、上机、织布、蒸布、染布、晒布、踹布等,制作工序复杂,环节繁多。随着城市化进程加快,本来属必需品的蓝染头帕、手巾、被面等渐渐失去了使用价值,人们对墩头蓝的关注日益减少。为了不让这门工艺消亡,村里的老人免费授徒,然而成效并不大。在实地调研中发现,这项非遗技艺的推广和发展主要靠着传承人曾春雷苦苦支撑,现存的织染工艺仅偶尔作为表演出现(图1),已有的手工产品缺乏市场潜力。"墩头蓝"亟待通过有效的途径加以振兴,恢复生机。

图1 墩头村调研照片

二、横向对比研究

(一) 地域比较

由于国家大力提倡中华优秀传统文化的保护和发展,先后有十余项来自不同地区的传统蓝染纺织技艺入选了国家级非物质文化遗产代表性项目名录。其中包括海南黎族的纺染织绣技艺、江苏南通蓝印花布印染技艺、浙江桐乡蓝印花布印染技艺、湖南凤凰蓝印花布印染技艺、贵州苗族蜡染技艺、云南白族扎染技艺和四川自贡扎染技艺等（表1）。

表1 不同地区非遗蓝染技艺调研统计

项目	地点	概况	纹样	色彩	非遗状况
黎族传统纺染织绣技艺	海南	黎族传统棉纺染绣（黎锦）技艺由黎族棉纺织工艺、麻纺织工艺及缬染工艺合并而成，印染以扎染为主，古代称为绞缬	主要有人形、动物、花卉、植物、生活用具、几何图形6种类型纹样。主要图案有"渔猎农耕图""丰收图"等	一般用红、黄、黑、白、绿、青等几种颜色	于2006年被列入第一批国家级非物质文化遗产名录
南通蓝印花布印染技艺	江苏	江苏蓝印花布以大面积独幅蓝印花布制品最有特点，多框架式结构与中心纹样组合，用宽窄不同、点面相间的框边衬托中央的圆形图案，方圆结合	印染图案以植物花卉纹（如梅、兰、竹、菊、芍药、葡萄、石榴等）、动物纹（如仙鹤、鸳鸯、喜鹊等）、几何纹样（日月形、波浪形、手工编织纹等）为主	从原来的蓝、白两色发展为复色	于2006年被列入第一批国家级非物质文化遗产名录
凤凰蓝印花布印染技艺	湖南	邵阳蓝印花布约始于唐代贞观年间，古称灰缬。至今已有1400多年的历史。《邵阳县志》记载，当时邵阳人在苗族蜡染工艺的基础上创造了以豆浆、石灰替代蜡的印染技法。	纹样大多取材于民间传说和传统吉祥图案，以菊、竹、兰、蝶为多	色调清丽明快	于2008年被列入第二批国家级非物质文化遗产名录
苗族蜡染技艺	贵州	贵州蜡染古称蜡缬，主要分为苗族蜡染和布依族蜡染两大类。除图案有异外，制作工具、原料及工艺流程基本相同，均是以铜制蜡刀蘸蜡液后在白布上勾勒图案，经过浸染等工序制成蜡染品	苗族蜡染图案包括古老传说和原始认知等内容	蓝、白两色或黑、白两色，蓝、黑为底色，花纹图案为白色	于2006年被列入第一批国家级非物质文化遗产名录
白族扎染技艺	云南	白族扎染古称"绞缬"，一般以棉白布或棉麻混纺白布为原料。据史书记载，东汉时期大理地区就有染织之法，扎染的技术关键是绞扎手法和染色技艺	图案多为自然形的小纹样，达一千多种，还有白族建筑构件的纹样	蓝、白二色为主调，结合大理山川风物，给人以青花瓷般的感觉	于2006年被列入第一批国家级非物质文化遗产名录
自贡扎染技艺	四川	起源于秦汉时期，至唐代得到普遍运用。自贡扎染最早采用纯棉制作，发展至今，棉、麻、丝、缎等各类纯天然织物和皮革均可制作	纹样从中心向四周呈辐射状分布，包括几何图案、人物、动物、花鸟、书法等	色彩斑斓，染色从单色的简单浸染演变成复色的多次浸染	于2008年被列入第二批国家级非物质文化遗产名录

数据来源：中国非物质文化遗产数字博物馆。

海南的黎族、云南的白族以及四川的自贡地区多为扎染（绞缬），贵州的苗族、布依族多为蜡染（蜡缬），浙江、江苏、湖南等地区以蓝印花布（灰缬）为主，还有浙江地区出现的蓝夹缬（夹缬），在《蓝花布上的昆曲》《中国蓝夹缬》以及北京大学出版的《夹缬——中国土布系列》等著作中有详细介绍。蓝印花布印染技艺又有纯蓝花布印染和彩蓝花布印染之分：纯蓝花布没有花纹图案；彩蓝有复杂的花纹图案，以蓝底白花为主要形式。在南通蓝印花布博物馆整理出版的《中国蓝印花布纹样大全》一书中，对纹样做了详细的分类整理（图2）。墩头蓝染属于纯蓝花布印染，先染纱再织出想要的纹样，布面素净质朴（图3），无印花，当地俗称素色染。

（二）工艺比较

蜡染（蜡缬，唐代盛行后又称染缬）分为点蜡和画蜡，制作时需要将受热熔化后的黄蜡液体往布上点画。夹缬工艺较为复杂，刻花版把对折的布匹夹在特定的镂刻木板中间，捆扎后再注入需要的颜色（或放进染缸染色）。[3]扎染（绞缬）有绞、扎、捆、撮、叠等数十种技法，纹样从中心向四周辐射，形成色彩斑斓的成品。彩蓝花布印染工艺与纯蓝花布印染工艺较大的不同是需要刻版以及刮防染浆。

选用不同的蓝草，染色工艺也会相应地有所不同。据文献记载，蓼蓝、菘蓝、马蓝和木蓝是古代被广泛用于制蓝的四种蓝草。江苏盛产蓼蓝（别名靛青、蓝靛），菘蓝（别名大蓝）的应用范围主要分布在山东和湖北，浙江、福建、云南、贵州和岭南地区适宜

图2　蓝印花布纹样，从上到下依次为几何纹样、植物花卉纹样、单独纹样、中心纹样、花边纹样

图3　墩头蓝染布面

种植马蓝（别名板蓝），台湾地区以木蓝为主。[4] 以上的蓝草名目，可从《诗经》《本草纲目》《天工开物》《中药大辞典》等书中寻得，在此不多做赘述。传统的蓝印花布，大多选用棉麻面料做底布，发展至今，南通和四川等地已可灵活使用棉、麻、丝、缎等各类天然织物制作。[5]

三、从"造物"到"体验"——设计研究实践

（一）纹样、肌理、色彩

墩头蓝染布面采用经纬交叉、纵横交错编织的方式制作，大多被运用在服饰文化中。它具有简洁大方、厚密有度、耐磨实用的特点。墩头蓝服饰也是客家服饰文化的重要组成部分。在战乱中被迫迁徙的客家人，保留了中原服饰文化的审美习惯，结合当地的自然环境、社会环境、民族风俗、文化习惯等各个因素，形成了独具特色的地域文化。客家先民在历史上经历过五次迁徙运动，客家民系迁徙文化的因素以及其他民系的影响渗透决定了其勤劳俭朴的特质，进而在服饰上体现出来。[6] 而且，以农耕为主的自然经济和艰苦的山地生活也对服饰色彩的耐脏耐穿性有一定的要求，黑色、蓝色能很好地满足这一需求。另外，客家先民因战乱南迁，长期颠沛流离的生活使他们更向往安定平和的生活。布面的纹样、肌理、色彩作为服饰中直观的外在表现，往往可以体现一个族群的文化特征，墩头蓝恰当地表达了客家先民追求朴素宁静的内心渴望。[7]

传统的墩头蓝纹样有十多种，这些纹样通过口授相传，并无具体的文献记载。常用墩头蓝纹样有长流水、芝麻纹、素纹、柳条纹、井兰花纹样等（图4左），其中井兰花又分为大、小井花，乌井花和白井花。这些纹样大多象征美好寓意。

图案主要体现在刺绣方面，分为植物、动物和几何等主题，被运用在绣花帽、云肩、围嘴、鞋、围裙和荷包等日用品上（图4右）。植物图案中有荷花、寿桃、桃花、牡丹、石榴、叶子等。花卉的图案色彩艳丽，多用于鞋垫、头帕上。动物图案有虎、蝙蝠、蝴蝶、飞鼠等，蝙蝠习俗运用"蝠""福"字的谐音，并做"进"福的寓意。蝴蝶用来比喻爱情和婚姻的美满，常被用在新娘的绣花鞋上。几何图案如三角形、菱形等，因简洁易于织绣被青睐。此外，除了自具象图案表现，还运用了很多抽象图形。如简化后的蝙蝠、水纹、花纹等图案，化繁为简的同时，又不失实物原本的特征，更具设计感。

传统蓝染颜色丰富，细腻的日本人划分了多达22种蓝染色。墩头蓝相比日本的颜色分类要简单许多，但并未因此限制了蓝的想象。俗称的墩头蓝属于一个大类，涵盖了墩头乌、墩头红、墩头灰、墩头黄、墩头紫等系列。与化学染料不同，植物染料颜色会

图4 纹样／图案整理

随着时间而变化，也会根据水分及染色次数的不同有所差异，最终得到的颜色会有深蓝、浅蓝、黑色、蓝紫和青色，每个颜色都会有不同的明度和纯度变化，蓝色系列又可分为乌青、灰蓝、普兰等。[8] 民间衣着主要流行乌、蓝、白、红四色，白色主要运用在生活用品类，如豆腐帕、豆腐袋、茶叶袋等，红色多用在小孩衣服鞋帽、民间喜事上。以前墩头村每周有三天是赶集日，染布师傅会在市集接活，很多别村的人会事先做好白胚拿到村子加工染色。这种现象一直延续到 1998 年才中断。

（二）转化运用元素的提取

笔者将 12 款图案收集整理，绘制线条样式分析其不同结构包含的主要纹饰（表2）。如"蝙蝠果呭花"，图案表现了果子从外皮到里皮、肉、核的结构，飞鼠和蝴蝶站在果子上面；"一盆果花"，里面既有飞鼠、蝴蝶、果桃，还有衬底的红色花卉；"齐端片额"，由飞鼠组合而成的茶花图案，两边是蝴蝶和芽叶。这些图案大多运用了重叠变形、夸张、抽象的表现手法，代表着美好的心愿和祝福，民俗文化底蕴深厚。其中，又以老虎、蝴蝶、蝙蝠、飞鼠、花卉的运用较多。

在设计元素的提取中，以虎头纹为例。老虎又称"山君"，有驱邪避灾之意。虎头纹图形曾高频率地出现在墩头村的小孩服饰上，承载着人们的美好祈愿。在研究中结合现有的四款墩头村的虎头童帽，我们对帽上的刺绣图案进行线稿绘制（图5），然后进一步简化图形结构，利用墩头蓝染的颜色生成四款平面图形，作为后期空间中的转化运用元素。

表 2　图形 / 纹样整理

名称	一兜花	圆额花	香园花	齐端片额	一盆果花	蝴蝶花
图例						
线条样式提取						
主要纹饰	叶子、杆、蝴蝶花	茶花、叶、芽	花卉	飞鼠、茶花、蝴蝶、芽叶	蝴蝶、飞鼠、果桃、花卉	蝴蝶、蝙蝠
寓意	吉祥如意	茁壮成长、花开富贵、开枝散叶	以花喻言手法，先辈对晚辈的一种祝福	茁壮成长，花开富贵	吉祥如意	衣食无忧

名称	蝙蝠果吧花	茶花	团吧花	圆额花	一颗果吧花	一钵果吧花
图例						
线条样式提取						
主要纹饰	飞鼠、蝙蝠、果子	茶花、枝、果、叶	飞鼠、蝴蝶、莲花	茶花、蝴蝶、荷花、蝙蝠、如意	蝴蝶、寿桃、蝙蝠、云纹、叶子	花、果、蝴蝶、蝙蝠
寓意	福寿绵绵，硕果累累	生命旺盛，茁壮成长，开枝散叶	吉祥如意、花开富贵	年年有余、衣食无忧、茁壮成长、吉祥如意	果树繁茂	吉祥如意

图 5　虎头纹的图形提取

（三）墩头蓝在民宿空间中的运用

墩头蓝在过去被广泛运用在被面被单、包袱布、帐檐、头巾、枕巾等生活用具上，近年来，专业人员也多从平面设计、服装设计等角度来分析运用蓝染。在研究中发现，如能将其应用到空间设计领域，将进一步拓展墩头蓝在当代创新应用的多样化。有了基本的图形元素，如何从平面的"蓝"转换到空间中运用的三维"蓝"，墩头蓝染在空间中的运用又将从何着手呢？

在调研中发现，墩头村因为墩头蓝染这项非遗技艺开始受到外界的关注，陆续有开展非遗研学的人员和团队来到村子。村子没有商业的住宿点，需要留宿只能被安排在村民家中。如果设立一个结合墩头蓝染的民宿空间，一来可以接待需要留宿的考察团，二来可以近距离体验到这种传统手作的温暖，更好地认识和理解这个非遗项目。而且，全国多地把民宿产业作为乡村振兴的突破点以及农业供给侧结构性改革的切入点，墩头蓝染作为客家文化的代表之一，可以在梅州、惠州、韶关等客家地区的民宿空间中推广，让墩头蓝与当下的生活产生更为密切的联系。因此，打造墩头蓝染主题的民宿空间，是一个能体现这一非遗技艺内涵和价值的切入点。将墩头蓝文化符号虎头纹应用在各种家居用品中（图6），使传统文化融入现代空间设计，是传承和发扬墩头蓝文化，实现新

图6　虎头纹图形在家居用品中的应用

旧融合的有效途径。

将墩头蓝应用于空间设计中的策略与手法：(1) 根据空间自身特点，合理运用墩头蓝元素，打造统一的空间氛围（图7）；（2）视觉的同一性：以墩头蓝色调为主，再辅以其他色调；（3）尊重地域性原则，以当地的色彩、文化、风俗等为设计素材；（4）注重生态环境，可以有效缓解室内空间与自然环境的冲突。

图7　墩头蓝在民宿空间中的设计效果1

四、墩头蓝应用于空间设计中的优势与价值

将墩头蓝应用于空间设计中的优势与价值表现为：一是体现循环发展理念。制作墩头蓝的蓝草属于可再生资源，"大蓝"的果子能炸油，"板蓝"的根可当中药材使用，染料提取的残渣还可用作肥料。目前市面上使用化学染料制成的纺织品，易造成大量废水，废水中含有的有毒物质会给农业生产带来二次伤害。墩头蓝这种纯天然的特性更符合现代人的健康理念，利于生态环境的可持续发展。二是凸显健康美。染缸中的布料自然多变，呈现富有生命力的变化，蓝染着色的物件自带清香，具有抗菌性和安神作用，且结实耐磨。三是物与心相交融。在家居物件的手工制作过程中，通过手将触觉、视觉和脑力协调，身心合一，人得到健康成长。四是传统非遗文化的价值体现。探索非遗的活化，经济效益与实施的难易程度是需要考虑的重要因素。受制于乡村的客观原因，如果通过打造若干以墩头蓝为主题的民宿空间，来丰富和拓展墩头蓝应用的深度与广度，以点带面并形成经济效益，也是在保护传统技艺的基础上实现经济价值的有益思路。

墩头蓝的创新应用不仅是工艺上的传承，也是一种文化的传承。它的独特性和原生性蕴含着特定时代、特定区域的思想观念，已不再只是手工技艺本身，而是与生活在这片土地的人们息息相关，是墩头村先人们留下的珍贵非物质文化遗产。

在当今提倡回到自然、返璞归真的大背景下，手作的温暖、质朴的生活方式以及传统文化元素重新被社会关注。如何发掘传统工艺的更多潜在价值，如何使优秀的非遗文化得以保存并找到适宜的传承路径，是我们面临的重要课题。希望以空间设计的视角探寻墩头蓝的创新发展之路，能够为传统工艺的发展与传承提供借鉴指导。

注 释

[1]《小雅·采绿》是中国古代第一部诗歌总集《诗经》中的一首诗。终朝采蓝，不盈一襜。五日为期，六日不詹。

[2] 出自《荀子·劝学篇》。

[3] 吴元新. 中国蓝印花布纹样大全：藏品卷 [M]. 上海：上海人民出版社,2005:218-224.

[4] 郑巨欣. 中国传统纺织品印花研究 [M]. 杭州：中国美术学院出版社,2008:108-110.

[5] 于雄略. 中国传统蓝印花布 [M]. 北京：人民美术出版社,2008:60.

[6] 徐维群. 传统客家妇女相对地位的定位及其成因 [J]. 龙岩师专学报,1999(1):60-62.

[7] 商玉婷. 客家妇女服饰的文化艺术特征研究——以粤东地区为例 [D]. 广州：华南理工大学,2017.

[8] 肖劲蓉. 墩头蓝染在现代家具设计及软装中的创新研究 [J]. 林产工业,2020,57(11):60-64.

图片来源

图 1. 作者自摄，2021.8

图 2.《中国蓝印花布纹样大全》

图 5. 吴家仪设计

图 6-7. 谭淑芳设计

Research on Innovative Application of Duntou Bule in Space Design

Tan Shufang Zhu Yang   Guangzhou University

Abstract Duntou blue is an intangible cultural heritage project of Guangdong Province, and applying it to contemporary space design is an important way for this traditional skill to be better integrated into modern life. Based on the history of blue dyeing and the current situation of Duntou blue, this paper summarizes the typical patterns and color characteristics of Duntou blue, and studies the application of this traditional blue dyeing process in spatial design according to its characteristics and cultural connotation.

Keywords Blue dyeing; Space design; Cultural heritage; Innovation application; Intangible heritage

6 当代生活美学视角下的朱炳仁铜艺研究

李晓东

当代生活美学视角下的朱炳仁铜艺研究

李晓东

摘　要　朱炳仁铜艺是依托传统民间工艺，结合当代生活美学，具有国际影响力的代表性文创设计。本文以朱炳仁铜艺个案研究梳理当代地域性文创设计转型的成功经验，探讨当代生活美学对地域性文创设计审美价值趋向的美学研究与学理构建，并借此为中国文创设计的当代发展和国际传播提供借鉴和思路。

关键词　朱炳仁铜艺；当代生活美学；地域性文创设计；国际化传播

民间工艺有其自身的生命力，是中华优秀传统文化的重要组成部分。民间工艺作为当代文创设计的重要基础，大规模的产业化发展使其生活美学的审美属性不断显现，并使生产与消费呈现出地域性价值观念的文化标志、社会效应和时代特征，以及进行国际化传播与发展的潜力。

文创设计的发展绕不开生活美学的概念。新时代对生活美学提出了新要求，也对传统的审美价值产生了冲击与改变。因此，从审美形式、审美风格、审美原则上进行当代语境下的生活美学重构，是重要的一环；同时，生活美学对提升审美价值观念又有重要的启发和带动作用。两者相辅相成，是当代生活美学需要平衡的价值尺度。

朱炳仁铜艺是在历史悠久的传统民间手工艺"朱府铜艺"基础上传承发展起来的。"朱府铜艺"始创于 1875 年，距今已有 140 多年历史，传承有序，朱炳仁为第四代传人，儿子朱军岷为第五代。近年来，经过当代创意和审美的融入，它已经发展成为具有代表性的传统地域性文创设计和民间手工文化产业，并作为结合当代生活美学的文创设计研究的一个重要案例。

李晓东，男，天津大学冯骥才文学艺术研究院博士研究生，研究方向为非物质文化遗产保护与研究。

一、当代生活美学对朱炳仁铜艺的影响

（一）材料属性满足当下环保健康理念的生活美学

当代大众对于材料的需求和新功能开发，除了体现时代的特征与需求之外，还必然体现时代的技术与工艺，融入当代科技的力量来满足人们对于材料的新需求。例如，抑菌铜材料就是一种新的满足时代特征需求和新科技工艺的材料之一。随着社会的发展，人们生活的环境遭受的污染越来越严重，细菌感染及其带来的危害无时无刻不在威胁着人民的生命安全。抑菌铜是目前唯一获得美国环保署（EPA）抑菌性注册的固体材料，能够 24 小时全天候抑制致病细菌生长，在两小时内杀灭其表面超过 99.9% 的特定细菌。同时，它能最大限度减少接触面的"二次污染"，效果远远优于含银涂层、不锈钢、抗菌塑料在内的其他材料。铜材料具有杀菌抑菌的功能，我国人民很早就注意到了这一点，并加以利用。在环境污染加剧的当下时代，铜材料的杀菌抑菌功能成为很多人选择铜材料的重要原因，这也为铜材料走进人们的生活起到积极的推动作用。人们广泛利用这一特性，并在生活中广泛地应用，特别是利用铜材料制造的餐具、茶具等更是受到大众的喜爱。

朱炳仁对于时代特征和人们生活方式改变所带来的功能需求把握是敏锐而又准确的。针对环境污染问题，铜家居产品因为材料的天然抑菌性能，往往就会成为千百万家庭的优先选择。朱炳仁将抑菌铜材料巧妙地运用到餐具（图 1）、茶具，尤其是卫浴产

图 1　铜餐具系列

品上，不仅经久耐用、美观大气，最重要的是将铜材料的抑菌功能发挥到细微之处。在选择卫浴产品时，除了要符合使用者的审美和装饰风格之外，材质的特征，以及使用寿命、防锈安全等也是重要的评价要点。抑菌铜材料的产生与运用，满足了新的时代人们在生活功能上的新需求。

（二）产品功能体现当下生活方式多样性需求的生活美学

1. 产品满足审美心理感受的美学观念

在当代人们对于生活美有了新的、更多样的需求，朱炳仁在产品生产和设计的过程中，一直注重对审美需求的回应，每一件产品都注重色彩、造型等审美因素，关注到当代生活中产品美学价值。例如，图2的松鹤延年铜圆盘，朱炳仁利用特有的釉彩铜工艺，借鉴珐琅彩的制作技艺，使产品表面花纹清晰，附着力强，色彩绚丽美观。明月松间系列摆件（图3），利用铜的属性将平面的图画三维立体化，再加上独有的熔铜工艺，让松树的枝叶生动，增加审美意味。

朱炳仁铜艺中最重要的一类作品是铜建筑与公共艺术设计，每一座铜建筑都体现了城市属性与公共空间艺术的融合。朱炳仁将铜作为建筑材料，展现出独特优势以及文化价值内涵。例如中国第一座彩色铜雕宝塔——杭州雷峰塔新塔（图4），塔高71.9米，用了280吨铜，不仅重现"雷峰夕照"的壮美景象，同时又成为杭州的一大标志性公

图2　松鹤延年铜圆盘　　　　　　　　图3　明月松间系列

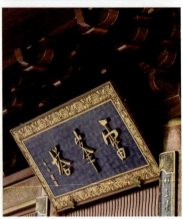

图4　新雷峰塔

共空间艺术建筑。作为熟谙铜艺的民间工艺传承人，朱炳仁认为将雷峰塔建造成一座以铜为主要建筑材料和装饰的铜塔是展示地域性文化和艺术的结合，通身以铜为材料，斗拱及梁柱以阳刻凸花的工艺展现出铜材料的独特魅力，不仅展现了铜材料的美学意义，又让这座千年的古塔重新焕发生机与活力。朱炳仁开启我国铜建筑这一新形式的艺术先河，它将铜的功能拓展至建筑和公共艺术领域进行全新的尝试是成功的，让中国的铜文化进入一个新境界。

2. 产品满足消费文化心理的美学观念

产品满足消费文化心理的美学观念，不仅要满足对"器"的技艺展现和造型审美，还要体现"道"以及与之结合的程度，体现中国传统文化和铜艺美学在器具上的表达。不仅在器具上有"道"之赋予，在"器"的造物设计上也满足当代审美价值的需求和生活美学的建构。

铜器具本身赋予的文化功能，使得人们在使用铜产品的同时也具有消费其本身文化的功能。民间工艺是传承传统文化的一种重要载体，它承载了中华民族热爱生活、积极向上、善良美好的文化美。因此，地域性文创设计传达出来的朴素、真诚，以及生活的价值理念，是对幸福吉祥的生活美学的体现，寄托了人们追求正能量的价值观念和对生活美学的审美诉求。

朱炳仁铜艺产品承载深厚的中国铜文化，让传统铜艺在当代生活中体现重要的审美价值和美学意义，旨在提升人们的生活品质，建构当代铜艺生活美学的重要时代特征。近年来，故宫博物院日益重视文化创意产品的开发，提出了"把故宫文化带回家"的文创设计与文化传播理念，这与朱炳仁的铜艺生活理念如出一辙。故宫博物院是中国宫廷文化的集大成者，朱炳仁在创作中也汲取故宫文化的养分，将其运用到铜艺领域，并赋予其新的时代特征与美学意义。例如朱炳仁选取故宫藏唐代韩滉的《五牛图》为原型，将画中的五头"福牛"用三维铜雕的形式展现出来（图5）。活灵活现、栩栩如生的五牛雕塑，将作品从平面转化为立体，以铜艺的语言重新演绎了国宝《五牛图》的风采。

3. 产品满足精神载体功能的美学观念

产品所体现的精神载体功能，必然会符合时代特征和新的生活方式，体现当代生活美学观念，将人们对产品功能精神载体的审美价值展现出来。满足精神载体功能的美学观念，是文化身份的认同与体现，传统文脉的继承与延续是当代生活美学追求的造物原则之一，给地域性文创设计文化产业化带来具有时代特征和符合时代要求的新生活方式的发展前景。

当代生活美学在树立民族自信心和建立传统优秀品德的当代观念中，体现着社会时代变革的特征。产品功能将器具的外在物质和深层次传递的精神含义相互依存、不可分割。在现实生活中，人们在大力追求产品外在设计与装饰的过程中，忽视了传递深层次精神内涵的重要作用。这种"重器轻道"使得产品空洞轻浮，难以满足人们对精神文化消费的多样性需求。朱炳仁铜艺产品不仅给人们带来生活上的便利使用功能，还传递出对于文化价值和精神载体的特殊意识形态的双重理念。

图5　上图唐代韩滉《五牛图》
下图《五牛积福》铜艺摆件

当下人们对内心情感价值的需求越来越强烈，体现在生活的方方面面，但是在文创设计中情感载体的物化产品却是很少看到，较为成功的案例也是少之又少。朱炳仁在产品中的情感化表达与文化传递上，既满足了人们对文化的需求，作为情感载体的产品又兼顾审美和使用功能的双重属性，表达出当代生活美学中以人文为本的内涵属性和特征，是较为成功的创新实践。例如，图6的富贵对象铜摆件是承载美好寓意的作品，大象善于吸水，水为财，象鼻朝下吸四海之财，象鼻朝上为吉祥如意。象又谐音"祥"，被赋予"太平有象、平安吉祥"的寓意，承载了消费者求财和纳吉的精神需求。步步登高铜笔（图7）将铜笔设计成竹子的形象，将步步登高、高升的寓意承载在产品中，使得使用者的精神有了物质化的载体。

（三）工艺流程体现的视觉审美文化的生活美学

1. 机械成器的造型工艺观

传统手工艺相比机械化生产，难以达到规整统一的产品标准。实现生产中一定程度的机械化，能解决传统铜工艺生产中耗时耗力且质量和效率低下的工艺问题。因此，把纯手工生产工艺转化为机械化的工艺流程是朱炳仁在铜艺生产上思考的要点。它不仅可以缩短产品生产的工艺成品时间，从而提高生产效率，而且能最大限度地实现产品的标准化、规模化生产，降低时间和材料成本。

朱炳仁铜艺在产品转型与设计中，注重回归生活和融入当代的技术与工艺，满足当

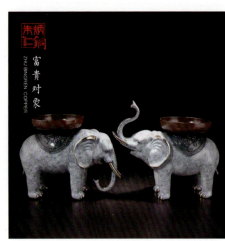

图 6　富贵对象铜摆件

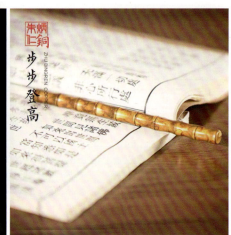

图 7　步步登高铜笔

代消费者的生活功能和审美文化，使得产品的功能和情感需求同时体现在产品类型当中，同时兼备审美层面的把握。这是其当代生活美学中以人为本的具体体现。朱炳仁铜艺在生产工艺上会特意寻找手工留下的痕迹，使得产品既符合生产标准，具备使用性的美，同时又满足大众对文化消费的心理。例如，朱炳仁铜艺生产茶具中的茶壶产品时，在壶身、壶嘴、壶盖等生产上采用机械化生产，不仅快速规整、严丝合缝，满足茶壶的使用功能，而且在装饰茶壶的工艺上（图8），仍然采用手工錾刻、锻打等传统手工工艺，以求保留传统的手工意味，满足大众的文化消费心理。

2. 审美需求的装饰工艺观

越来越多的消费者倾向于购买具有审美价值的艺术品。这不仅仅是出于艺术品投资和装饰美观的实际需求，同时也是对当代形式美感心理自由解放的、随性的形式审美的追求。

朱炳仁铜艺生产中的熔铜工艺是当下极具形式美感审美需求和生活美学需求，对装饰观念进行创新的工艺。这突破了传统铜艺术被模具束缚的弊端，创新出具有当代艺术审美和赋予当代生活美学需求的工艺表达手法。熔铜艺术表现形式（图9）是用"无模可控熔铜工艺"所创作的极具视觉审美和观赏价值的艺术。"无模"使熔化的铜液摆脱模具的束缚而在不同的介质中自然流畅，"可控"使铜液在自由流动的同时还能在造物者的掌控中让铜这种坚硬、冷冰的材料变得温暖、柔软、不受拘束和自由自在。熔铜艺

图8　铜茶壶装饰手工局部

术所呈现的是一种抽象的形态，但是传递出来的观念却是具体的。这种符合当代创新形式美感的装饰工艺也使得传统民间手工艺走向了当代审美。熔铜艺术与色彩结合的装饰工艺，满足了当代人们对于形式美感和视觉审美双重审美价值观念的需求。图10名为《千浪卷雪》，采用熔铜艺术的表达方式，从平面走向立体，形成既有传统艺术根基又融合当代艺术语言的全新风格。

图9　熔铜艺术局部　　　　　　　图10　作品《千浪卷雪》

二、朱炳仁铜艺品牌战略实施与国际化传播的影响

(一) 销售模式的战略决策

地域性文创设计的产业销售模式，立足产品的品牌战略，体现生活美学的时代特点，进行具有时代特征的创新，是其永续发展的重要环节。地域性文创设计进行产业化销售时，其自身的艺术性、文化性等特征带来的当代销售模式的创新，是具有启发性意义的，例如越来越多的特色艺术展览与博览会。展览是一种特殊的流通媒介，从流通性质上讲，它区别于传统销售模式的较大特点就是，展览属于生产者和消费者的直接对接，为双方提供了一个直接交流的环境。在当代社会的流通渠道中，展览被定义为新型传播媒介。文化价值是社会产物，其最终目的是为人服务的，人不仅是文化价值的需求者，而且是文化价值的创作者。同时，人们创造文化需要和文化产品的能力，也是文化价值的综合体现。在满足个体文化需求的同时，也要追求正确文化价值的社会导向。随着社会的发展，

流通渠道在不断地更新，尤其是交通的便利和信息的通信能力，例如快递行业的发展、网络购物行为的普及，等等，使得文化传播的媒介逐渐增多。地域性文创设计的文化价值传播是极具特色的，具备"地域性""生活性"和"指向性"的特征，文化传播的方式是多种多样的，尤其是当代社会发展所提供的可能性，如何最大化地进行文化传播，并且在传播的过程中满足地域性文创设计产业化流通的经济利益最大化要求，是本节论述的要点。

随着生活美学时代特征的体现，朱炳仁铜艺注重在流通模式上进行创新，加大网络销售模式的时代融合，同时建立朱炳仁铜雕艺术博物馆（图11），以"展销一体"的当代生活美学情感体验为特色，抓住产品的艺术性和文化性，配以艺术展览、博览会等情感交互体验的传播方式，扩大全国连锁店的辐射力度、广度，将朱炳仁铜艺产品在中国和国际上推广传播。这不仅为产品增加了传播力度，也让更多的消费者能够了解、购买和使用铜艺产品。朱炳仁铜艺注重流通环节上的文化价值传播和路径创新，使得其品牌文化的影响力越来越大，为地域性文创设计的当代产业创新转化提供了蓝图。在当代生活方式的改变中，情感体验是一个重要的方式。在文化和审美的销售模式上，朱炳仁提供了很多情感体验的场所和空间，不仅是为消费者提供有目的的消费场所，更多的是让大众了解、认识铜，接受铜，最后让铜走进生活。这个过程是需要一个情感体验场所的，而朱炳仁铜雕艺术博物馆则是满足其要求的，集展览、销售和体验为一体的重要场所。朱炳仁铜雕艺术博物馆位于杭州市上城区河坊街221号，是中国唯

图11　朱炳仁铜雕艺术博物馆

——座全部用铜建设和装饰的宅院。除立面墙和地面外，门、窗、屋面、立柱、家具等全部采用铜质结构和装饰，共耗费原料铜125吨。博物馆以明清时期典型的江南民居风格加以呈现，装饰以铜为主，打造铜艺术世界，使人们感受独特的铜文化带来的美学价值体验。这是一个区别于只能看不能摸的博物馆。这里有世界上第一套全铜家具，如桌椅板凳、屏风摆设、门窗砖瓦，消费者和参观者可以进行体验和触摸，感受铜的"情感温度"。

（二）国际交流与文化传播

除去固定的场所，朱炳仁还多次举办艺术展览和参加博览会，为社会大众提供更便捷的、更有针对性的艺术体验。截至2021年，朱炳仁举办的个人展览或者参加重要大型艺术展览就有数十次。具有代表性的有：2015年"中国非遗·铜雕朱炳仁艺术展"在柏林中国文化中心开幕；2018年12月10日在德国柏林举行"熔铸东西·朱炳仁当代艺术欧洲首展"；2017年威尼斯双年展展出熔铜壁画装置艺术《宋画迷宫》、新加坡"熔古铸新"艺术展展出《稻可道，非常稻》和圆明园十二铜兽首等一系列熔铜艺术作品；等等。

其中较具代表性的是2015年即凡·高逝世125周年，为了纪念这位天才艺术家，凡·高博物馆邀请朱炳仁完成一件有关凡·高作品的铜雕，参与一场在杭州的展览——"不朽的凡·高"艺术大展。朱炳仁随即创作了《燃烧的向日葵》和《熔化的星空》作品。比利时安特卫普皇家艺术学院院长巴特先生深深为之着迷，称凡·高的星空和向日葵"活"了。他说："你的每一件作品，都有震撼力，不需多，真的不需要多。我会让全欧的艺术学院院长们来看，让他们永世难忘。"（图12）

"中国非遗·铜雕朱炳仁艺术展"在柏林中国文化中心开幕。在展览中，《稻可道，非常稻》《宋画迷宫》《圆明园之魂》等多件融合了中国传统铜雕技艺和现代熔铜工艺的作品展出。巴特说："从这些作品中，我们可以看到中国元素，也能看到现代元素，充满了对艺术技巧和艺术表达方式的探讨。"为此，他还亲撰长评。这是他前所未有的，以独特的视角来评价一位东方艺术家："朱炳仁使用的是祖先的语言，讲述的却是当代的故事……我想对于西方的艺术家来说，能看到朱炳仁的铜雕作品，是一个很好的机会。"

图 12　巴特与朱炳仁观看《熔化的星空》

三、结语

生活美学以生活中的审美价值观念为基础，对其研究既要注意吸收前人美学理论的内核，又要紧跟时代的脚步，注重研究当下变化着的生活审美现象。本文从材料、产品功能、工艺流程和交流与传播四个角度分析了地域性文创设计中当代生活美学时代特征的体现，每一个角度对应朱炳仁铜艺生产的重要环节，注重从当代生活方式、以人为本的审美价值观念构建生活美学价值，从人的五感感知的审美触觉出发，见微知著，从功能需求到心理满足，从产品功能到审美价值，从精神载体到消费文化，从文化内涵到传播意义，注重把握当代审美潮流的生活需求，剖析中间蕴含的当代生活美学观念，构建铜艺美学的生活观念，营造当代文创设计、当代生活美学的时代特征，使之具备更好的国际传播价值。

图片来源

图 1 微信公众号朱炳仁铜铜艺商城板块

图 2 微信公众号朱炳仁铜 2022 年 4 月 30 日推文

图 3 微信公众号朱炳仁铜铜艺商城板块

图 4 微信公众号朱炳仁铜 2023 年 3 月 18 日推文

图 5. 上图 故宫博物院官网，下图笔者拍摄

图 6 微信公众号朱炳仁铜铜艺商城板块

图 7 微信公众号朱炳仁铜铜艺商城板块

图 8 微信公众号朱炳仁铜铜艺商城栏目

图 9–11. 笔者拍摄

图 12 微信公众号朱炳仁铜 2021 年 11 月 13 日推文

Research on Zhu Bingren's Copper Art from the Perspective of Contemporary Life Aesthetics

Li Xiaodong   *Tianjin University*

Abstract Zhu Bingren's copper art is a representative cultural and creative design that relies on traditional folk craftsmanship and combines contemporary life aesthetics with international communication influence. This paper uses the case study of Zhu Bingren's copper art to build a successful experience of transformation of contemporary regional cultural and creative design, and discusses the aesthetic study and theoretical construction of contemporary living aesthetics on the aesthetic value tendency of regional cultural and creative design, and uses it to provide reference and ideas for the contemporary development and international communication of Chinese cultural and creative design.

Keywords Zhu Bingren's copper art; Contemporary life aesthetics; Regional cultural and creative design; International communication

7 | 基于徽州承志堂月梁木雕图案的文创设计研究

罗 乐 高 峰

基于徽州承志堂月梁木雕图案的文创设计研究

罗 乐 高 峰

摘 要 徽州承志堂商字月梁具有丰富的文化内涵和较高的艺术价值，具有转化为现代文创产品的巨大潜力。本文通过对商字月梁上的雕刻图案进行分析，结合文化层次理论，构建文创产品的多层次文化特征模型；运用 KANO 模型设计调查问卷，分析用户真实感性需求，探索传统文化应用于文创产品的可行性。

关键词 徽州承志堂；商字月梁；文化层次论；KANO 模型；文创产品

月梁古称"虹梁"，最早的文字记载出现于东汉《西都赋》，其中有原地区未央宫之横梁"因瑰材而究奇，抗应龙之虹梁"[1]。月梁传入徽州后，在漫长的历史长河中逐渐形成了徽州特有的月梁形制，其中最为独特的是"商字月梁"。"商字月梁"又称"帽儿梁""元宝梁"，整体轮廓呈"商"字形，常位于富户民居厅堂仪门的上方，雕刻华丽，纹饰饱满，是徽州社会在特殊的地理环境、社会文化背景下孕育出的徽商精神的重要实物载体，极具研究价值。本文以徽州商字月梁装饰艺术为研究对象，结合现代文化理论和现代分析模型探究其应用于文创产品的设计思路，以期为徽州传统文化物质载体提供可持续性保护，为更好地传播和传承徽州建筑装饰文化提供新思路。

一、徽州月梁及其在文创产品中的应用潜力

月梁因其梁背呈起拱之势，如虹如月而得名。它作为梁体起到支撑传导屋盖重量的作用，曲线优美而极富形式感，是我国传统建筑中兼具力与美的重要大木构件。月梁这一建筑构件早已有之，现存的最早遗构实物为五台山佛光寺大殿[2]的明栿。月梁在

罗乐，女，安徽大学硕士研究生，研究方向为环境设计研究。

徽派建筑中大量使用，也形成了徽州地域性特色。如独特的起拱弧度、形如满月的梁眉等，满布精美的雕刻图案，成为徽州传统文化的重要实物载体，具有极高的艺术价值和文化价值。其蕴含的文化基因具有转化为现代文创产品的巨大潜力。

国内对于月梁的研究大体主要集中于结构形制的研究。汪兴毅等人发现，月梁向上反拱的形式可抵消竖向位移的荷载，还可减少跨中弯矩产生水平推力。[3] 石宏超对古籍中记载的月梁形制与江浙一带现存的月梁遗构进行了对比研究，阐释了江浙月梁在发展过程中所形成的时间不均衡性和地域混杂性。[4] 2019 年，他对江南民居月梁和官式《营造法式》进行了对比研究，基于月梁的实践工程对原著作内容进行了更正和补充。[5]

当前对于徽州月梁的结构形制研究已取得了一定的阶段性成果，但对其雕刻图案，特别是对其在当代的活化应用研究还有较大的空间。日本民艺家柳宗悦认为，"传统物件只有融入生活之中才能活化"[6]。因此，将徽州月梁的雕刻图案融入现代产品，成为生活的一部分，使其重新焕发生机，成为传播地域传统文化的重要实物载体，具有重要的现实意义。

近年来，诸多博物院文创产品从历史文化中汲取营养，取得了较多的成果。例如北京故宫博物院 IP 品牌以其创意已获得了国内外一致认可，苏州博物馆的文创产品也体现出其儒雅江南之风韵。然而，目前徽州文创产品却因款式雷同、功能欠缺、设计陈旧、缺乏地域特色而饱受诟病。鉴于此，本文对徽州商字月梁纹样的文化艺术元素进行深入挖掘，运用文化层次理论构建徽州商字月梁文创产品的文化特征模型，探索其在当代文创产品设计中的应用价值。

二、研究与设计步骤

将徽州商字月梁雕刻图案应用于文创产品设计，本文拟从以下四个方面展开。

1. 深入调查分析徽州月梁装饰图形，描绘其细节清晰的纹样样本。笔者调查了明清时期徽州地区 [7] 具有代表性的民间建筑 [8]，共 23 栋，其中民居建筑 7 栋、厅堂建筑 16 栋，最终选取具有代表性的宏村承志堂商字月梁作为研究对象，临摹其装饰图形，解构成细节清晰的图形样本。

2. 根据文化层次理论构建徽州承志堂商字月梁文创产品的文化特征分析模型，通过对消费目标群体进行一对一探讨，明确器型外观层、使用方式层和精神文化层三个层次的设计关键词。

3. 基于 KANO 模型设计用户需求问卷，结合五种不同类型的用户需求和商字月梁装饰图形，探索用户潜在的真实诉求，排列设计属性权重。

4. 分析徽州地区游客数据，确定文创产品设计方向，综合以上三个步骤的结果进行徽州文创产品设计。

徽州商字月梁雕刻图案应用研究步骤见图 1。

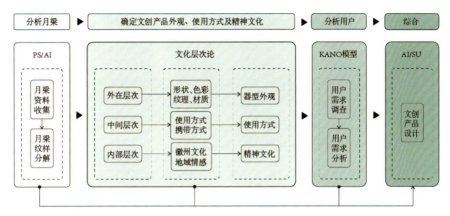

图 1　徽州商字月梁纹样解构应用研究步骤

三、徽州承志堂商字月梁木雕图案分析

安徽黟县宏村承志堂，原是清朝末期从事盐业的新安商人汪定贵的府邸，建于清文宗咸丰五年（1855），建筑面积达 3000 平方米，内饰错彩镂金，有"民间故宫"之称。其中的月梁装饰精美绝伦，层次细密，画面饱满，具有极高的艺术欣赏价值。精雕细刻的商字月梁，位于仪门两侧的偏门上方。据当地人介绍，这是由于当时商人处于社会最低阶层，徽州商人为了平衡心态的设计——访客进入厅堂前均需经过"商"字之下，"商"因此而高人一等。承志堂商字月梁见图 2。该月梁采用多种雕刻手法制成，雕工精细，主题丰富，整体呈对称式构图，四处开光将月梁区隔出四处独立空间：最上方雕刻人物故事，中轴线中下部刻有人物纹，两侧装饰植物纹；开光纹外的中上部装饰吉祥云纹，开光纹之间用回形纹和卷草纹进行分隔。月梁整体装饰画面疏密得体，构图紧凑舒适，纹样生动，美轮美奂。

为了对宏村承志堂商字月梁的木雕图案进行辨识分析，在研究中，我们去除其他

元素保留月梁本身，避免色彩影响进行了灰度处理（图3），再运用 Adobe Illustrator
绘图软件临摹纹样元素（图4），绘制完成后进行拆分提取，归纳为5种基础图形，以
便应用于调查问卷和设计方案中。提取的图形元素见表1。

图2　位于宏村承志堂宅居偏门上方的商字月梁

图3　徽州承志堂宅居
商字月梁细节

图4　徽州承志堂宅居
商字月梁手绘稿

表1　徽州承志堂商字月梁图形元素

商字月梁 图形元素	实物照片	图形提取	图形语义
如意云纹			吉祥如意
人物纹			平安喜乐
植物纹			淡泊宁静
卷草纹			生生不息
回形纹			源远流长

四、基于文化层次论的徽州文创产品模型构建

（一）文化层次论概述

在相关研究中，文化层次根据研究目标及受众差异，有多种划分方式。本文采用学者 Leong 提出的分析法 [9]，将文化划分为外部物质载体的形式层、中间行为方式的操作层和内部文化精神的思想层三个层次（图 5）。外部形式层是指视觉、触觉、嗅觉等知觉可感知的文化实物载体，中间操作层是指通过行为动作传递的文化活动行为，内部思想层是指在社会影响下形成的情感属性。该理论使文化产品中的文化性质更加具象明晰，更能有效地将文化特征融入产品设计实践中。以文化层次论作为理论指导，探究徽州商字月梁文创产品的具体设计路径，能够确保文创产品在器型外观、使用方式和文化内涵各层次都具有徽州地区独特的文化内涵。

（二）徽州承志堂月梁文创产品特征模型

基于文化层次理论，我们对徽州承志堂商字月梁的文创产品从外在、中间、内在三层次进行了进一步的设计属性归类。归类方式如下：首先，通过文献法和深度访谈法，收集文创产品内外特征的原始数据。

根据腾讯位置服务提供的 2017 年旅游大数据，黄山地区是女性游客青睐的旅游景点，数量多于男性游客；女性游客从年龄划分，20 岁到 49 岁之间的中青年游客占比达78.2%，是文创产品消费的主要人群。[10] 因此，以 20~49 岁之间的女性用户为目标群

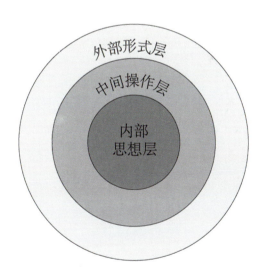

图 5　文化层次模型

体客户，我们采用深度访谈法（20~29、30~39、40~49岁人员各3名）进行一对一访谈。其次，将访谈的交流语言关键词化。最后，将关键词分别按外部形式层、中间操作层、内部思想层进行归类。基于文化层次论的关键词归类见表2。

　　根据关键词归类，我们得到了月梁文创产品特征分析模型（图6）。其中，外部形式层（A）对应的设计属性包括纹样样式、使用材料、器型色彩、器型形式等，具有八个设计属性；中间操作层（B）的设计属性包括使用方式、携带方式、安全属性、收藏价值等，具有四个设计属性；内部思想层（C）包括创新传统、徽州文化、象征寓意、徽州美学等，具有四个设计属性。每个属性分别具备不同的文化价值意义。三个设计层次由表及里、由外到内相互联系和影响，组合成完整的徽州月梁文创产品设计框架。

表2　基于文化层次论的关键词归类

层次	关键词	归类	编码
外部形式层（A）	图形精致；传统图形；使用月梁的图形；纹理好看；有一些好看的图案	图形样式	A1 - A5
	木制；质朴；新的材料；亚克力或者好看的透明材质	使用材料	A6
	色彩复古；色彩独特；颜色绚丽；颜色亮一点或传统一点	器型色彩	A7
	样式丰富；营造精巧；样式独特；形式有特色	器型形式	A8
中间操作层（B）	不仅仅是装饰品；可以用在生活里；具有实用性；可以使用；实现成本	使用方式	B1
	便携性；轻巧的；方便带走的	携带方式	B2
	使用安全；少锐角；没有潜在危险；对家里人特别是儿童和老人都是友善的	安全属性	B3
	能否更具有纪念价值；能否长期保存	收藏价值	B4
内部思想层（C）	是否具有创新性；融合性；与过去不一样的	创新价值	C1
	是否是代表性的；是否让人一眼就想到徽州文化；如何体现徽州文化	文化价值	C2
	能否传达美好的寓意；吉祥的；美好的；背后有些很好的故事寓意	象征价值	C3
	符合当下审美；别具一格；表达传统的美感；一眼能想到过去器物的	美学价值	C4

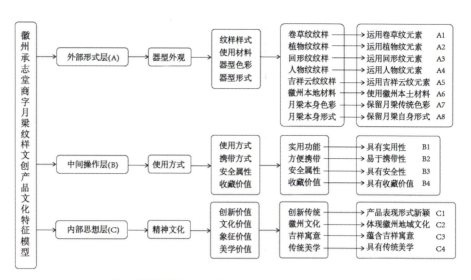

图 6　徽州承志堂商字月梁装饰纹样文创产品文化特征分析模型

五、基于 KANO 问卷的徽州商字月梁文创设计

（一）KANO 模型概述

KANO 模型是根据相反情况下用户选择的主观感受来区分不同需求的实现和满意度之间关系的可视化模型。该模型根据用户对产品属性实现和不可实现两种情况进行选择的综合结果，将用户对产品属性的需求划分为五类：魅力型需求（attractive quality）、期望型需求（one-dimensional quality）、必备型需求（must-be quality）、无差异需求（indifferent quality）和反向需求（reverse quality）。[11] 其中，魅力型需求（A）是超越用户需要的需求，不具备时用户对产品的好感度不会变化，如果具备，则会大幅度提升用户好感度，该需求是设计时设计师需深入挖掘的需求；期望型需求（O）是用户期待被满足的需求，不具备时好感度会下降，反之则会上升，该需求在设计时应尽量满足；必备型需求（M）是用户迫切需要被满足的需求，当具备时，用户好感度不会提升，反之会大幅度下降，因此设计时必须保证实现；无差异需求（I）是用户喜欢的需求，是否具备都不影响用户的满意度，是设计时可舍弃的内容；反向需求（R）是用户不喜欢的需求，具备时用户好感度不升反降，与其他需求表现出反线性关系，是设计时设计师需刻意避免的内容。KANO 模型将满意度设置为 Y 轴，具备程度设置为 X 轴，划分出四个区间，五种需求在不同区间中呈现出不同状态（图 7）。

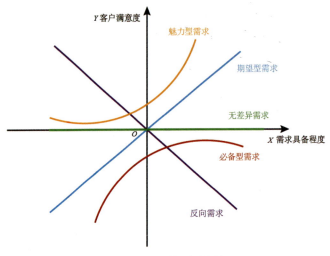

图7　KANO 属性分类坐标轴

（二）基于 KANO 模型的文创产品需求问卷

结合文化层次论的文创产品特征分析，我们进行了基于 KANO 模型的问卷设计。3 个层次共计 12 个属性，分别对应 12 个问题，每个问题分为可以实现和不可实现两种情况，每种情况对应 5 种强度的满意度，问卷格式见表3。综合两种情况的 5 种强度调查结果从满意到反感，可以分为魅力型需求（A）、期望型需求（O）、必备型需求（M）、无差异需求（I）和反向需求（R）[12]，属性分类见表4。通过用户的不同选择，我们将其对于徽州月梁文创产品功能属性的隐性心理需求转为显性需求。其中，魅力型需求是产品的设计亮点，其实现可较大程度地提升用户满意度；期望型需求是产品间比较的重点；必备型需求是用户期望满足的基本功能，需保证实现。因此，实现必备型需求，力求期望型需求，重视魅力型需求，才能设计出符合游客心理需求、具有市场竞争力的徽州文创产品。

表3　KANO 调查问卷（局部）

运用"吉祥云纹"纹样	我很喜欢	理应如此	无关紧要	勉强接受	我很不喜欢
可以实现	5	4	3	2	1
不能实现	5	4	3	2	1

表 4　KANO 用户需求结果分类对照

产品文化需求		不能实现				
		我很喜欢	理应如此	无关紧要	勉强接受	我很不喜欢
可	愉快	Q	A	A	A	O
以	理应如此	R	I	I	I	M
实	无关紧要	R	I	I	I	M
	可以忍受	R	I	I	I	M
现	不喜欢	R	R	R	R	Q

问卷采取网络发放的形式，运用问卷星设计问卷，再将问卷链接通过微信、QQ、社交群等发放并邀请好友转发，历时 4 天，共发放 400 份问卷，其中在校学生 200 份，工作人员 200 份。清洗掉 85 份无效问卷，包括小于 20 岁及大于 50 岁受访者的问卷（非目标客户群体），以及结果可疑问卷（正反向答案相矛盾），最终共计回收有效问卷 315 份，回收率为 78.75%。

之后，我们将问卷结果导入 SPSS Statistics 22，检验其信效度。内容信度检验中，克隆巴赫系数为 0.917，大于 0.70，信度优良，满足分析需求；在内容效度上，正向问卷 KMO 值为 0.939，负向问卷 KMO 值为 0.958，变量均接近 1，证明相关性较强。此外，Bartlett 球形检验结果均为 0.00，证明内容效度良好，可运行 KANO 模型计算。

（三）问卷计算结果分析

将问卷结果导入 KANO 用户需求分类列表，统计分析后即可将基于文化层次论得出的 12 种属性在徽州文创产品设计中划分为必要属性、次要属性和在设计中应规避的属性。

为了进一步对比用户需求，本文引进 Berger 等人发明的用户好感度系数计算公式 [13]，计算出精准的满意系数和不满意系数。公式见图 8，计算结果见表 5。

根据每项文化属性所在的需求类别进行整理后重新分类，可知魅力型需求（A）包括植物纹（A2）、人物纹（A4）、吉祥云纹（A5）、收藏价值（B4 和吉祥寓意（C3）；期望型需求（O）包括安全属性（B3）、创新传统（C1）和传统美学（C4）；必备型需求（M）包括实用功能（B1）、方便携带（B2）和徽州文化（C2）；无差异需求（I）

$$S_i = \frac{A_i + O_i}{A_i + O_i + M_i + I_i}$$ 用户满意度计算公式

$$D_i = \frac{M_i + O_i}{A_i + O_i + M_i + I_i} * -1$$ 用户不满意度计算公式

图 8 满意系数和不满意系数计算公式

表 5 徽州商字月梁文创产品文化设计属性所在需求类型及
S_i 和 D_i 系数计算结果

文化设计属性	需求类型	S_i（满意度）	D_i（不满意度）
一、器型外观（外部形式层）A			
卷草纹图形 A1	I	0.44	-0.21
植物纹图形 A2	A	0.56	-0.20
回形纹图形 A3	I	0.44	-0.18
人物纹图形 A4	A	0.52	-0.21
吉祥云纹图形 A5	A	0.56	-0.34
徽州本地材料 A6	I	0.48	-0.22
月梁本身色彩 A7	I	0.49	-0.20
月梁本身形式 A8	I	0.45	-0.23
二、使用方式（中间操作层）B			
实用功能 B1	M	0.40	-0.06
方便携带 B2	M	0.45	-0.12
安全属性 B3	O	0.53	-0.09
收藏价值 B4	A	0.58	-0.22
三、精神文化（内部思想层）C			
创新传统的 C1	O	0.51	-0.16
徽州文化 C2	M	0.39	-0.08
吉祥寓意 C3	A	0.58	-0.21
传统美学 C4	O	0.50	-0.11

包括卷草纹（A1）、回形纹（A3）、本地材料（A6）、本身色彩（A7）和本身形式（A8）。
KANO 模型象限散点图见图 9。

因此，在徽州商字月梁文创产品设计中，优先考虑满足用户的必备型需求，即具有实用功能、方便便携，并体现徽州本土地域文化；其次，设计应尽可能使产品具备安全性能，具有创新徽州传统形式的价值意义，并体现徽州传统古典美学，以提升徽州文创产品的独特文化属性；最后，设计应采用魅力型需求中的吉祥云纹、人物纹、植物纹三种图形，力求使产品具有吉祥寓意和收藏价值。各文化层次和不同需求类型相对应，自此形成满足用户多层次需求的从形式到思想层面的文创产品设计框架。文化层次与类型需求见表6。文创产品的实用功能（中间操作层）是首先需要满足的需求，文化思想（内

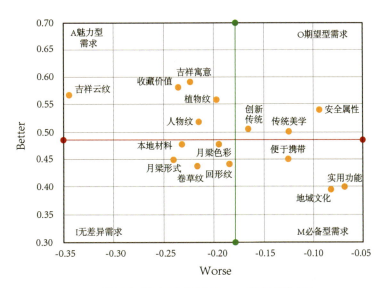

图 9　徽州承志堂商字月梁文创产品 KANO 模型象限散点图

表 6　文化层次与类型需求对应表

文化层次 需求类型	必备型需求（M）	期望型需求（O）	魅力型需求（A）
外部形式层			植物纹 A2 人物纹 A4 吉祥云纹 A5
中间操作层	实用功能 B1 方便携带 B2	安全属性 B3	收藏价值 B4
内部思想层	徽州文化 C2	创新传统 C1 传统美学 C4	吉祥寓意 C3

部思想层）主要是用户期待被实现的需求，器型外观（外部形式层）的设计可大幅度激发用户的购买欲望，对于提升徽州月梁文创产品所占市场份额起着关键性的作用。

（四） 基于 KANO 模型分析的设计应用

本文以 20~49 岁之间的女性用户为消费对象，锁定对女性较具吸引力的首饰盒作为文创产品设计对象。"徽州文创之首饰盒系列"盒体和包装设计效果见图 10。该系列以徽州商字月梁装饰图形为设计元素，通过现代设计手法对其进行重新设计。三款首饰盒分别运用月梁中的吉祥云纹、人物纹、植物纹纹样，搭配徽州地区春季和秋季重点色系的果绿色系和橙红色系，体现徽州传统文化思想的形与神，提升徽州文创产品独特的地域文化价值。

图 10 "徽州文创系列之首饰盒"盒体和包装设计效果

具体来说，"徽州文创之首饰盒系列"满足通过 KANO 模型得出的必备型、期望型和魅力型三种需求。首先，首饰盒是女性必备的梳妆用品之一，具有出色的使用功能，同时其尺寸较小，具有便携性。其次，采用徽州商字月梁装饰图形中的吉祥云纹、人物纹、植物纹为主要设计对象，结合现代几何形状（方形和圆形）和透明亚克力材质进行创新设计，图形保留原始细节和比例，具备传统美感和徽州地域文化特征。几何形状与现代材料的使用，实现了传统文化融入现代产品的创新性。首饰盒的 4 个角均做 3 毫米弧度，确保安全性。最后，吉祥寓意通过纹样本身蕴含的美好寓意为首饰盒命名，传达植物纹"淡泊宁静"、吉祥云纹"吉祥如意"和人物纹"平安喜乐"。

徽州商字月梁装饰木雕图案具有独特的徽州传统美学，积淀了深厚的徽州传统文化内涵。[14] 本文对徽州民居代表性建筑承志堂商字月梁纹样艺术进行分析，深入挖掘月梁木雕图案的细节之美，依据文化层次理论建构月梁纹样应用于徽州文创产品的多层次文化特征分析模型，通过 KANO 模型的问卷调查方法，挖掘游客对徽州文创产品的心理需求，并进行权重排序，在此基础上将徽州商字月梁传统纹样与用户需求相结合，探索徽州传统建筑装饰纹样和现代文创产品设计相结合的路径，以期设计出既具有传统美学特征，又满足游客真实需求的徽州文创产品系列。我们希望通过这一研究和实践，能够探索出具有徽州文化特征的文创产品设计路径，推动徽州文化和文创产品多元化、多层次地传承与发展。

注 释

[1]（梁）萧统编，（唐）李善注．文选 [M]．北京：中华书局,1977:25.

[2] 王军．五台山佛光寺发现记——谨以此文纪念佛光寺发现 80 周年并献给梁思成先生诞辰 116 周年 [J]．建筑学报,2017(6):14–21.

[3] 汪兴毅，王建国．徽州木结构古民居营造合理性的理论分析 [J]．合肥工业大学学报 (自然科学版), 2011,34 (9):1375–1380.

[4] 石宏超．梁形如月曲如虹——浙江传统建筑月梁的类型与尺度研究 [J]．建筑与文化,2016(2):224–228.

[5] 石宏超．庙堂之于乡野，民间相对官式，由几种做法看江南民间建筑与《营造法式》间的关系 [J]．新美术,2019,40(11):46–53.

[6] 徐艺乙．柳宗悦的思想及其他 [J]．南京艺术学院学报 (美术与设计),2017(1):29–35.

[7] 明清时期徽州地区是指明清时期徽州府行政管辖内的一府六县，即歙县、黟县、绩溪、婺源、祁门、休宁。

[8] 厅堂建筑指规模较大的民居建筑及祠堂和书院建筑中的主体建筑。本文代表性传统民居建筑和厅堂建筑的选取原则：保存完整的围合式民居、祠堂、书院建筑，建造（或修复）年代为明代至清代的各级文物保护单位。

[9]LEONG B D,HAZEL C.Culture-based Knowledge towards New Design Thinking and Practice: A Dialogue[J].Design Issues,2003,19(3):48–58.

[10] 腾讯位置服务 2018 年国庆旅游大数据报告 [EB/OL].http://www.199it.com/archives/776644.html,2018–09–25/2021–8–25.

[11]KANO NETAL．Attractive Quality and Must-be Quality[J].The Journal of Japanese Society for Quality Control,1984,41(2):39–48.

[12] 李嘉琪，张轶．养老机构公共空间需求及影响因素研究——基于 Kano 模型分析 [J]．南方建筑,2021(6):76–84.

[13]Berger C,Blauth R,Boger D,et al.Kano's Method for Understanding Customer-defined Quality[J].Japanese Society for Quality Control,1993,2(4):3–35.

[14] 高峰．黟县宏村民居承志堂木雕的艺术特征 [J]．文艺研究,2012(12):143–144.

图片来源

图 2. 百度图片

Research on Cultural and Creative Design Based on Woodcarving Pattern of Crescent Beam in Huizhou, Chengzhi Hall

Luo Le   Gao Feng   Anhui University

Abstract　Huizhou Chengzhi Hall crescent beam of shang style (a kind of crescent beam which resembles the Chinese character "商（shang）") has rich cultural connotation and higher artistic value, so it has great potential to be transformed into modern cultural and creative products. This paper analyzes the carving patterns on the crescent beam of shang style, and combines the cultural level theory to build a multi-level cultural characteristic model of cultural and creative products. By using KANO model, the analysis model of crescent beam of shang style patterns and cultural characteristics is designed into a questionnaire to analyze the real perceptual needs of users and explore the feasibility of applying traditional culture to cultural and creative products.

Keywords　Huizhou Chengzhi Hall; Crescent beam of shang style; Cultural level theory; KANO model; Cultural and creative products

8 | 桃花坞木版年画的跨界探索与当代活化研究

陈 鹏

桃花坞木版年画的跨界探索与当代活化研究

陈 鹏

摘 要 从跨界设计思维对桃花坞木版年画进行活化研究，希望在设计实践创作的基础上启发创新，用创新推动非遗传承。首先，明确了桃花坞木版年画在内容题材、表现方法和传统色彩三个方面的跨界基础。其次，运用跨界设计思维，从多元文化、当代设计手法、新技术材料和品牌业态四个方面分析其跨界的可能性，并结合设计实践创作了一批既有传统桃花坞木版年画艺术特征又能贴合时代审美的新年画和文创产品。跨界设计能够激发桃花坞木版年画的内在创新动力，不仅可以让其进入生活，更能参与生活，提升大众认可度，让艺术文化有了更好的传承与发展。

关键词 桃花坞；木版年画；边界；跨界；文化创意

非物质文化遗产是我国优秀传统文化的重要组成部分，反映了丰富多彩的物质与精神生活。中国有着不胜枚举的优秀非物质文化遗产门类繁多，保护与传承的任务也极为艰巨。我国于 2006 年确立了首批国家级非物质文化遗产名录，广受社会各界关注，非遗的传承与发展的问题也成为各界讨论和研究的重点。当然，作为传播非遗文化的重要方式——文化创意产品自然成为设计实践与创作的重要命题。就桃花坞木版年画而言，其传承就存在着极大的问题，如传承人短缺且受教育程度不高、技艺水平整体下降、产业规模不断缩小、发展路径狭窄、产品创新乏力、市场竞争力和开发程度严重不足等。因此，从设计角度出发，借助跨界设计思维与方法来启发桃花坞木版年画的创新，用创新推动非遗的传承，成为切实有效的手段之一。

陈鹏 ，男，苏州大学博士研究生，研究方向为设计学环境设计及理论研究。

一、定界：桃花坞木版年画设计应用的跨界基础

跨界是指两个或两个以上的领域在保留自身属性的前提下进行合作。保留自身属性的必要条件是了解两个领域的界限，厘清界限才可进行跨界合作。

年画作为我国古代民间逢年过节必会张贴祈祥纳福的绘画种类，印刷量极为庞大。但是又因民间有"新桃换旧符"的做法，其留世数量是极为稀少的。因此，其具体的发展开端已不可考。从现存实物来看，苏州最早的年画是现保存于日本的题有"万历廿五年（1597年）仲秋吉旦"字样的《寿星图》，至今已有数百年的历史。就江南地区的印刷史而言，自宋代开始，全国的政治经济中心南移，自此苏州一带开始成为全国的政治经济中心，苏州地区的印刷业也开始蓬勃发展，以书籍插图版画的印刷尤为见长。随后，木版年画业开始飞速发展，从而形成了独具江南地域特色和文人特征的年画种类，蕴含着丰富的文化内涵和极具特色的艺术特征，成为我国四大木版年画之一。随着产业结构的更迭，桃花坞木版年画的产业模式和产业效率已经不再能满足当代产业的需求，导致桃花坞木版年画出现传承和创新乏力的状态。因此，从设计角度出发明确桃花坞木版年画设计应用的界限，是其跨界创新设计的首要前提。

（一）内容题材的广泛与多元

桃花坞木版年画因为地处拥有丰厚文化土壤的江南地区，且从书籍插图版画发展而来，因此其在工艺、生产效率和传播能力方面已大大超越了传统手绘年画，成为记录和传播人们日常生活的重要媒介，其题材的种类也呈现出广泛而多元的特征。

在题材方面，既有继承传统年画中以神像为主要表现对象并寓意祈福消灾的内容，如《姜太公》《燃灯道人》等；也有表现受宗教影响而产生的中国传统吉祥寓意的喜庆内容，如《金鸡报晓》《一团和气》等；还有根据苏州本地百姓钟爱戏曲这一特点创作的表现戏曲故事的，如《妙龄爱莲图》《昭君和番》等；亦有表现江南地区农作和寓意丰收的民风习俗，如《避鼠蚕猫》《天下太平春牛图》等；更有表现苏州地域繁华、经济发达以及百姓审美情趣的特色市井生活内容，如《琴棋书画》《姑苏报恩进香》等（表1）。

广泛而多元的题材是桃花坞木版年画跨界设计的基础。其题材在早期就与插图版画相结合，在传统木版年画题材的基础上进行了跨界创新，形成了独有的表现题材，紧跟时代潮流，彰显时代审美，体现民众生活，为大众广泛接受。在当代，我们需要继续

表 1　桃花坞木版年画题材分类

戏曲故事类	妙龄爱莲图、新增盆景百花精演戏、鸡王镇宅、福寿双全、无底洞老鼠嫁女、昭君和番、金山寺、拾玉镯、西厢记、点秋香等
世俗生活类	姑苏阊门图、姑苏万年桥图、琴棋书画、帘下佳人图、琵琶有情、端阳喜庆、十美踢球图、姑苏报恩进香、仕女婴戏图、荡湖船等
吉祥喜庆类	一团和气、福字图、百子图、如意麒麟送子、花开富贵、麒麟送子图、金鸡报晓、龙凤呈祥、九狮图、招财进宝、开市大吉等
民风习俗类	避鼠蚕猫、耕织图、蚕作图、天下太平春牛图、福寿双全春牛图、黄金万两、洪福齐天春牛图、采茶春牛图等
祈福消灾类	寿字图、三星图、寿星图、赵公明、燃灯道人、天官五子、刘海战金蟾、钟馗、五子夺魁、关公、万神图、姜太公、福字财神图等

挖掘桃花坞木版年画题材的可能性，通过现代设计方法进一步凝练和转换，结合当下社会审美，增强其故事性特征，传达出桃花坞木版年画中所体现的地域文化特征和内涵，创作出为当代人所喜爱的时代题材。

（二）表现方式的借鉴与融合

作为一个传统画种，桃花坞木版年画的艺术风格是能体现根植于其内涵中的跨界基础。桃花坞木版年画对不同的表现对象采用了特有的表现方式。在表现传统的花卉、仕女等内容时，它大量吸收了宋代人物花鸟画中的表现手法。如《十美踢球图》中，十位嬉戏的妙龄少女姿态灵动、表情饱满、比例协调的特征跃然纸上。在表现市井生活题材时，桃花坞木版年画将西方绘画技法和中国传统绘画技法相结合。自雍正、乾隆年间，西方传教士将西方的铜版画等绘画技法传入我国，西方绘画中的透视和明暗关系让中国画家们感觉耳目一新，纷纷效仿，并将这些艺术风格表现在他们的日常绘画之中，桃花坞木版年画有大量的文人画家参与画稿的创作，因此其也深受影响，最终形成了"仿泰西笔法"年画作品，这一时期的年画作品也成为桃花坞木版年画的历史巅峰。《姑苏阊门图》是其中较具代表的作品之一，它通过俯视角度表现了当时姑苏阊门的城市风光和秩序井然的街道环境，生动呈现了那一时期百姓们的日常生活情况。在对戏曲故事类题材处理方面，画家运用灵活多变的构图方式，将故事的内容表现得生动且自然。在表现故事中的人物时，时而使用背景，时而留白，时而在画面中书写对白，没有固定的表现程式，将传统中国画、拓片题跋等灵活应用在画面之中。取材于明戏剧的《昭君出塞》，就是以戏台作为背景的一幅戏剧图，生动还原了戏剧演出的真实场景。

桃花坞木版年画在各类题材中的表现方式繁复多样，包容并蓄，充分彰显了这一艺术的开放性和包容性，经过岁月的洗礼和沉淀最终成就了这一极具地域特色的优秀年画门类。将这一特征与地域文化相结合，再进一步提炼与转化，能够增强年画的文化内涵和时代特征，使其与时代接轨，让当代消费者体会到桃花坞木版年画的内涵和寓意。

（三）传统色彩的雅致与明艳

早期的版画是纯黑色的墨线稿，随着印刷业的不断发展，矿物质彩色颜料逐渐被应用于版画印刷中，产生了色彩浓艳的传统版画。位于江南地区的桃花坞木版年画则一改其他地区所追求的浓烈色彩，它汲取了江南地区独有的风景环境和人文色彩，巅峰时期的色彩表现出江南独有的清新淡雅的特征。但随着社会经济的不断衰退，木版年画的生产力开始衰退，不经考究的浓艳色彩开始被应用于年画创作之中。但桃花坞木版年画独有的江南特色的品性并没有因此消失，从而形成了明艳雅致的色彩特征。因此，我们可以通过年画色彩的浓艳程度来判断其所处的历史时间线。色彩也成为我们在设计活动过程中跨界的基础。

因其源自江南民间，汲取了江南地区独有的色彩风格，因此，桃花坞木版年画的色彩体系与北方浓烈的色彩体系不同，总体上偏清新淡雅的特征。线条为淡墨色，配色主要有大红、桃红、橘黄，还运用了绿色、紫色、蓝色等冷色作为点缀色出现在画面中。画面大量利用对比色，将暖色与冷色按照比例配比，使画面产生强烈的视觉刺激，营造出一种丰富绚丽且极具地域特色的桃花坞木版年画色彩关系，力求表现出苏州地区民俗中活泼、多彩的生活情趣，同时以协调的色彩比例关系表现出欢快的意境，传达出江南一带朴素雅趣的水乡文化。

跨界设计应从桃花坞木版年画中的色彩对其进行提取与转化，并将其应用于文化创意产品中，力图与地域文化相结合传达出重要的视觉信息。在当下的设计中，我们可以通过与计算机技术相结合，针对已有桃花坞木版年画优秀作品中繁复的色彩体系进行提取，将其转化为计算机中的 RGB、CMYK 等数据（图 1），帮助我们准确地运用到文化创意产品中。

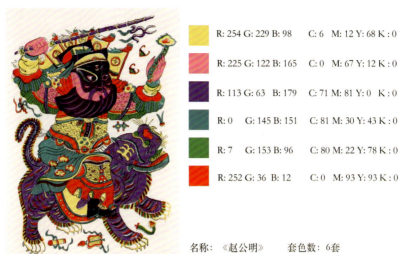

名称：《赵公明》　　套色数：6套

图1　《赵公明》数字化色彩谱系示范

二、跨界：桃花坞木版年画设计应用的跨界路径

当明确了对象清晰的边界之后，我们就可以从设计角度运用跨界的理念进行创新设计。对于跨界设计而言，它并不是一个物体与另一个物体的简单拼接，或者是两种思维进行简单的叠加，而应该在两者之间建立一种有效且直接的连接机制，进行集成创新和全新再造。对于桃花坞木版年画的应用设计来说，跨界的理念应从桃花坞木版年画艺术本体首先进行跨界探索，随即到其艺术本体衍生品的创意设计，再到产品包装策划的跨界设计，最终将其嵌入当代新兴的产业模式之中，形成新的商业模式跨界。将跨界的理念贯穿桃花坞木版年画设计的始终，将其艺术本体内含的文化活力激发出来，既能创作出弘扬我国优秀传统文化，又可以体现时代审美的新风格木版年画作品与文化创意产品。

（一）题材越界与手法融合

我国存在众多木版年画传承生产地区，但现存特色明显、历史悠久、产量较大的仅有四个木版年画基地，位于我国中东部地区的苏州桃花坞木版年画生产基地便是其中之一。这四大木版年画有着其独有的特征，题材涉猎广泛，但是唯一相似的地方就是在表现题材上均具有地域特色。桃花坞木版年画就出现了表现苏州及其周围地区地域特色和百姓生活的内容题材。但是就"画"的定义来说，它是"用笔或类似笔的东西做出图形"[1]，图形是可以根据创作人的意识发生无尽变化的。因此，就桃花坞木版年画的题材来说，我们可以依靠跨界创新思维表现不同的题材。首先，可以表现桃花坞木版年画没有表现过的地域题材。例如，苏州大学艺术学院"镌绘之美"艺术实践工作坊就抓住桃花坞木版年画题材中从未表现过的苏州地区的节气小吃，将美食融入木版年画的创作中，创作出了一批地域特色浓郁且迎合大众审美的"苏州美食"系列木版年画作品（图2），并完成了部分作品的刻版制作。其次，在人类文明的发展史中，文明的交流与互鉴是使地域性文化始终保持活力的重要方式，因此对于桃花坞木版年画的创作而言，我们仍可以超越地域限制，甚至是文化限制，与其他地区文化相结合，表现不同地区或不同文化的题材内容，激发桃花坞木版年画的内在创新活力。"工作坊"团队将非洲大陆上极具代表性的动物形象创新性地搬进了年画创作中，并运用当代常用的二方连续的设计手法创作出一套极具地域特色的"犀牛"系列和"长颈鹿"系列作品（图2）。最后，可以与现代主义艺术相结合，将对西方艺术界产生重大影响的现代主义绘画与中国传统的桃花坞木版年画相结合，创作出既有传统特色又有现代特点，同时兼具国际性特征的木版年画作品。将桃花坞木版年画注入国际元素，可为其进行国际交流提供支撑，使其拥有国际传播的能力，从而进一步增强其影响力和认同感。例如，将蒙德里安的抽象绘画作品《红黄蓝》（Composition with Red, Yellow and Blue）和《色彩A》（Composition in Colour A）进行加工创作，用桃花坞木版年画的色系进行表现，并将创作的纹样有序地加入其中，可传达出一种现代与传统交织的新鲜感（图3）。

（二）材料拓展与科技创新

一套精美的桃花坞木版年画要经过画稿、刻版、印刷、补绘四道工序得以完成。四道工序经历了数百年来的更新与传承，每一道工序环环相扣，是桃花坞木版年画的创作核心。这种具有早期工业生产特征的制作模式，大大提升了我国古代年画的生产效率和传播速度，但相较于当代纯机械化的生产模式，其效率则显得极为低下。因此，我们可以借助当代新材料、新技术的发展对桃花坞木版年画的生产工序和创作材料进行更新与拓展。

首先，在年画艺术形象承载对象方面进行拓展。传统桃花坞木版年画均印制在宣纸上，随后就可直接投放至市场进行售卖。其制作材料简单且单一。当下科技不断发展，材料不断丰富，众多新型材料被大量创造，将传统且单一的宣纸载体更改为丰富的材料类型，会大大增强其装饰艺术效果和彰显其艺术特征。将桃花坞木版年画的形象印刷在

图 2　新木版年画系列创作

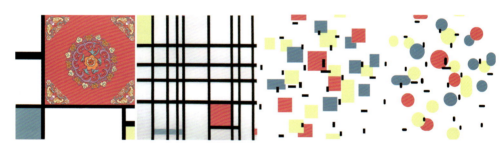

图 3　蒙德里安与桃花坞木版年画

布匹上，生产出来的布匹可以制作成衣服、床单、被套、手帕等生活日用品；也可以将其印刷在木板上，并将木板加工成建筑装饰、家具、餐具等生活用具；还可以将其印刷在硬卡纸上，再将这些纸张加工成产品包装盒，让其艺术形象融入我们日常生活的方方面面。同时，信息技术飞速发展，将传统桃花坞木版年画形象进行数字化处理，能够使我们在移动终端上随意查阅丰富多彩的桃花坞木版年画作品。将桃花坞木版年画"印刷"在我们的日常生活之中，不仅能够拓展桃花坞木版年画的承载媒介，而且可以使其真正地参与到我们的生活之中。

其次，传统木版年画在印刷过程中均仅使用可以长久保存的矿物质颜料，现在可以用于印刷和使用的材料更多，因此，我们可以在制作材料方面进行拓展。同时，我们还可以在完成印刷的基础上使用其他材料拼贴的形式丰富年画的表现类型。例如，可以在同一年画中使用纸张、布料、玻璃、亚光有机板、金箔等材料拼贴在年画表面（图4），使得年画呈现出不同的肌理效果，增加画面层次，强化年画的艺术特征，从而满足大众的审美需求。

图4 《一团和气》肌理表现 原图 - 金箔 - 磨砂亚克力 - 面料

（三）功能开发与维度突破

在我国传统"新桃换旧符"观念的影响下，传统桃花坞木版年画主要被百姓张贴在入户门和厅堂之中，起到祈福纳祥寄托思念的作用。随着技术的发展和产业结构的变更，其生产数量急速下降，题材类型和艺术特征已经不能再顺应大众审美，因此不再被百姓们应用在室内装饰之中，被列为"非物质文化遗产"，成为具有艺术价值的艺术作品，其功能也变成了有限圈层中收藏和相互礼赠的佳品。但是这随即带来的后果就是不能够再如传统年画一样，在民众之中广泛传播，使其发展受到了极大的限制。因此，我们需要继续拓宽其当代功能，让其回归于人们的日常生活。这也是传承和创新桃花坞木版年画的重心之一。

年画作为一种介于二维向度的平面画种，虽受到了众多因素的影响得以创新，但始终都限制在二维平面之中，在创作应用的过程中仅仅将其艺术形式简单地与当代设计产品进行叠加，从而在功能和维度上始终未能有效地突破传统界限，只是在设计应用方式上做了进一步延伸。苏州"乔麦木版年画工作室"与苏州的茶饮品牌"百分茶"联合，在这一方面进行了探索。他们将桃花坞木版年画艺术特征与百分茶企业产品相结合，创作出了富有时代特征的艺术形象，并将其应用在产品包装和空间设计之中，但是未能在功能和维度方面进行有效突破。

计算机软件技术为我们创造了跨界设计的极好条件。在产品方面，我们可以在对年画二维向度创新的基础上，借助计算机辅助设计对二维平面的艺术形象进行多维化，并依托现有的工艺技术将木版年画制作成具有当代艺术特征的产品应用于我们的日常生活之中，助力年画文化的传播与推广。我们还可以结合现代展陈设计的方式，打破传统意义上的装饰功能，将单一维度信息传达拓展成多维度信息展示。例如，将年画的套色进行分解，并将其印制在透明亚克力板上，整齐地排列在一起，观众既可以清晰地感知其艺术特征，也可以明了其制作技艺，创造一种新型的空间展示方式（图5）。

（四）业态跨界与品牌突围

"跨界"一词最早出现在产品营销之中，不同商业领域的跨界合作也是跨界思想最早实践的形式。因此，基于设计应用的现实需求，我们可以将不同有潜力的领域进行越界合作，创作出更为强有力的产品概念形象，这是跨界设计的最终目的。

早期桃花坞木版年画的商业模式一般分为两种，一种是在新年或节日前，由商品

小贩进入农村进行售卖的商业形式。这些商品小贩在走街串巷的过程中，以年画故事作为主要题材，编排了许多生动形象的唱作小曲，一边唱一边售卖，既激活了农村的商业活力，又通过售卖和吟唱的形式传播了年画文化。这种模式自明末开始一直沿用至清晚期，之后随着社会变革和通信发展逐渐消失。另一种是家庭作坊生产、零售与批发的形式。以家庭为单位，集创作、生产、销售于一体，并大都集中在同一街区，形成具有特色的售卖一条街。在这些作坊中，不仅售卖供给年节使用的节气年画，也有适用于厅堂装饰和宾客送礼的超大幅年画精品。因此，早期年画的商业业态极为繁荣兴盛。但苏州现存的年画生产零售店仅剩一家——"苏州乔麦年画工作室"。随着互联网技术的不断更迭，线上无店铺零售业态迅猛发展。国内以"故宫文创"为首的一批品牌已经将店铺搬至线上，取得了良好的收益，促进了文化的传播。因此，对于苏州桃花坞木版年画来说，应实现有、无店铺销售业态相结合，将创作的新型桃花坞木版年画进行多业态销售，提升文化与产品的影响力。

在品牌方面，非遗文化在众多文化中顺利突围，离不开具有强显示度的品牌进行推介。但是若想要从零开始建立一个强品牌，显然是有极大困难的。因此，与现有强势品牌联姻，以强品牌带动弱品牌，可逐步提高弱品牌的品牌地位，同时也能使强品牌获得大众的文化认同。例如，牛年春节，"百分茶"品牌推出的"牛年百分"系列产品，一经上市就受到了大众的广泛关注。这既提升了"百分茶"的销量，又推广了年画文化。

三、结语

桃花坞木版年画根植于孕育了丰厚文化的江南民间，汲取了上千年中华文化的精髓，在长期的自身发展和文化交流互鉴的过程中，不断汲取优秀艺术门类的技艺手法，并始终保持自身极具特色的造型、色彩、表现手法等特征，承载了江南传统社会中的精神信仰、美学特征和风俗民情，拥有良好的当代活化的基础。将跨界思维应用其中进行实践创新，通过不同的文化语境、地域特征、材料科技、空间维度以及品牌业态的跨界融合，可使传统文化更好适应现代技术与观念，赋予它更多的应用途径，设计出既能体现传统文化又能符合时代审美的新风格年画和文化创意产品。可见，将桃花坞木版年画引入生活、参与生活，不仅能激发其自身的创新活力，而且能推动其有序传承与创新发展。

注 释

[1] 中国社会科学院语言研究所词典编辑室编. 现代汉语词典（第 5 版）[M]. 北京：商务印书馆，2005：589

图片来源

图 1,3,4,5. 作者自绘

图 2. 苏州大学艺术学院"镌绘之美"艺术实践工作坊成果 卫钰倩 绘

Cross-boundary Exploration and Contemporary Activatory Research of Taohuawu Woodblock New Year Pictures

Chen Peng　　　*Soochow University*

Abstract　The article uses cross-boundary design thinking to revitalize the woodblock New Year pictures of Taohuawu, hoping to inspire innovation on the basis of design practice creation and promote the non-genetic heritage with innovation. The article firstly clarifies the cross-boundary basis of the woodblock New Year pictures in three aspects: content and subject matter, expression method and traditional color. Secondly, it analyzes the possibilities of cross-boundary design in four aspects: multi-culture, contemporary design methods, new technology and materials, and creates a number of new New Year pictures and cultural and creative products with the artistic characteristics of traditional Taohuawu woodblock pictures as well as the aesthetics of the times by combining design practice. Therefore, the cross-boundary design can stimulate the inner innovation momentum of the woodblock New Year pictures in Taohuawu, which can not only bring them into life, but also participate in life, enhance the public recognition, and make its art and culture have better inheritance and development.

Keywords　Taohuawu woodblock pictures; cross-boundary; cultural creativity

9 食物设计的新探索
——以广彩为例

房泽源 董可莹 范如诗 郑立群 伍 敏 蔡钿桦

食物设计的新探索
——以广彩为例

房泽源　董可莹　范如诗　郑立群　伍　敏　蔡钿桦

摘　要　本文从食物设计的角度，针对目前广彩发展中的一些问题，特别是在青年人群中的影响与传播问题，通过创作具有广彩视觉特点的糖霜饼干以及体验课程的优化进行探索实践。本文先对当下青年人群的消费习惯与生活方式进行调查研究，之后分析广彩的视觉特征，在此基础上，将前期调研与设计思路相结合，通过食物设计创新文创产品，打破同质化的市场竞争，同时优化广彩体验课程流程，降低时间、资金和技术门槛，优化用户体验，最后通过这一项目总结出食物设计的创作思路。

关键词　食物设计；非遗传承；广彩

"万绿金丝织白玉，春华飞上银瓷面。"广彩作为广州地区富有特色的一种传统艺术形式，始于清代康熙中晚期，盛于乾隆、嘉庆时期，至今已有三百余年历史。广彩作为中国陶瓷的一大分支，是最早出口的高级定制瓷，深受外国贵族的喜爱。21 世纪初以来，受时代发展与审美变化的影响，广彩也和其他文化遗产一样逐渐衰落。尽管广州政府为复兴这一重要的文化遗产推行了诸多措施，使广彩得到了部分关注，但从事广彩生产的企业依旧较少，并且从业人员有老龄化趋向，缺少后继人才。

房泽源，男，广州美术学院硕士研究生，研究方向：视觉传达与媒体设计理论研究。

董可莹，女，广州美术学院硕士研究生，研究方向：视觉传达与媒体设计理论研究。

范如诗，女，广州美术学院硕士研究生，研究方向：视觉传达与媒体设计理论研究。

郑立群，女，广州美术学院硕士研究生，研究方向：艺术设计。

伍敏，女，广州美术学院硕士研究生，研究方向：艺术设计。

蔡钿桦，女，广州美术学院硕士研究生，研究方向：艺术设计。

随着我国经济实力的增长、综合国力的提高以及国家对文化建设的高度重视，地域文化逐渐受到人们的高度关注。人们开始对全球化中地域差异所带来的文化差异进行反思，也越来越强调多元化的价值实现，设计也逐渐从"国际化"走向"国际在地性"。

通过对从业者进行访谈，普遍反映公众对广彩的了解程度不高。翟惠玲大师说："广彩不需要产量大，需要影响大。"这与本团队现场调研所得到的信息基本一致——知名度低是阻碍广彩发展的一个重要因素。本团队旨在通过食物设计与广彩结合的方式，推动广彩国际化进程，扩大其知名度。

在设计开始前，设计师应确定服务对象的价值取向，基于充分的市场调研才可进行设计工作。广彩文创产品最终要接受市场的考验，而非设计师的一厢情愿。奶茶品牌"茶颜悦色"不惜花费数百万购买名画版权制作包装，就是为了营造复古、优雅的氛围。这一举措，精准契合了想要"不一样"的生活体验的年轻群体。"茶颜悦色"的成功，证明并不缺少愿意为中华优秀传统文化买单的年轻人。这启发本团队对当代年轻人的生活方式进行探索。为此，我们进行了调查研究，并得出以下青年群体消费趋势。

第一，对价格敏感。通过问卷调研我们发现，年龄在 20~30 岁之间的青年人群对价格比较敏感，他们相比于中老年人希望广彩有更低的价格，更希望选择廉价的文创产品，购买实用器型而非装饰器型，对于装饰图案也是追求简化。实用主义与性价比是这一人群的偏好。

第二，强调自我体验。这一人群更偏爱手工体验课程与具有文化认同的产品，在深度访谈中，部分人着重提到，产品对自己应具有一定的价值，自己对其有一定的精神寄托。他们乐于参加体验课程之类有参与感、对自身有意义的活动，更加珍重有温情、有纪念意义、有参与感的产品。

第三，有较强的情感消费欲望。青年人工作、生活压力较大，虽拥有一定的经济基础，渴望接受文化艺术熏陶获得精神上的慰藉，但是缺乏较长的休闲时间，无法完成较长时间的广彩体验课程。这一人群倾向于为情感消费支出，购买娱乐的需求较强，期望在消费中收获认同感、归属感、满足感、成就感。

一、食物设计与烘焙初探

(一) 食物设计的发展历程

食品设计是以食品领域为核心，服务特定目标，适应特定场景，通过改变食品的形态，赋予食品新的内涵和价值的创新设计。它是近 20 年来发展迅速的跨领域学科，是以人为本发展理念和体验经济背景下的产物。在国内属于一个比较新颖的学科领域，是视觉传达设计与食品工业等学科跨界交融。目前的食物设计作品大多从食物本身的产品设计或进食的体验等角度进行创新。

食物是人类生存的基础。在马斯洛的需求层次理论中，食物代表的生理需求是初级需求，向上是安全需求、社交需求、尊重需求和自我实现需求。随着经济的发展，人们的物质生活水平极大丰富，对食物的消费需求早已不局限于获得能量，也超出了对口味和卖相的要求，开始注重饮食的整体体验，以求通过饮食活动获得情感上的满足。《设计美食》的作者斯特凡纳·比罗也认为，"如今的食物不再仅仅是初级需求，而是社会空间和想象世界中一个出类拔萃的载体"。

20 世纪 90 年代，食品设计开始兴起，并且在西欧国家发展起来。1999 年，法国兰斯高等艺术与设计学院创办了第一个食品设计研究工作室。2009 年，国际食品设计协会创立，并从 2012 年开始举办每两年一次的国际食品设计研讨会。2014 年，《国际食品设计》期刊创刊；同年，米兰工业设计学院开设了世界上第一个食品设计硕士课程，使食品设计正式成为一门学科。[1] 如今，越来越多的学校引入食品设计研究课题，食品企业也开始与学校合作，为设计师系统学习食品设计提供机会。目前，食品设计涉及多个领域，如食物在服装设计、书籍设计、工业设计、音乐领域中的应用，还有食物设计在文化传播领域的应用和感官体验在食物设计中的应用。食品设计在国内兴起较晚，对其专门进行研究的学校和专家尚少。中国美术学院是目前国内唯一开设食品设计选修课程的专业院校。2015 年，中国美术学院教授胡方创办了名为"吃豆府"的组织，通过举办体验展览来推广食物设计。

（二）烘焙的西方传统

"烘焙食品"一词是个舶来词，是"baking"的音译，指西式糕点。烘焙起源于英国，在中世纪，烘焙是富人才能享受得到的奢侈品。烘焙食品不仅营养丰富，而且具有可以加工成花样繁多的形状、较长时间储存的特点，因此在工业革命后成为西方最有影响的工业化主食品。

在欧美国家，烘焙食品在人们的生活中占有极其重要的地位。几乎每一位家庭主妇都会做蛋糕和点心，自制的糕点在亲朋聚会时是必不可少的。欧洲街头随处可见前店后厂的烘焙糕点房，以及可以坐下享受饮品和点心的咖啡厅。如今，烘焙食品不仅是烹饪的组成部分，而且已成为一种文化的象征。

食品除了食用功能外，还发挥着重要的文化功能。从古至今，食品与政治、经济、文化、宗教有着密切的关系。大到国家交往，小到朋友聚会、生日纪念，都少不了食品的参与。例如，外国的生日蛋糕、圣诞节姜饼人，中国的中秋月饼等，都反映了不同的文化内涵。饮食上的交流也是文化交流的重要组成部分，它有利于以一种大家喜闻乐见的方式向世界传播中华文化。

二、广彩的视觉特征与其文创产品症结

(一) 广彩的视觉特征

1. 意象的冲击性

广彩自19世纪以后就保持着鲜艳的色彩搭配，以红、绿、金为主要色彩。究其原因，是国外颜料的采用和国际市场的变化，故广彩有"大红大绿"之说。由于其外销瓷的特性，广彩受到当时西方流行审美的影响，采用了洛可可的艺术风格，大量采用热烈奔放的曲线与根植于传统文化的繁复的花鸟和几何装饰。它一方面创造了一个奢侈、灵动、热烈的视觉空间，另一方面营造了兼具东西方文化符号的认同空间，故有"大俗大雅"之说。

2. 技法的独特性

广彩具有独特的视觉效果，不仅是因为它绚丽的色彩与热力奔放的图案，它技法工艺的独特性也造就了广彩独特的视觉特征。它的独特技法包括斗方、挞花头、长行人物、折色人物等。斗方一般是区分装饰纹样与瓶身叙事性主题图形的有特定造型的轮廓，用于承载具象意象、场景的描绘，形似窗户，故亦有"开窗"一说。折色人物和长行人物均为描绘人物纹饰的技法，但有所不同：折色人物为先描绘形象轮廓，然后再填色；长行人物则是部分勾线定位之后，再用其他形式来表现。挞花头是直接在光滑的瓷面上上彩，用水或油调色，不进行轮廓线的勾勒，通过着笔的轻重来呈现不同的深浅明暗效果，挞出轻柔自然美的花头。[2]

以上两点是维系广彩视觉形象特殊性的边界，若过多舍弃或改变，制作的作品则会产生异化，故要求在后续制作中保留以上特点。

（二）广彩文创产品的症结

1. 低档产品同质化程度高

低档产品包括丝巾、手机壳、钥匙串、枕头、扇子等常见文创产品，其设计图案多取自广彩图案，特点为小巧、实用、价格相对低廉，面向普罗大众。但产品种类缺乏创新性，与其他同类竞争者的差异性较小，这使得广彩文创在知名度较低的情况下处于竞争的劣势，也使其在国际市场中处于被动地位，不利于文化传播。

2. 高档产品定价高昂，融入当代文化难度大

高档产品是指创新意象的传统瓷器或基于釉上彩工艺制作的当代瓷器，它融入了当代生活场景，更加贴近当代人的生活，易让人们产生情感共鸣。但是它的造价高昂，是一种高档的奢侈品，普通消费者难以承受其价格。然而，这类产品在设计上也存在一些问题——当代的意象和场景与传统的广彩装饰纹样和用色存在一定的冲突，造成视觉上"不土不洋、不伦不类"的情况，传统工艺融入现代文化也存在一定阻碍。

诸如永庆坊等地也设有体验课程，但是由于有一定的技术门槛，大多课程体验者无法在短时间内制作出精美的作品，造成用户体验不佳的状况。

三、食物设计创作方法与国际化尝试

本团队以广彩作为设计灵感和核心，将广彩的上釉工艺和糖霜饼干的上彩创意结合，制造出"好吃、好玩、好看"的食物产品设计。同时，针对受众设计了饼干制作的体验流程。在食物设计原有的形式和体验上增添文化的要素，同时创造了新的生活方式提案，是食品工业与文化创意产业的交融跨界。我们选择制作广彩糖霜饼干的原因如下。

一是糖类食品对人的心情有改善作用。"每日甜食消费量能够显著预测主观亲社会感知和亲社会人格。""Meier等人（2012）的研究发现，吃到甜味糖果的被试比吃到没有味道饼干的被试表现出更多的亲社会行为。"[3] Brian等人（2017）也得出了"吃巧克力会改善人的心情，特别是用心去吃的时候"[4] 的结论。

二是调查问卷中受访者对工艺体验感兴趣者占比56.9%。烘焙手艺受到年轻人追捧，可参与度高的非遗传承活动更具有吸引力。

（一）中西工艺碰撞，转化存在介质

由上文对广彩现有文创的分析可知，目前市面上的广彩文创大致可以分为两类：基于

釉上彩工艺制作的咖啡杯等价格较高的瓷器和截取广彩图案制作的普通文创如丝巾、手机壳等相对平价的产品。在与同行业竞争者同质化水平较高、知名度相对较低的情况下，广彩难以通过差异化取胜，所以在市场中处于竞争劣势。

我们对广彩存在的介质进行分析与转化，引入西式烘焙中的糖霜工艺，将釉上彩的存在介质转化为饼干上的糖霜图案。饼干作为日常食物融入广彩的设计，巧妙地转换了广彩的呈现基底，保留了传统手作的温情，又极大地降低了产品价格与体验的时间和空间成本（图1—4）。

（二）根植传统基因，促进中外交流

在制作中，本团队对广彩的符号元素进行提取，包括色彩、意象、斗方等。广彩饼干的外形采用广彩常见的斗方造型。斗方是广彩绘制中承载具体意象的一个轮廓，相当于一个"画框"，具体意象的绘制都是在斗方中进行（图5—8）。

图1　　　　　　　　　　　　　　　　　图2

图3　　　　　　　　　　　　　　　　　图4

图 5   图 6

图 7   图 8

　　在饼干图案的绘制上，提取广彩常见的植物意象，绘制多种宝相花的图案，运用可食用金粉对部分饼干进行描金处理，同时也尝试采用例如蝴蝶、寿桃、如意等传统意象进行创作，以达到产品的多样化与吸引更多消费者的目标（图 9—12）。

　　在图案的配色上，一方面，团队调和出广彩所用的颜色，保持色彩运用的一致；另一方面，对用色的种类进行控制，在产品色彩绚丽、富有视觉冲击力的同时，也能保持简洁明了（图 13—14）。

　　除了描金与鲜艳的色彩外，本团队也争取还原广彩的一些工艺。以拢花头为例，采取水溶性色素进行绘制并运用类似水彩的晕染方法，达到与广彩瓷器上拢花头类似的效果（图 15—18）。

　　相较于过去仅能在贵重的瓷器上欣赏，烘焙饼干这一亲切、深受国内外年轻人喜爱的方式，不仅降低了欣赏广彩的成本，也大大提升了广彩传播的效果，使得更多的国内外友人，能通过亲手烘焙、亲身品尝的方式，感受广彩的魅力。

图 9   图 10

图 11   图 12

图 13   图 14

图 15 　　　　　　　　　　　　　　　　　　图 16

图 17 　　　　　　　　　　　　　　　　　　图 18

（三）类比同类转化，扩大受众人群

在体验课程的流程设计中，本团队类比了现有广彩体验课程，在亲身感受后发现，消费者在体验课程中主要的能动性活动是选择现有器皿和用毛笔在器皿上绘制图案，其余活动则是被动接受广彩知识介绍和技法展示等，如图 19 所示。

体验课程面临的问题有三个：其一，制作时间漫长。瓷器需要经历漫长的釉上绘制，人们难以抽出 6 小时伏案进行单一器物的描绘，同时烧制等待的时间需要额外的一周，难以适应当代快节奏的生活方式。其二，非专业人士上手难度较大。绘制造型优美的瓷器需要对画笔的控制能力和造型功底的积累，对工具的不熟悉加之技术水平的限制，很容易降低人们对自身创作的预期，从而失去对广彩的兴趣。其三，消费高昂。若想拥有自己创作的广彩器物，不仅要花费高昂的时间成本，克服技术问题，还要承担不菲的烧

广彩课程体验流程
Experience Process Summary

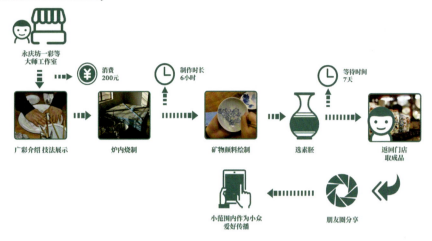

永庆坊一彩等
大师工作室

消费
200元

制作时长
6小时

等待时间
7天

广彩介绍 技法展示 → 炉内烧制 → 矿物颜料绘制 → 选素胚 → 返回门店
取成品

小范围内作为小众
爱好传播 ← 朋友圈分享

图 19

制费用。综上，虽然体验课程可以有效地吸引受众，但是过高的时间、空间成本与技术水平能力障碍导致其无法发挥自身优势。对于短暂到广州观光的国内外旅客以及当代快节奏生活的年轻人，很难享受这些耗时耗力的体验课程。

于是，本团队在设计体验流程时，一方面做到与广彩制作流程的高度相似，另一方面降低时间成本、经济成本与技术门槛，最终得出如下流程（图 20）。

我们将选择器型与选择饼干相关联，将糖霜绘制与图案绘制相关联，将价格高昂的烧制过程改为静置定型，同时极大地缩减了成本与时间。团队还将为体验者提供简单的临摹图与现成模具，以降低制作难度。

亲民、生活化的西式烘焙工艺，既适应了都市快节奏的生活方式，又为远道而来的国内外旅客提供了快速入门、体验广彩文化的机会，让他们以自己熟悉的制作方式，感受中国传统纹样的魅力。另外简单的制作流程也可以激发体验者对于广彩的兴趣，同时在网络分享会得到他人的关注与鼓励。利用外在激励，形成德西效应，可让人们乐于尝试制作广彩饼干，增强用户黏性。

文创产业的发展引人注目，但目前市面上的文创产品却面临着同质化的问题。不少文创产品沿用了文具、钥匙扣等定式衍生产品的思路，作为载体来说虽然足矣，但是

"焙出新彩"体验流程
The process of "Roast New Color" experience

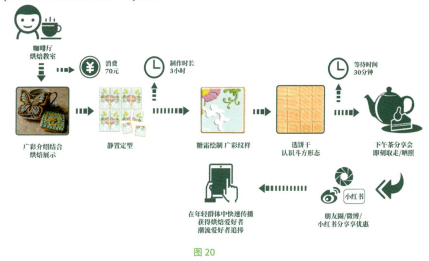

咖啡厅
烘焙教室

消费
70元

制作时长
3小时

等待时间
30分钟

广彩介绍结合
烘焙展示

静置定型

糖霜绘制 广彩纹样

选饼干
认识斗方形态

下午茶分享会
即刻取走/晒照

在年轻群体中快速传播
获得烘焙爱好者
潮流爱好者追捧

小红书

朋友圈/微博/
小红书分享享优惠

图 20

如此大批量的产品会使得消费者失去兴趣，降低品牌自身竞争力。解决这一问题，要突破现有形式束缚，打破惯性思维。

广彩与食物设计的结合区别于传统的文创产品，它是非遗文化传承的一种创新思考，也是食物设计的全新尝试。本团队将本土的彩瓷工艺与西方烘焙工艺相结合，将广彩融入日常生活中。这一方面降低了人们体验广彩的成本，有助于扩大广彩的受众人群；另一方面也促进了广彩工艺跨学科、跨地域发展，开拓了广彩文创国际化传播的新思路。

注 释

[1] 李彤 . 食物设计的多元化呈现方式研究 [D]. 杭州：中国美术学院 ,2019.

[2] 张亚曦 . 浅析广彩的艺术特征和发展策略 [J]. 大众文艺 ,2019(20):3–4.

[3] 高建伟 . 甜味体验对大学生亲社会行为的影响 [D]. 金华：浙江师范大学 ,2018.

[4]BRIAN P. MEIER, SABRINA W. NOLL, OLUWATOBI J. MOLOKWU. The Sweet Life: The Effect of Mindful Chocolate Consumption on Mood. 2017, 108:21–27.

New Exploration of Food Design——Take Canton Porcelain as an Example

Fang Zeyuan　　*Dong keying*　　*The Guangzhou Academy of Fine Arts*

Abstract The inherited process of Intangible Cultural Heritage encounters a variety of problems, such as difficulties in inheriting techniques, low public awareness and the ageing of inheritors. The aim of this paper is to take Cantonese Porcelain as an example that addresses the issue of low popularity among the youth by creating products for sale through food design that match the visual characteristics of Cantonese Porcelain. Besides, by conducting offline experiential courses, people can fully understand the culture of Cantonese Porcelain and its production process and techniques. Through this case, it is intended to draw an alternative path for the inheritance of Intangible Cultural Heritage with the aim of broadening the group of audience.

Keywords Food design; The inheritance of Intangible Cultural Heritage; Cantonese Porcelain

10 面向年轻群体审美取向的文创设计研究

孙 嘉

面向年轻群体审美取向的文创设计研究

孙 嘉

摘 要 如何让中华优秀传统文化走进年轻人的生活，是当今社会文化发展中的一个重要命题。本文通过梳理中国制造商品从老国货到新国货，再到国潮和文创的发展过程，以及对具体文创案例的分析，探讨文创产品在中国文化元素的运用中如何覆盖年轻人的生活领域，并能满足其审美需求。

关 键 词 文创；国潮；传统文化；文化消费

中华优秀传统文化的活化一直是被热烈讨论的问题，尤其是传统文化如何走进年轻人的世界，是否能够以及如何能够被年轻人发自内心地喜爱。在知识与娱乐、传统与创新、严肃与轻松之间寻求平衡并非易事，高高在上难免让人无法亲近；流于表面、太过迎合，又会过于轻浮，在短暂的喧嚣后便消失不见。如果是从前，也许稍微利用新媒介形式包裹的传统内容、根据经典文本改编的现代故事、简单地带有一些中国元素的产品，都能引发中国民众失落已久的骄傲，但在文化和物质生活都日渐丰富的今天，以流行文化的形式呈现传统、历史、爱国、主旋律等内容，早已不是能够保证文化传播的"灵丹妙药"，年轻观众更加不会因为作品的立意关乎中华优秀传统文化而照单全收。因此，有必要探讨如何打造基于中华优秀传统文化的创意产品，从而更好地完成中华优秀传统文化的当代传播。

一、由老国货到新文创

"国货"一词通常指 20 世纪以来中国自主创立的品牌。早期国货主要关注民众的

孙嘉，女，中国艺术研究院博士研究生，研究方向为美术学。

日常生活需求，包装和造型鲜明地体现着 20 世纪的设计特色，可惜很多品牌在当时未能形成鲜明的创新特色。我们今天常以老国货、经典国货等概念指代 20 世纪注重实用需求所产生的民族品牌。

国货的出现和对国货的提倡可以追溯至清末。鸦片战争爆发后，大量进口商品在华倾销，广东、上海等地的商民因此开启了抵制活动，出现了国货陈列会、国货商场和各种国货团体，1933—1935 年还出现了上海"国货年运动"，《国货月报》《国货月刊》等报纸刊物相继发行，类似"办货者不办美国人之货，用物者不用美国人之物"的口号也格外响亮。可以说，在特定历史阶段，国货在商品属性之外更是被赋予了救亡图存之意。[1] 直到 20 世纪 80 年代前，老国货基本覆盖了国人的全部生活空间，比如谢馥春、咏梅、宫灯之类的日化用品，以及英雄钢笔、永久和凤凰牌自行车、蝴蝶缝纫机为代表的生活物件，等等。

然而，面对改革开放带来的汹涌经济浪潮，民众开始标榜进口货，无数老品牌随之湮没，与日益高涨的"国货当自强"的呼声所不相符的是本土品牌价值的渐渐失却。之后更是有很长一段时间，部分急功近利的商家为了压缩成本而利用廉价甚至有害的原材料，或粗劣地进行仿造、抄袭，导致国货常常与"山寨"画上等号。

有人将 2008 年看作国货复苏的起点。[2] 北京奥运会对中国元素的广泛运用拉开了国风、国潮的序幕。尽管对于国货发展转捩的时间点说法不一，但基本集中于 2006—2009 年，而且我们确实看到在 2008 年左右开始，代表一代人记忆的老国货在将品牌自身文化底蕴延续下来的同时，也能转变自身，适应当代人的生活和审美方式。比如，百雀羚、大宝等一系列活跃于 20 世纪的日化品牌重回大众视野，在各大电商平台收获了不错的反响，北冰洋和冰峰汽水借由新的品牌推广方式和一如既往的质高价优也重获大众的青睐。此后，出现了一些大家耳熟能详的新的国货品牌，比如完美日记、花西子、喜茶、元气森林，以及被誉为"国货之光"的国产数码产品，如华为、小米、大疆无人机等。由此我们可以看到，2008 年之后，一些老国货品牌做出适应当下市场和生活的转型，一批新的国货品牌也应运而生，我们可以将这二者统称"新国货"。

相比"国货"，"国潮"的出现更为晚些，这一概念也稍显复杂，尤其体现在对"潮"字的理解上。国货，尤其是新国货与国潮的概念并非泾渭分明，只是国潮对潮流、时尚的推崇更为明显。国潮的发展最开始集中在服装领域。此前，人们提起"潮牌"的第一反应通常都是国外的 Supreme、Stussy、川久保玲这些品牌，而今天的中国年轻消费者有了更多的本土选择，包括李宁、太平鸟、回力、飞跃等品牌的面貌焕然一新，也有许多新晋的国潮品牌和设计师品牌，如 Thething、Roaringwild、SuaMoment 等。2018 年的纽约时装周李宁“悟道”系列首秀引发广泛讨论，也通常被看作国潮的最初实践。2018 年被称为“国潮元年”，“为情怀买单”成为当年的热门词汇。时隔半年，“中国李宁”四个字又出现在 2019 年春夏巴黎时装周上。同样走上纽约时装周的还有以“无「线」NO BOUNDARY”作为大秀主题的国产服装品牌太平鸟。此前面貌一直较为保守的羽绒服品牌波司登先是在伦敦开设分店，启用更简约大方的新 Logo，而后相继登陆纽约、米兰时装周，全面对标加拿大羽绒品牌“加拿大鹅”，并邀请国际设计师设计联名款。在 2018 年纽约时装周上，它还以“牖”为主题，在服装设计中运用了窗格、水墨画等中国传统元素。目前，国内的服装生产供应链已日趋成熟，众多知名设计师和高校毕业生加入了国内品牌服装的设计团队，垂直电商网站也相继推出原创潮牌的孵化计划。数量众多的优秀年轻设计师的加入不断更新着国产服装的面貌，使之成为国潮大军中重要的一员。

国潮不只在服装领域，它同时涵盖了美妆护肤、餐饮娱乐、数码电器、文创产品等。脑洞大开的国货品牌也经常用联名来引发话题，通过品牌与品牌、品牌与人物、品牌与热门 IP 的联结来获得意义、符号和附加价值。这一转向，在今天更多地被归类为文创产品。即通过提取文化元素，创新中华优秀传统文化的表达方式，利用多元的媒介和载体所完成的一种文化创意设计。例如，周黑鸭和玛丽黛佳推出的鸭脖味口红、百雀羚和故宫联名的燕来百宝奁、奈雪的茶联名飞跃的运动鞋，等等。除此之外，以故宫为代表的文创产品也让过去高高在上的文物变得更“萌”。从大名鼎鼎的“宫猫家族”系列文创到朝珠形状的耳机、比着剪刀手的雍正、上书“朕就是这样汉子”的折扇，再到故宫淘宝首页歪着头的鳌拜，利用谐音“all buy”轻松可爱地进行产品宣传，无不在“飞入寻常百姓家”式地玩梗，拉近与受众之间的距离。许多联名款的本意往往并不在销售，因为在眼球经济的时代，网友的搜索虽不一定直接反映在销售额上，但至少代表了关注度，也代表了购买的可能性和未来品牌更大的发展空间。很多跨界商品在网络店铺中甚至没有现货，只是作为一个创意概念而存在，比如限量销售的六神花露水 RIO 鸡尾酒礼盒，连酒瓶子都被炒到高价。

以 2018 年为界，之前的“国潮”更多地指“中国 + 潮牌”，指小众的、标新立异的设计师品牌；今天的国潮则更多带有中国民众消费行为的指向，指带有中国特色的本土品牌和本土设计被广泛的中国民众所接受，不仅是对消费市场状态的描述，同时更加具有文化意涵，涉及对中华文化价值的重新评定，注重商品背后的创意之意，由此导向了文创之路。我们也可以看到，不论是关联着传统手工艺、老字号、民俗的国货，还是与潮牌和设计师品牌、明星网红、直播带货、综艺娱乐等联结较为紧密的国潮，"国"这一概念的赋能作用都极为显著。[3]

二、文创产品对中国文化元素的运用

融入传统文化的歌舞表演、国风音乐、国创动漫、与传统文化相关的纪录片，在植根于 ACG 文化（动画、漫画、游戏）的二次元爱好者、"Z 世代"（通常指 1995 年后出生、深受互联网影响的年轻群体）中大受好评。

我们的传统文化中从来不缺乏好故事，经典文本具有巨大的阐释空间：神话故事中哪吒的自我毁灭和反叛精神，在《哪吒之魔童降世》中化为"烟熏妆"版哪吒喊出的"我命由我不由天"，又在《新神榜：哪吒重生》中衍生出蒸汽朋克和废土风格的世界；《白蛇：缘起》古典韵味十足，但对爱情的探讨在当下看来也并不过时；《白蛇 2：青蛇劫起》更是构建了精细的世界观，且不断拷问着角色的信仰……这些是与传统有关的故事，但也是当代的讲述方式。这些基于神话、传说、历史和民间故事所改编的动画电影，具有宏大的世界观、极具张力的故事情节、丰富的想象力、抓人眼球的视觉效果，完全不输于美国的超级英雄故事，深受年轻群体青睐。

如果说对游戏和动漫的喜爱与原本的年轻群体画像基本符合，那么他们对严肃的传统文化题材纪录片的喜爱，则无疑让人感到惊喜。《我在故宫修文物》于 2016 年在央视首播时尚未引起轰动，却在年轻人聚集的"哔哩哔哩"视频平台（以下简称"B 站"）有平均每集 600 万左右的播放量。[4] 相关资料显示，该纪录片播出后第二年，很多大学里原本并非热门的文物修复专业，报名人数倍增。[5] 与传统文化相关的纪录片的走红让 B 站等一系列平台看到了年轻人的热忱，同时也认识到，用严肃、庄重的调性去普及这类内容，并不会让人感到高深莫测、故弄玄虚，反而是一些格调不高的调侃、戏说、"魔改"更让大家心生向往和尊敬。

另外，类似于 B 站这样的 UGC（user generated content，即用户生成内容）平台，让传统文化的传播途径更为多元。年轻人不再是被动接受，而是乐于创作并分享与传统文化相关的内容。2019 年，B 站有关"国风"的投稿作品数增长率为 331%，投稿"UP 主"数增长率为 304%，带有"古风""传统文化""民乐""中国舞"标签的投稿视频显著增多。有些内容虽常略显粗率、草根，但也不乏精彩之作，甚至常常引发"高手在民间"的评论。这不仅显示出中华优秀传统文化在当下的繁盛，也表明年青一代正逐渐形成良好的创作和分享状态。

来自欧美、日韩的潮品除了拥有个性化的设计风格外，对本土文化的运用也至为重要。比如潮牌 Supreme 最初只是一家主要面向滑板爱好者的小店，而今则成为美国街头文化的代表，这一品牌的迅速走红与美国特色的滑板文化、街头文化有着直接关系。我们的国货设计也在逐渐增加对中华优秀传统文化的关注，诗词歌赋、汉字符号、京剧戏曲、古代名画、民间手工艺及少数民族特色成为经常被运用的元素。比较有代表性的有旺仔牛奶推出的 56 款"民族罐"、自然堂京剧面膜、晨光文具加入京剧元素打造的盛世新颜系列国粹限定礼盒，以及花西子邀请歌手阿朵作为苗族印象推广大使，并推出了"花西子苗族印象高定"。在许多品牌的快闪店中也更加注重对国风的运用，如加入具有中国风的音乐、装潢，打造中国风场景，等等。

国货不仅是在运用中国文化的元素和符号，其自身也正在成为文化和符号，比如大白兔奶糖、旺仔牛奶。大白兔奶糖近几年积极而又富有想象力地与其他品牌和文化领域联动，因为包装和 Logo 设计很有辨识度，复古风格、简洁明快的颜色和卡通化的兔子造型，具备成为符号的优势。2016 年，大白兔与国家博物馆合作打造文创礼盒，还曾在 2019 年举办"大白兔 60 周年巡展"。与大白兔奶糖情况类似的旺仔牛奶除了以"三年六班李子明同学""再看我我就把你喝掉"的广告词著称，其大眼萌娃的形象也深入人心，不仅与国潮品牌塔卡沙发布联名款，更是成为一种符号，被运用和嫁接于很多领域，形成一种具有波普意味的艺术表达。

三、文创覆盖年轻人全方位的生活领域

传统文化在年轻人的消费和生活领域也有着众多应用案例。今天的国货已被赋予更多文化属性，年轻人愿意为文化和审美而消费，并愿意用消费表达态度。收获社群认同和归属感，就像在音乐、电影、游戏领域找到"同好"一样。

百度与人民网研究院联合发布的《百度 2021 国潮骄傲搜索大数据》[6] 报告将老字号、老品牌焕新的萌芽阶段定义为"国潮的 1.0 时代"，以服装、食品等日用生活领域为主。这一阶段，老字号品牌借助中华优秀传统文化收获消费者认同，而中华优秀传统文化也借此机会找寻适应年轻人审美的方式，深入年轻人的日常生活。到了国潮 2.0 时代，则主要集中在手机、汽车等高科技消费领域。如果说在国潮 1.0 阶段许多购买行为是基于情怀，是久违地在商品中看到中国元素而产生的兴奋之情，那么从国潮 2.0 开始，民众则开始真正地关注商品的质量、科技含量、性价比等。到了 3.0 阶段，国潮的内涵

不断扩大，品牌、文化以及大国科技引领了全面、全新的国潮生活，此时的国潮不仅限于商品、实物，更有民族文化、国家智慧、生活方式、精神内涵之义。

国潮曾经是比较小众的事物，如今则变得愈加大众化。那么，那些追逐时尚的"弄潮儿"是否会很快转移注意力，放弃追逐国潮呢？另外，"国"这个字具有极强的普惠效应，因此更要警惕中国优秀文化、中华优秀传统文化成为商品的金字招牌，仿佛只要打上这类标签就代表了销路和销量。年轻的消费者容易通过直播带货、KOL 背书等渠道被"种草"，但也正因为多种分享渠道所产生的信息透明化，所以更容易被"拔草"。对于各大文创品牌来说，能不受制于流量和曝光度，在数据所带来的快感之余冷静看待产品的质量、价格、创意，才是最重要的。在热度过后能够沉淀下来，用心研究传统文化，创造好的商品，形成良好的消费文化，才是保证中国制造和中国创造长久发展的关键。

国货品牌、文创产品充分研究了年轻群体所关注的国风元素，将传统文化与时尚潮流、动漫、卡通、游戏等元素结合，渗透进衣食住行日常生活的一切。古装、汉服、华服等也渐渐从小众事物转变为一种以青年群体为主的文化表达符号，正在不断"出圈"，走进大众的审美视野。从中国制造到中国智造，从传统文化到当代潮流，从小众圈层到走向世界，今天的国潮是文化、科技、生活、艺术各领域背后中国力量的崛起，也是不断被年青一代赋予新意义的中国精神。

由老国货到新国货，再到国潮和国潮背景下的文创产品，在今天，有中国特色的本土品牌和本土设计被更多人所接受和喜爱。这不仅是对消费市场状态的描述，同时更加具有文化意涵，涉及对中华文化价值的重新评定。今天的文创产品不仅大量地运用中国元素，也在逐渐全方位覆盖年轻人的生活领域，同时这呈现出年轻人助推中华优秀传统文化复兴的趋势。这当中有来自顶层的政策推动等多种因素，但不管源自外部的力量如何运作，年轻群体的热忱都有其自身的逻辑。因此，未来的文创设计可以更加关注年轻人的中华优秀传统文化兴趣圈，向泛文化类扩散，广泛涉及国漫、游戏、传统文化纪录片、古代妆造、古风音乐及舞蹈、传统手工技艺、文学诗词、神话传说、国潮商品等，同时也应更加关注年轻群体占多数的 UGC 平台所分享的优质内容，在文创产品中呈现年轻群体对中华优秀传统文化和艺术的热爱。

注 释

[1] 陈雅莉. 中国近代时尚观念对民族意识的双重建构——以民国报纸对"国货"意义的生产为例 [J]. 新闻大学 ,2022(9):60–72.

[2] 郭琳 , 张凌浩. 经典国货文化记忆在当代设计中的价值与延续 [J]. 包装工程 ,2012,33(10):110–113.

[3] 郑红娥. 中国制造·中国品味 : 民族认同下的国潮消费解析 [J]. 人民论坛 ,2021(26):19–23.

[4] 戴艺蓉 , 牛梦笛. 新媒体成纪录片传播重镇 [N]. 光明日报 ,2014–05–28(5).

[5] 张涨. 广州日报 : 公众参与让"文博热"更热 [EB/OL]. http://opinion.people.com.cn/n1/2019/0322/c1003–30989740.html,2019–03–22/2022–09–25.

[6] 夏晓伦.《百度国潮骄傲大数据》见证十年国牌崛起 [ED/OL].http://it.people.com.cn/n1/2019/0923/c1009–31367719.html,2021–05–10/2022–10–03.

Research on the Aesthetic Orientation of Cultural and Creative Design for Young Groups

Sun Jia　　*Chinese National Academy of Arts*

Abstract　How to bring traditional culture into the lives of young groups is an important proposition in today's society. By sorting out the development process of Chinese-made products from old domestic products to new domestic products, and then to national trends and cultural and creative industries, and through the analysis of specific cultural and creative cases, this study clarifies how cultural creation products use Chinese cultural elements and how cultural creations can cover the comprehensive life areas of young people.

Keywords　Cultural and creative; Chinese national tide; Traditional culture; Cultural consumption

11 "双创"背景下文创产品设计新思维与创新发展路径探索

刘晓天

"双创"背景下文创产品设计新思维与创新发展路径探索

刘晓天

摘　要　中华优秀传统文化的传承与发展,对中国文化创意产业的发展、时代新人的培育具有重要意义。本文以文创产品设计为研究对象,通过对文创产品的当代价值及内涵进行深入剖析,总结出当前文创产品设计存在的问题,并以"六书"中的"会意"思想为指导,构建出"说文 + 解字"的思维融合新模式和"创意 + 工艺 + 设计"的创新设计新思维,并从"解构 + 重构""艺术 +IP""叙事 + 技术"三个层面总结出文创产品设计创新与发展路径。

关键词　中华优秀传统文化;文创产品;设计思维;设计方法;创新发展

中华传统优秀文化蕴含着中华儿女的奋斗历程、初心使命和民族精神,凝结着上下五千年的宝贵经验。优秀传统文化的传承与发展,不仅关系着中国优秀文化遗产的传承与保护,还是增强民族凝聚力、保护国家文化安全的重要方式,更对中国文化创意产业的发展、时代新人的培育具有重要意义。

当前,发展文化创意产业已成为一项重要的经济战略,各地的传统文化遗产都开始注重创意性和现代性,竭尽全力确保其文化的传承能够适应当代社会的需求。文创产品在弘扬中华优秀传统文化、丰富公众精神生活、 教育公众、启发人民等方面起着重要作用,既是对文化遗产的当代转化,也是对传统的现代传承。随着中华优秀传统文化在设计创意中的运用越来越多,由于文化工作者对中华优秀传统文化价值观的坚持、创意设计专业人士的奔放活力和匠心精神等不同视角,各种冲突和争议不断出现。如何让文创设计真正兼顾文化遗产和全球消费者需求,是一个迫切需要解决的问题。

刘晓天,男,中央美术学院博士研究生,研究方向为产品设计理论、方法与战略研究。

基金项目:2021 年北京市社会科学基金规划重点项目"北京传统优秀艺术资源发掘与保护研究"(项目编号:21YTA006)。

一、文创产品的当代价值及内涵

随着时代的发展，传统文化开始走向大众，中国特有的优秀传统文化成为连接过去与现在的文化桥梁。当前，公众的需求和观念在不断变化，消费市场在体验和审美经济学时代不断进步。因此，在以丰富为特征的市场经济中，文创产品不仅要具有设计感、体验感，还要将氛围、美学、符号和意义融入其中。

（一）文创产品是传承中华优秀传统文化的重要手段

中华优秀传统文化孕育了以故宫、长城、大运河为代表的物质文化遗产。以"燕京八绝"、京剧、年画等为代表的非物质文化遗产，以及以团结统一、勤劳勇敢等为代表的中华民族精神，不断充实着中华民族的"精神谱系"。近年来，对中华优秀传统文化的创造性转化和创新性发展，是我国文化保护的一个重要组成部分。但是，由于许多优秀传统文化仅仅是在少数人之间活态传承，相对于大众文化，传播渠道比较闭塞，这造成了在工业化快速发展的今天，传统文化遗产的生存状况岌岌可危。因此，中华优秀传统文化的保护刻不容缓。文创产品隐含着沟通和传递信息的潜质，它们就像故事一样，是时间和文化的载体。[1] 文创产品设计则是通过设计将功能造型与文化内核相结合，通过材料、结构、色彩、造型等的有机结合，实现产品艺术形象、设计语言、使用要求与文化内涵的高度统一，使产品体现形式美、和谐美和情感美，以满足消费者的文化传承心理和民族审美心理。因此，文创产品是中华优秀传统文化创造性转化和创新性发展的重要手段。

（二）文创产品是保护国家文化安全的重要途径

文化是一个国家、一个民族的灵魂。以文创产品推动中华传统优秀文化的传承，不仅可以更深层次地发掘中华优秀传统文化的精神内涵，诠释中华优秀传统文化的时代价值，重塑中华文化信仰，还可以拓展中华优秀传统文化传承载体，增添传承形式，同时扩大中华优秀传统文化的传播范围，促进中华民族的精神价值共鸣与历史经验传承。文创产品设计不仅能够促进中华优秀传统文化的传承与保护，还有利于提升民族向心力，保护国家文化安全。加强中华优秀传统文化的艺术传承和设计转化，以"艺术 + 设计 + 创意"结合的方式对中华优秀传统文化资源的价值内涵进行"再挖掘"，不仅可以深化中华优秀传统文化的核心内涵，深入挖掘中华优秀传统文化的美学价值，促进多元化中华优秀传统文化基因库的构建，还能贯通文化血脉，坚定文化自信，匡正价值取向，塑造中国审美体系，提升国家文化软实力，让中华优秀传统文化发挥国家文化安全盾牌的作用，提升中国在世界语境中文化、艺术和审美领域的话语权，抵御不良外来文化入侵，坚守中华文化立场，彰显中国担当。

二、当前文创产品设计存在的问题

（一）文创产品缺乏创新和价值内核

近年来，随着人们精神追求的丰富，文化创意产品尤其是旅游文创产品逐渐兴起。并且由于其具有投资回报快、整合性强的特点，它已成为日益增长的消费热点。虽然当前阶段我国已经重视具有强烈设计意识的文创产品开发，也越来越重视设计水平，文创产品与过去相比有了很大的改进，但是从文创产品产业开发过程来看，仍存在着创意设计能力不足、文化资源挖掘不足、文化产业链不完善等问题，并由此导致了当前文创产品市场同类型品牌恶意竞争、缺乏基本的产权保护意识以及滥用中华优秀传统文化符号等问题。

好的文化创意产品应该能真正体现一个国家、一个地区或一种文化背后蕴藏的精神内涵，能够将其核心价值观通过物化的形式展现。例如，一提到斯堪的纳维亚国家的设计，大家立刻就能联想到其设计风格是什么，代表产品有哪些，其产品所体现的价值观是什么。它的设计具有典型的北欧现代有机主义特点，处处体现了北欧独特的价值观——设计来源于生活。北欧设计的灵感来源于其历史资源和自然环境，植根于他们的日常生活，使斯堪的纳维亚的不同文化得以传承和发展。如芬兰的国粹"芬兰浴"，在芬兰设计师和各高校师生的努力下，将芬兰浴的文化融入现代产品并在不同场景和展会中应用和展示，使其传统文化走向了国际化。另一个比较值得学习的例子是芬兰的饰品品牌 Aarikka，它将芬兰人喜爱的自然主题与其传统木作结合，形成了一系列木质手工艺饰品，既体现了芬兰人坚韧不拔的精神价值，又传承了其传统的木作手工艺（图1）。可以说，北欧的每一个产品都是一个优秀的文创设计，因为处处体现了他们的精神内涵和价值体系。因此，斯堪的纳维亚国家的设计非常值得中国设计师借鉴。

中国的设计师在进行文创产品设计开发时，一定要深入挖掘中华优秀传统文化背后的核心内涵和美学价值，立足中国审美和中华民族核心价值观，以设计赋能产品，设计出具有美观性、新颖性和创新性的文化创意产品。如图2所示，这是纪念圆明园罹难160周年国际学术研讨会＆圆明园研究院联盟成果展的文创设计作品《圆明园大水法香薰蜡烛文创产品设计》。设计师巧妙地将圆明园的历史与现存遗迹相结合，将现存

图1　芬兰的木质工艺饰品

图2　圆明园大水法香薰蜡烛文创产品设计

遗迹设计简化为烛台，并以蜡烛复原其历史面貌。当用户打开包装时，可以直观地感受到圆明园当年的雄伟壮阔，但当看到蜡烛一点点熔化，又会引人深思，让人痛心疾首的同时反思历史，反思现在，反思未来。同时，在包装展示上，它也将中华优秀传统文化元素与产品很好地结合起来，既体现了东方美学，又体现了现代性传承。

（二）文创产品设计思维固化，理论缺乏系统性

设计如今已成为创造市场机会的创新驱动力。随着消费者需求的变化，除了功能性和实用性外，今天的产品必须以消费者意识和产品需求为导向。当产品设计具有情感意识的特质时，它可以帮助用户的思路从理性转向感性。例如，Alessi 开发了独特的评价方程理论，将其分为沟通、情感、价格和功能四项，被用作选择与开发产品的评估基础。好的产品必须具备激发消费者解读文化代码的能力。只有给消费者留下产品印记，

对文化代码进行解读，才能在产品与消费者之间建立起深厚的情感联系。设计师利用材质感、造型感、设计感和装饰感，通过他们的设计创意赋予产品意义，让产品除了在功能层面提供特色外，还可以为人们提供更深层次的体验。简而言之，就是设计可以让人们从对功能的满意过渡到情感上的感动体验。就消费者对产品的记忆和印象而言，消费将不再局限于有形的物品，商品已经演化为情感、价值和文化的载体，消费者真正想要购买的价值是一种意识流，或者说是文化代码。正如欧美人喜欢神话石饰的故事一样，购买它们的原因可能不仅仅是它们是中国汉代的"肖像砖"，而是东方文化的一种情感表达。先进的国家更倾向于将设计视为经济优势的资产，并用它来提升自己在国际社会的形象。由于当前艺术文化的影响力已逐渐延伸至产业价值链，所以产品必须在消费文化的基础上进行审美创新。因此，强调文化内核与价值、美学和地方特色的产品开发，已成为文创产品设计过程的关键。

但是与国外相比，我国文化创意产品的设计起步较晚，虽然有符号学、叙事学等相关理论指导文创产品设计，但是没有形成系统的文创产品设计理论体系，这就导致文创产品设计思维仍处于固化阶段。与此同时，当前国内文创产品设计开发更多的是信奉"拿来主义"，设计师对文创产品理解不足，对于区域文化资源的挖掘不够，没有考虑其背后需要深入挖掘的内涵，只是简单地使用一些文化符号给予产品所谓的创意或兴趣，导致产品往往只停留在形式和表面，无法实现消费者对文创产品的真正期望[2]。

三、以"会意"拓展文创产品设计新思维

"会意"一词来源于六书[3]，是指使用两个或两个以上的独体的汉字，根据原义，组合起来构成新义的汉字，是一种合体字，包括同体会意字和异体会意字。[4] 它的逻辑严明且富有规律性，能够促进思维发散。设计中的"会意"则是表达完整的概念或设计过程的方式。因此，本文以"会意"为切入点探讨文创产品设计思维中的相关性问题，将产品设计思维与工艺美术思维融合，以全新的视角对文创产品设计思维进行重新思考，从中寻找到新的突破和创新，拓展文创产品设计的新思维模式。

（一）以"说文＋解字"促进产品设计思维与工艺美术思维新融合

"会意"本身是极具创造性的过程。通过"会意"，我们可以在文创产品设计中学会如何带着问题进行深入研究，"说文""解字"是"会意"过程的直接手段。在文创产品开发过程中，理论学习是"说文"的过程，创新则是"解字"的变化。将"说文

+ 解字"与设计可视化结合所形成的新设计理念，能够帮助设计师抓住产品、文化和设计的本质，从而形成一种新的设计思维。因此，我们要更全面地思考问题，从而达到革命性创新和成果性转化。

产品设计思维与工艺美术思维看起来是设计的两个不同发展方向，一个是适用于当下批量化大生产的模式，一个适用于个性化、艺术化的工艺传承。但是，文创产品因其具有文化性、市场化的特点恰恰成为两种思维融合的交叉点。通过"说文 + 解字"的方式将"产品设计思维"与"工艺美术思维"结合，将工艺美术的核心与大工业产品设计的核心融合，以设计赋能传统造物观，将产品设计方法论、中华优秀传统文化的创造性转化与创新性发展相结合，可形成一种具有时代性和突破性的创新设计思维模式（图3），并被应用在现在的文创产品开发生产中，从而实现"物—物"到"概念—概念"的发展，极具现实意义和长远影响。工艺美术其实是一个固定封闭的"矿洞"，如何注入不同的思维并用设计的方式去挖掘，从而使其成果能够输出，是作为设计师的我们应该去思考和努力的方向。如何通过设计力量的介入实现中华优秀传统文化的现代发展，也是设计师需要探索的重点。

（二）以"创意 + 工艺 + 设计"构建文创产品设计新思维

文创产品是文化创意产品的简称，从名称上看，即是将文化通过创意的方式以设计的形式表现在产品上。因此，在进行文创产品设计开发时，设计师应该抓住其核心要素，以创新的设计思维去思考文创产品设计的全流程、全要素，这样才能设计开发出具

图3　设计思维新融合

有创意、满足消费者功能需求以及精神追求的真正的"文化创意产品"。

"创意＋工艺＋设计"的结合，不仅是文创产品设计开发的简单流程，更是一种全局考虑的创新设计新思维模式。在文创产品设计开发中，"创意"就是将中华优秀传统文化元素通过观察、转换以一种象征的形式进行主体对象的展示，它其实是一个将抽象意识形态转变为具象 IP 的过程；"工艺"则是依托设计师的经验，将中国的"意匠精神"通过传统工艺与现代加工方式结合的形式赋能在产品中，提升文创产品的精神内涵和价值内核；"设计"是通过设计方法将创意与技术相结合，使中华优秀传统文化物化的过程。

从整体来看，"创意＋工艺＋设计"的创新思维模式，是将我们所认知的现实层面的物质通过"创意"的方式进行思维拓展，再通过"工艺"的手段将传统造物观与思维延展结合，最终用"设计"将复杂的对象和过程进行嵌合，在设计语境下实现物物的结合，并通过设计赋能实现从物质性到精神性的追求。文创产品设计开发的过程亦是如此。

四、文创产品的设计创新与发展路径

（一）以"解构＋重构"转译文化内涵和价值

在进行文创产品设计时，设计师可以将感性工学理论与语义微分法结合，将传统文化的感知意象划分为三大情感因素，以"解构＋重构"的方式将传统文化进行重构和再设计，转译其特有的文化内涵和精神价值，从而创造新的文化价值、经济价值、美学价值。基于中华优秀传统文化的解构和重构，我们可以将其分为抽象和具象两个层面：抽象层面的解构重构是指将中华优秀传统文化资源 IP 采用符号学中的图形符号化方法进行分析归纳，目的是提炼出能够传达中华优秀传统文化资源内涵的记忆符号。抽象重构的过程可以是对中华优秀传统具象文化符号的抽象化简，也可以是对中华优秀传统抽象的图形以现代审美具象的方式表达。具象层面的解构重构是指使用"逆向技术"拆解、解构具有中华优秀传统文化内涵的现有产品，使用逆向技术让设计师深度学习现有文创产品的细节甚至某个世代相传的非物质文化遗产技艺，使文创设计师能够设计出与原产品功能相近、工艺相近、文化符号相近，但又不完全一样的符合当代审美的中华优秀传统文化创意设计产品。

（二）以"艺术＋IP"构建文化传承新路径

在进行文创产品设计时，设计师首先应该要对中华优秀传统文化资源进行深入挖掘，考察中国非物质文化遗产创造性转化的实践情况并总结规律。[5] 其次，要侧重于中国非物质文化遗产子 IP 工艺形态与中国 IP 传播方面，延续工艺的传统，突出展现中国非物质文化遗产传统之美。最后，要将中华优秀传统文化融入现代造型和审美元素进行创新制作，设计出符合时代需要的文创产品，让传统文化重回当代、重回日常。

同时，设计师在进行文创产品设计时，还要以传承中华优秀传统文化为核心，围绕中华优秀传统文化资源的 IP 转化，形成"IP+ 故事""IP+ 场景""IP+ 传播"的中华传统文化 IP 多元转化机制，将提炼的中华优秀传统文化视觉符号与现代造型和审美元素融合，将中华优秀传统文化的精神进行归纳、分析，以设计的语言形式使图形符号化、艺术化解构和重塑，从而让鲜活的历史事迹、感人故事、英雄人物等通过文创产品的方式得到传承与延续，突出中国之美，促进中华优秀传统文化与现代文化事业衔接，形成"重塑性存续""基因性复原"的活态传承体系。

（三）以"叙事＋技术"建立文化传承新模式

智媒时代，用创新叙事结构与创新媒介方式传播中华优秀传统文化是必然发展趋势。创新叙事结构，即在中华优秀传统文化中富有特点的"主题一致"叙事框架下，挖掘从单一到多元的叙事环节预设，将中华优秀传统文化进行阶段性叙事拆解，挖掘片段化文化闪光点，以"形散神不散"的叙事特点促进中华优秀传统文化的多角度、多途径传播，以便构建优秀传统文化符号叙事宇宙，为多元化的中华优秀传统文化产出赋能。创新媒介方式，即在智媒时代媒介融合的趋势下，以设计助力多媒介内容媒体融合：一是通过设计思维转变，注重中华优秀传统文化历史演变，将中华优秀传统文化的传承设计聚焦于传统文化的受众需求，从而使受众变成文化内容的主动传播者和再造者；二是优化中华优秀传统文化内容，利用媒介融合打造优质且互动的自助性文化内容，提高创新型文化内容的优质定位；三是借助产业融合和多行业深度协作，用"叙事＋技术"的形式，让中华优秀传统文化创意转化成果利用智媒时代的高新技术实现国家文化产业层面的融合。

同时，依靠数字化平台搭建，构建中华优秀传统文化集群，形成互动关联的合作性、专业化相关产业集群的特定地域，共同完成数字化转化后期的成果互通，使不同元素

IP 集结，共同组成一个具有中国特色的文化内涵体系。并且，利用虚拟现实技术 (VR)、增强现实技术 (AR)、精确定位技术、新媒体技术等实现虚拟仿真传统技艺制作流程和场景空间再现，构建沉浸式的文化体验空间，让人们在娱乐性的体验中传承中华优秀传统文化（图 4）。

文创产品是传承中华优秀传统文化、弘扬中华民族精神、保护国家安全的重要手段，也是实现中华优秀传统文化创造性转化和创新性发展的重要途径。本文针对当前文创产品设计缺乏创新和深层价值内核、设计思维固化、理论缺乏系统性、产品千篇一律、缺乏创新性等问题，从"会意"的角度以"说文 + 解字"的方式将产品设计思维与工艺美术思维进行融合，结合"创意""工艺""设计"形成文创产品创新设计新思维，并以此为指导提出了"解构 + 重构"的文化内涵和价值转译方式，构建了"艺术 +IP"的文化传承新路径，建立了"叙事 + 技术"的文化传承新模式。作为设计师，我们应该解构未来发展趋势，在加强顶层设计的同时，秉承"设计 + 创意 + 文化"原则，以文化价值转译为核心，以创新价值为指引，围绕文创产品"日常实用性、文化内涵性、设计语言创新性"等方面，多层次、多角度、多元化地满足消费者不断增长的新需求，推动中国文化创意产业健康稳步发展。

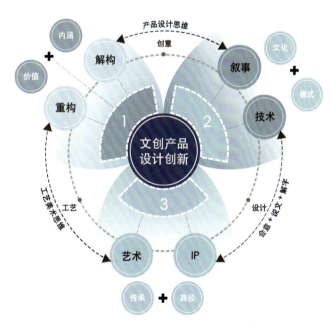

图 4　文创产品设计创新路径

注 释

[1] 滕菲 . 首饰：一种精神的载体 [J]. 美术研究 ,2008(1):48-50.

[2] 张燕 . 基于情境构建的地域性文创产品设计研究 [D]. 杭州：浙江工商大学 ,2018.

[3] 六书，首见于《周礼》，清代以后一般指象形、指事、会意、形声、转注、假借，汉代学者把汉字的构成和使用方式归纳成六种类型，总称六书。

[4] 陈琛 . 巧用 " 六书 " 激发低年级学生的识字兴趣 [J]. 语文教学与研究 ,2017(14):148.

[5] 庞涛 .IP 转化视角下的燕京八绝技艺文化研究 [J]. 包装工程 ,2020,41(16):31-36.

图片来源

图 1. Aarikka 品牌官网

图 2. 设计师彭秀楠

图 3-4. 作者自绘

Exploration of New Thinking and Innovative Development Path of Cultural and Creative Product Design Under the Background of "Mass Entrepreneurship and Innovation"

Liu Xiaotian　　*Central Academy of Fine Arts*

Abstract　The inheritance and development of China's excellent traditional culture is an important way to enhance national cohesion and protect national cultural security. This paper takes the design of cultural and creative products as the research object, through in-depth analysis of the contemporary value and connotation of cultural and creative products, summarizes the current problems in the design of cultural and creative products, and guides the idea of "knowing" in the six categories of Chinese characters to construct the new mode of thinking of "Shuo Wen + Jie Zi" and the new innovative design thinking of "Creativity + Craft + Design", and finally from three different levels of "Deconstruction + Reconstruction", "Art + IP" and "Narrative + Technology". This paper also summarizes the design innovation and development path of cultural and creative products.

Keywords　Excellent traditional culture; Cultural and creative products; Design thinking; Design methods; Innovative development

12 | 国潮卫衣设计国际化路径研究
——以李宁品牌为例

张紫阳

国潮卫衣设计国际化路径研究
——以李宁品牌为例

张紫阳

摘　要　近年来，卫衣作为基础款服装之一，开始频繁出现在文创产品设计中。2018 年，李宁品牌亮相纽约国际时装周，国潮卫衣得到广泛传播，引来不少中国服装品牌的效仿。自此，国潮卫衣在文创产业中的地位不断提升。但国潮卫衣的国际化之路还存在许多问题，无法真正做到与国际接轨。本文以李宁品牌国际化之路为案例，从策略和服装设计语言的角度分析其国际化之路，厘清李宁品牌国潮卫衣发展脉络，并运用国际时尚流行体系传播规律，论述国潮卫衣的国际化路径。

关键词　国潮；卫衣；国际化；路径

一、应运而生：国潮卫衣概述

(一) 国潮概念

2018 年是"国潮"元年，国潮泛指国货群体和带有中国特色产品的走红，随后"国潮"一词开始被频繁使用。现今意义上，国潮的开启者有两家：一为故宫，二为李宁。"国"的指向很明确，即为中国，将中华民族的优秀传统文化纳入范畴之中。对"潮"的解读基本以 2018 年为分水岭，2018 年之前，国潮大多指由中国本土设计师创立的潮流品牌，是具有鲜明特色的小众文化代表。

(二) 国潮卫衣发展现状

对国潮卫衣的定义是，国内服装设计品牌将中华优秀传统文化元素与国际潮流元素相结合设计出的服装，具有很强的符号感和潮流感。国潮卫衣目前主要集中在中国运动和休闲服装品牌。这些品牌主打年轻化和潮流化，满足千禧一代消费群体的需求，不

张紫阳，男，清华大学硕士研究生，研究方向为服装设计。

断适应中国青年的潮流生活方式，强调个性。

2017 年 4 月，文化部发布《文化部"十三五"时期文化产业发展规划》，提出将实现文化产业作为国民经济支柱性产业的战略目标。由此，国家开始大力发展文创产业，为国潮卫衣的兴起埋下了伏笔。

2018 年初，李宁品牌登上纽约时装周。国潮卫衣作为李宁品牌的经典单品，在服装系列中反复出现。设计师将国际前沿审美趋势融入国潮卫衣中，通过解构混搭扩充了国潮卫衣的功能属性和搭配领域，让国潮卫衣在国际上掀起一股热潮，引得众多中国服装品牌效仿。

清华大学文创研究院将国潮卫衣的特点归纳为三点：第一，国潮卫衣有鲜明的中华优秀传统文化元素；第二，国潮卫衣符合中国年青一代的审美；第三，国潮卫衣可以让消费者充分展现文化自信。

综上所述，传统元素的加入，使卫衣逐渐变成蕴含民族文化的时尚单品。特别是2018 年，李宁品牌参加纽约时装周，将国潮卫衣带向国际，开始了全面发展之路。

二、先高后低：初次探索

（一）难入欧美的发展现状

李宁品牌是中国运动品牌里国际化程度最高的，在国外设有分公司、研发中心、专卖店，从设计、研发、销售等各个方面尽可能与国际接轨，但仍难以真正打入欧美市场。

李宁品牌国际化始于 1999 年，起因是亚洲金融风暴导致公司业绩大幅减少，让品牌意识到成立跨国公司可以有效抵御区域性危机。为此，李宁品牌从设计、销售两个方面进行了国际化探索，尽最大可能将品牌与国际接轨。

（二）国际同步的设计研发

李宁品牌想要国际化，首先要做的就是在设计语言上与国际接轨，直接的方法就是在国际时尚体系的上游地区建立设计研发中心。中国目前还是发展中国家，仍处于国际时尚体系的中下游。国际流行体系运行规律一直是上游的国家和地区具有流行传播的话语权，对中下游地区的设计创新产品传播具有制约作用。因此，在上游地区建立设计研发中心，可以更快接收到国际时尚流行的新信息，让品牌的设计研发紧跟国际潮流。

为了让内地设计师开阔设计思维，提升设计水平，以及建立国际一流的设计与研发团队，把握国际流行趋势和设计理念，建立有效的设计与研发沟通平台，与内地设计师交流，2004 年 11 月，李宁品牌在中国香港成立设计研发中心。

2008 年 1 月，李宁品牌又将设计研发中心转移到美国俄勒冈州波特兰市。之所以把设计研发中心建在波特兰，原因有四点。首先，波特兰以设计等创意产业和快体育闻名，耐克、阿迪达斯等国际知名运动品牌都将设计研发中心设在波特兰；其次，波特兰拥有多元化的气候条件，便于公司测试不同天气下球鞋的表现；再次，波特兰拥有得天独厚的地理优势，它是一座临近太平洋的港口城市，便于公司与亚洲国家之间的贸易往来；最后，波特兰拥有优质的运动装备类课程，除运动、户外鞋服设计类课程外，还有鞋服相关的管理、销售课程等，师资全部来自企业，上课方式具有针对性，为培养出优秀运动、户外鞋服产业的从业者提供保证。它的主要目的在于更好地对鞋类产品进行高端技术研发，完成后续一系列工作。

（三）先高后低的销售模式

最初，李宁品牌选择的是先高后低的销售模式，但由于品牌重塑战略实施效果不佳，最终以失败结束。先高后低模式是指先在高收入国家树立品牌形象和知名度，从而晋升为国际品牌，以此为基础打入中等收入或低收入国家（表 1）。1999 年，李宁品牌成立国际贸易部，同年参加德国体育用品博览会寻找合作机会。2001 年，李宁品牌在西班牙开设首家海外品牌形象店。2004 年，已有 23 个国家和地区销售李宁品牌产品。但是，先高后低模式的缺点是见效时间漫长，需要巨额投资，发展情况不同。安踏在俄罗斯从产品出口做起，经过十几年发展才建立品牌知名度。2008 年，李宁在北京奥运会点燃圣火，品牌知名度提升。但品牌盲目扩张加上金融危机、欧美市场低迷等因素，导致品牌国际化严重受阻。2012 年，通过赞助欧洲田径锦标赛，李宁开始拓展欧洲业务。

表 1　品牌国际化模式

先高后低模式	高收入国家→中等收入国家→低收入国家
先低后高模式	低收入国家→中等收入国家→高收入国家
中间模式	中等收入国家→高收入国家→低收入国家

三、先中后高：转变路径

（一）初级阶段的国际处境

如今，李宁品牌国际销售以东南亚国家为主，还处在国际化的初级阶段，未能跻身欧美主流运动品牌行列。虽然李宁连续 6 次登上国际时装周，在国际社交媒体上掀起了一波浪潮，但从 2018 年前后的销售数据来看，它的国际市场收入和占总收入的比重却呈下降趋势（表 2）。

表 2　李宁品牌 2017—2020 年营业收入、国际市场收入、国际市场收入占总营收比重

	2017 年	2018 年	2019 年	2020 年
营业收入 / 亿元	88.74	105.11	138.70	144.57
国际市场收入 / 亿元	2.4	2.49	2.69	2.2
国际市场收入占总营收比重 1%	2.7	2.4	2.69	2.2

数据来源：李宁公司年报。

（二）国际同步的设计策略

国潮卫衣可以崛起的真正原因，就是中国文化自信的提升。2018 年初，天猫携手李宁、Clot、ChenPeng、太平鸟等国潮品牌，登上纽约时装周 China Day，这是由天猫联合美国时装设计师协会做的一场活动，旨在帮助中国品牌复兴。李宁作为四个中国品牌中历史最长的民族品牌，自此开始了两次纽约、四次巴黎的国际时装周之旅。

李宁品牌 6 次国际时装周的主题，主要向世界传达中国的运动故事、运动精神、运动态度，展现中国悠久的运动文化。与之前中华优秀传统文化符号的简单运用相比，李宁品牌 6 次国际时装周的主题是将中华优秀传统文化进行发散，使得每次的主题更符合当代中国的语境。2018 春夏系列的主题是"悟道"，以李宁在历届奥运会征战的历史图像为灵感，展现出浓浓的中国精神。2019 春夏系列的主题是"中国李宁"，以李宁卓越的运动成就为灵感，意在突出李宁品牌重新崛起的信心。2020 春夏系列的主题是"行·至巴黎"，设计师从中国国球——乒乓球中汲取灵感，展现出品牌对中国运动精神的挖掘（表 3）。

李宁品牌 6 次国际时装周的造型，大体上遵循着国际流行的风格，但在搭配和细节上做了很多改变，尝试创造新的风格，以符合青年群体不断变化的消费需求。2019 秋冬系列的造型，在卫衣中融入户外风和机能风的元素，再以防护性的功能面料展现出来，让卫衣造型格外硬挺，做到了经典与现代的结合。2020 春夏系列的造型，将经典 Polo 衫标志性大领口设计延伸到卫衣上，重新回顾中国体育的历史痕迹。2020 秋冬系列的造型上，卫衣的袖长及指，饰以图案补丁，将视觉拉回 20 世纪 90 年代的街头时尚，冲破了性别和场合的刻板印象。

表 3 李宁品牌从 2018 春夏到 2021 春夏 6 次国际时装周服装设计语言对照

表 3 李宁品牌从 2018 春夏到 2021 春夏 6 次国际时装周服装设计语言对照

时间	服装元素					
	主题	造型	色彩	图案	工艺	细节
2018 春夏 纽约时装周	悟道	H 型	红 黄 黑 白	图像元素（李宁 1984 年参加奥运会和获奖的历史图像）太极元素（太极图案）文字元素（"中国李宁"）	拼接	抽绳元素（领口抽绳、收腰抽绳）织带元素（运动编织带）
2019 春夏 巴黎时装周	中国李宁	H 型 X 型 O 型	橄榄绿 淡紫 柠檬绿 白 黑	文字元素（"中国李宁"和"体操王子"）	拼接 珠绣	体操元素（运动背心、连体衣、健身裤）
2019 秋冬 纽约时装周	远行	H 型 X 型 Y 型	卡其 棕 砖红 蓝灰	山脉元素（山峦层叠印花、中国山水画）	拼接 扎染 做旧	模块元素（模块口袋）
2020 春夏 巴黎时装周	行·至巴黎	H 型 X 型	翡翠绿 柠檬黄 珊瑚粉 宝石蓝 白	乒乓元素（乒乓球拍与乒乓球组成的几何图形）文字元素	拼接	抽绳元素（收腰抽绳）
2020 秋冬 巴黎时装周	三十而立	H 型 Y 型	白 黑 军绿 紫红 亮橙	电子游戏元素（早期电子游戏低保真图案）	拼接 印花	抽绳元素（口袋抽绳）
2021 春夏 巴黎时装周	运动的艺术	H 型 O 型	灰 黑 蓝 卡其 橙	唐卡元素（唐卡图案）运动元素（运动人物剪影）	拼接 百衲 衲线 抽褶	绳结元素（绳结带）

　　李宁品牌 6 次国际时装周的卫衣图案，多采用年轻消费群体耳熟能详的现代符号元素，以往常用的中国传统图案符号几乎不见了，唤起了年青一代的记忆。2018 春夏系列发布秀，有几件卫衣的胸口印有李宁征战 1984 年洛杉矶奥运会的老照片，将中国运动精神很好地展现出来。2020 春夏系列的图案，在卫衣上运用了乒乓球拍和乒乓球

组成的几何印花，带有玩味感。2020 秋冬系列的图案，致敬早期电子游戏的低保真图案成为卫衣的重要元素。2021 春夏系列的图案，把极具藏族文化特色的唐卡绘画艺术印在卫衣上，将运动、艺术与民族风融合在一起。

特别是卫衣的文字图案上，不再一味地追随国际时尚流行体系的规律，而是立足本民族形成中国的流行时尚体系，展现出强大的民族自信，以及打入国际市场的决心。表现在设计上，卫衣文字图案摒弃了英文字母，选用中国汉字反复诉说中国故事。2018 春夏系列的图案中，"中国"二字在卫衣中反复使用，一反之前潮流卫衣上不知所云的英文字母，展现出中国的文化自信。2019 春夏系列的图案中，将繁体字版的"中国李宁""体操王子"放大印在卫衣上，在延续李宁经典运动风格的基础上，将中国人的运动精神融入卫衣中。2020 春夏系列的图案中，在卫衣上用中文标语写着"乒乓球俱乐部"，向世界展示了汉字潮流运动的一面。

在色彩使用上，李宁品牌 6 次的国际时装周从最开始只用中国色彩，到后来跟随国际色彩流行趋势，大量高饱和度的色彩互相碰撞，可以看出李宁品牌在国际时装周舞台上信心倍增，也展现出李宁品牌进军国际市场的决心。2018 春夏系列发布秀，卫衣的色彩大部分是红色，展现出浓浓的中国力量。2020 春夏系列发布秀，在配色上，高饱和度的卫衣非常抢眼，呈现出运动的青春活力。

在工艺表现上，李宁品牌 6 次国际时装周虽然用的是传统工艺，但遵循了国际主流的审美潮流，旨在打破身体运动的常规限制。2021 春夏系列的工艺，将中国传统的百衲、衲线工艺用在卫衣上，丰富了卫衣图案、配色的层次感。

从李宁品牌 6 次国际时装周秀场的细节可以看出，将国际流行的户外、机能元素融入运动装的设计中，在丰富运动装细节的同时，提供了更多的功能性。2019 秋冬系列的细节上，将模块化的口袋运用在卫衣上，增加了许多运动感。2020 春夏系列的细节上，抽绳的设计将卫衣功能性与装饰性完美结合，既能起到收腰效果的作用，也能保留宽松状态。

总之，李宁品牌服装经过 6 次时装周的展示，在国际上掀起一股热潮，引起了新一轮关于中国品牌的热议，将国潮卫衣走上国际化道路推进了一大截。国潮卫衣作为李宁品牌每个服装系列的基础款频繁出现，从 2018 年春夏表达"悟道"主题的奥运历史图像卫衣，到 2019 年秋冬表达"远行"主题的模块化口袋卫衣，再到 2020 春夏表达"行·至巴黎"的乒乓球俱乐部卫衣，很好地展现了每个系列的主题，用国际化的服装语言诉说着中国的运动历史。相较以往的卫衣设计，它多了很多现代中国印记，卫衣的精神层次更加丰富，设计语言更加国际化。随着李宁品牌的带动，国潮卫衣如雨后春笋般大量涌现，甚至不少中国品牌和独立设计师也开始在系列设计中加入卫衣款式，不断在国际舞台上传达中国文化和价值观。

（三）国际接轨的设计手法

1. 结构风格的卫衣

李宁品牌在国潮卫衣的结构设计上，大量运用国际流行的设计语言，引发年轻消费者的共鸣，特别是解构主义设计方法的使用（图1-3），使它不再局限于盘口、大襟等中国传统的服装结构，做到国潮卫衣结构上的国际化，同时强调审美秩序的重新建立。

20世纪80年代，解构主义作为一种设计风格出现，至今对世界服饰文化依然有着广泛影响。解构主义对传统审美提出质疑，反传统的设计语言成为解构主义服装风格的重要特征。进入21世纪，解构主义风格为设计师提供了一个全新的、更加自由的设计空间，迅速成为现代服装设计的主流风格。

轮廓线解构瓦解了服装只能依附于人体而存在的概念，为人们认识体型赋予了新的审美理解。李宁2021春夏系列的一件国潮卫衣（图4），将卫衣的肩线解构拆解开，随着身体舒展程度不同，肩部的外轮廓线呈现不同的形状。

分割线解构突破了服装形式美的常规法则，使矛盾与冲突的线条形成新的对比与统一。在李宁2021春夏系列的一件国潮卫衣中（图5），设计师将服装基本裁片进行

图1　KITH 2018秋冬　　　　图2　Ahluwalia 2019秋冬　　　　图3　Icosae 2019秋冬

分割，形成各种曲线形及随意形的面，解除了结构线对人体的限制。

装饰线解构造成卫衣结构上的矛盾和冲突，形成强烈的视觉反差，具有特殊的装饰美感。在李宁2021春夏系列的一件国潮卫衣中（图6），设计师运用牛仔裤上的装饰工艺，将原本缝合在牛仔裤上的线迹直接压缝在卫衣表面，让线条产生了错位形态。

2. 波普风格的卫衣印花

李宁品牌在国潮卫衣的图案设计上，将中国文化发散，不再拘泥于中国传统图案的运用，而是选用现代中国话题，比如中国奥运传统强项体操和乒乓球。以这些话题为灵感，结合国际化的图案设计语言，如拼贴、图像印花、不对称几何图案（图7-9），更能引发国际设计同行的认同，让国际消费者更容易理解，真正让国潮卫衣的图案设计国际化。

在几何图案方面，李宁2020春夏在巴黎时装周展示的国潮卫衣中（图10），设计师以"国球"乒乓球拍为灵感，设计成不对称抽象几何图案，辅以国际流行的高饱和度色彩，很好地碰撞出"中国运动风"，让卫衣带有些许玩味感。

在文字图案方面，李宁2019春夏在巴黎时装周展示的国潮卫衣中（图11），设计师将"中国李宁"以拼贴的手法印在国潮卫衣上。这一元素一直延续到后面每一季服装上，李宁将汉字作为一种服装标志带入国际。

在图像印花方面，这一季的国潮卫衣使用了波普艺术的拼贴手法，用一种通俗的方式来表达设计师对中国体育精神的认识，勾起了国际大众的历史记忆，传达出国潮服饰走向世界的决心。李宁2018春夏展示的国潮卫衣中（图12），设计师收集了李宁

图4 李宁2021春夏巴黎时装周　　图5 李宁2021春夏巴黎时装周　　图6 李宁2021春夏巴黎时装周

图 7 POLO RALPH LAUREN 2019 秋冬　图 8 Han Kjøbenhavn 2017 春夏　图 9 Raf Simons 2021 春夏

图 10　李宁 2020 春夏巴黎时装周　图 11 李宁 2019 春夏巴黎时装周　图 12 李宁 2018 春夏纽约时装周

本人在旧金山奥运体操赛场上的历史图像作为印花。这次奥运会上，李宁取得了最好的成绩。

3. 碰撞风格的卫衣色彩

李宁品牌在国潮卫衣的色彩设计上，不再局限于中国红等色彩的使用，而是充分将近年国际服装色彩的流行趋势运用到国潮卫衣设计中，选用高饱和度的色彩进行碰撞（图 13-15），或是更符合中式审美的高级灰。例如，近年国际服装品牌频繁使用撞色，欧美潮流品牌大量使用大地色。

图 13 Jeremy Scott 2019 春夏　　图 14 Roberta Einer 2019 春夏　　图 15 Tourne De Transmission
2018 春夏

　　撞色在国潮卫衣上的使用，展现出一种蒸蒸日上的活力，传达出一种与国际接轨的热情与诚意。撞色具有较强的视觉冲击力。色彩各异的材料，通过块面的组合，给人们带来异样的视觉及心理感受。在李宁 2019 春夏和 2020 春夏秀场上，撞色被大量使用在卫衣上，黄色和红色的碰撞（图 16），绿色与蓝色的碰撞（图 17），让人的视觉中心集中在上半身，颜色的配比也拉长了人的身高，接近黄金比例。包豪斯著名色彩老师伊顿认为，理想的色彩和谐就是要选择用对偶的办法来显示其强烈的效果。

　　大地色的使用，和谐不张扬，很好地延续了"道法自然""天人合一"等中国古代传统自然思想，满足了这种情感需求的物化形态。李宁 2019 秋冬秀场上（图 18），

图 16 李宁 2019 春夏巴黎时装周　　图 17 李宁 2020 春夏巴黎时装周　　图 18 李宁 2019 秋冬纽约时装周

卫衣色彩以卡其、棕色、砖红、蓝灰等大地色系为主，局部点缀惹眼的荧光色，更加大胆年轻，缔造出摩登感。

4.混搭风格的卫衣穿搭

在国潮卫衣的穿搭设计上，李宁品牌追随国际流行的混搭风格，将不同风格的服装进行了混搭（图19-21），赋予国潮卫衣新的生命力，摆脱了以往保守刻板的卫衣形象，展现了李宁品牌走向国际的决心。这契合当下年轻消费者群体的审美趋向和生活方式，为青年群体构建自我认同提供了新的、更易接受的方式。

进入21世纪，设计不再局限于某一种风格，而是不种风格开始混合搭配，形成自己独特的风格。"混搭"的意义在于它是风格的延伸。混搭服装力求造型的多样性，是对已有程序和秩序的突破。

李宁2019秋冬时装周的一款穿搭造型（图22），将宽松卫衣与户外紧身服混搭，在细节上，不对称机能模块口袋、毛边以及破损的袖口、领口的混搭，表达了当代人在多元文化语境下的审美追求。李宁2018春夏时装周的一款穿搭造型（图23），将卫衣前半部分收进裤子里，一方面拉长了人的比例，另一方面也打破了传统卫衣的穿着方式，很好地形成了松紧对比。另一款穿搭造型则是穿了卫衣的一侧（图24），另一半围在脖子上，运动服与紧身衣的对比，将街头与运动很好地混搭在一起。

（四）中间模式的销售转向

李宁品牌销售国际化路线经历过一次转变，从开始的先高后低模式转到后来的中间模式。

图19　Tourne De Transmission 2018 春夏　图20　PULL & BEAR 2021 秋冬　　图21　VFiles 2018 春夏

图 22 李宁 2019 秋冬纽约时装周　　图 23 李宁 2018 春夏纽约时装周　　图 24 李宁 2018 春夏纽约时装周

中间路线是指先在中等收入国家积累树立品牌形象和知名度的经验，建立起国际化的信心，以此为基础转向高收入和低收入国家。李宁品牌先主攻中端市场，如东南亚市场，积累树立品牌形象和知名度的经验，再逐步走向高端市场，如欧美市场。这种模式有先高后低及先低后高模式的优点，同时也避开了它们的缺点，是李宁品牌国际化的良好选择。东南亚国家的消费趋势和文化特点跟中国相似，还可以借助东南亚国家联盟实现经济一体化目标的优势。2009 年，李宁品牌在新加坡设立办事处，加大对东南亚地区的拓展力度，随后在新加坡市区开设首家旗舰店。2018 年 2 月，李宁品牌开始在国际时装周上大放异彩，并制订了以印度市场为核心的南亚市场开拓计划，将范围延伸至亚洲区域。2018 年 11 月，广西李宁体育用品有限公司在广西—东盟经济开发区落成。此后，新加坡为代表的东南亚市场成为李宁品牌海外收入的重要来源。

四、立足本国影响下游：规律总结

国潮卫衣应该立足本国向下游市场拓展，以国际时尚流行体系为基础，综合运用上游和民族优秀传统文化资源建立国潮卫衣的创新体系，实现国潮卫衣产业的良性发展，逐步提高国潮卫衣在国际时尚流行体系中的位置，增强国潮卫衣产业的上游竞争力。

起初，李宁品牌在欧洲市场拓展中屡屡碰壁，业绩持续下滑。但自从 2009 年李宁开始进入东南亚市场，以新加坡为代表的东南亚市场是李宁海外收入的重要来源。2018 年，李宁制订了以印度市场为核心的南亚市场开拓计划，并逐步将范围延伸至亚洲区域。这些都很好地反映了国际流行体系的传播规律。再比如，我们的近邻韩国，就是基于国际时尚流行体系建立起自己的时尚设计创新体系，在完善和巩固本国时尚市场的前提下，向其他亚洲国家和地区传播，引起了韩流时尚。

Research on the Internationalization Path of China-Chic Hoodie Design
——Take Li Ning Brand as an Example

Zhang Ziyang　　*Tsinghua University*

Abstract　In 2017, China's government promoted the development of cultural and creative industry, and hoodies, as one of the basic garments, began frequently to appear in the design of cultural and creative products. In 2018, Li Ning brand made its debut at New York International Fashion Week, and the China-Chic hoodie was widely spread, attracting many Chinese clothing brands to follow suit. Since then, the status of the China-Chic hoodie has been constantly promoting in the cultural and creative industry. However, there are still many limitations in the internationalization of the China-Chic hoodie, which can not really be in line with the international standards. This paper takes the internationalization of Li Ning brand as an example, analyzes the internationalization of Li Ning brand from the perspective of history and clothing language, and clarifies the development context of the China-Chic hoodie of Li Ning brand. The paper also discusses the internationalization path of the China-Chic hoodie by using the communication regular of international fashion system.

Keywords　China-Chic; Hoodies; Internationalization; Path

13 博物馆里的"招财"猫：猫文创及其发展策略研究

马桂纯

博物馆里的"招财"猫：猫文创及其发展策略研究

马桂纯

摘　要　猫文创作为联系博物馆及其受众群体的纽带，具有巨大的消费市场及发展空间。本文通过分析国内外代表性猫文创产品及其品牌文化特质，发现强化 IP 形象与馆藏设计相结合的再设计、加强地域文化特色等手段将是一个行之有效的博物馆文创发展策略，可有效实现传统文化的创造性转化和创新性发展。希望本文研究能为未来相关文创产业的发展提供参考与借鉴。

关 键 词　猫咪经济；博物馆文创；猫文化

近年来，新媒体技术发展带来的"云吸猫"文化现象，进一步推动了"猫咪经济"的发展，猫咪经济也在博物馆的文创空间中掀起了一波消费热潮。笔者通过调研发现，"博物馆猫"成为连接观众与博物馆文化空间的纽带，博物馆猫文创也进一步成为人与博物馆文化之间联结的桥梁。在博物馆文创设计探索中，"博物馆 + 猫文化"的创造性转化与融合更凸显了博物馆的人文精神。

一、人类"吸猫"小史

大约一万年前，人类的身边已经有猫的身影。根据考古探究，人与猫的历史可以追溯到约一万年前地中海沿岸的新月沃地（Fertile Crescent），这时人与猫共葬的骸骨，意味着野猫已经开始被驯化。[1] 约公元前 2000 年，猫在古埃及被驯化，古埃及的猫地位极高，作为月亮女神巴斯特（Bastet）的化身而受到古埃及人的崇拜。古埃及有不少关于神猫巴斯特的工艺品，象征着拥有者的财富、身份和地位象征，享有来自神明的庇

马桂纯，女，北京印刷学院硕士研究生，研究方向为设计史论。

护，兼具审美和精神实用功能。古埃及神庙的壁画中存在众多猫的形象（图 1），猫作为一种圣像符号存在于古埃及人的生活当中。古埃及人甚至会将死去的猫制作成木乃伊（图 2），并以毛线球和老鼠作为随葬品。

根据记载，猫很可能是公元初年传入中国的，最晚在唐代时就已经到了妇孺皆知的地步。中国人养猫的历史可以追溯到秦汉。《庄子·秋水》记载："骐骥骅骝，一日而驰千里，捕鼠不如狸狌。""狸奴"一名在《韵府》可见："猫本狸属，故名狸奴。"

表现猫题材的画作可以追溯到唐五代，此时猫已经成了一种绘画题材。唐代画家周文矩《仕女图轴》中女性的身边便俯卧着一只圆胖的小狸奴。到了宋代，诗画中开始更加频繁地出现猫的身影。宋人爱猫，《宣和画谱》中表现猫的画约有 136 幅。宋代诗人陆游也是一个"猫痴"，写有《赠猫》："裹盐迎得小狸奴，尽护山房万卷书。"《十一月四日风雨大作二首》："溪柴火软蛮毡暖，我与狸奴不出门。"曹雪芹《红楼梦》写黛玉联句用"锦罽暖亲猫"，即用陆游此典。宋代，上至达官显贵、文人墨客，下至贩夫走卒，爱猫、养猫、画猫者甚多。从中国台北故宫博物院的《富贵花狸图》（图 3）到《冬日婴戏图》《宋徽宗真迹耄耋图》再到南宋的《狸奴小影》，我们可以窥得猫已经完全融入了宋人的生活之中。从宋徽宗的《猫蝶图》到明宣宗的《花下狸奴图》（图 4），猫已经成为古人生活中的一部分。

图 1　《内巴蒙捕禽图》壁画局部 古埃及 大英博物馆藏

图 2　猫木乃伊 古埃及 大英博物馆藏

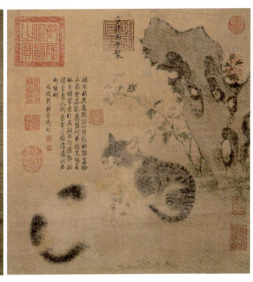

图3 《富贵花狸图》北宋 佚名
中国台北故宫博物院藏

图4 《花下狸奴图》明 朱瞻基
中国台北故宫博物院藏

在花鸟画盛行的明代，猫与蝴蝶的组合构成"耄耋"的吉祥寓意，被广泛运用在绘画中。据张道一先生考究，以"猫蝶"谐音"耄耋"，祝人寿考，见于北宋时期。《宣和画谱》中载有黄居寀、徐熙的《蜂蝶戏猫图》，将猫蝶合绘，既是一种生活情趣，又可借谐音寓意耄耋长寿。[2] 猫蝶图逐渐发展成一个固定的样式，猫画发展的过程也是中国古人"吸猫"历史的一个缩影。因明代皇帝甚爱猫，宫廷养猫的风气更盛。从弘治至万历年间，从朝堂至民间，猫成了各个阶层人士的爱宠。《红楼梦》《金瓶梅》等明清小说中也时常可以见到猫的身影。

中国历史上两次猫文化传播的高峰分别是在宋代和明代。最早刊刻关于猫的文章的是元代俞宗本（1332—1401）的《纳猫经》，其后有专著《猫乘》《衔蝉小录》及《猫苑》。这三本书不仅详细记录了古代猫的种类、习性、驯养方式等，还辑录了诗文、书画、小说以及俗语中的猫，可谓古代猫之百科全书，为中国古代猫文化研究提供了重要的史料依据。《猫苑》附录中的"相猫经"一节详细记载了古人"聘猫"的流程，分析评价了中国各种品类的猫，也说明养猫在当时已成潮流。古代有很多人家饲养猫以防鼠患，文人会"聘猫"来家中看护书卷，寺院僧人也会养猫看护佛院经书，可以说"吸猫"文化已经深深地扎根在人类的文化基因当中。

猫从埃及到欧洲再至中国，从中国又到了朝鲜、日本等地，与人类相处数千年，却似乎不曾被人类所驯服。猫因其美貌与独特个性受到众人的喜爱，踏遍了人类领土的每一个角落，在与不同地域的独特文化相结合，猫文化也有了不同的表现形式。由古至今，猫文化早已深入人心，而基于人类的"吸猫"文化史，以北京故宫博物院、观复博物馆、大英博物馆为代表的一些博物馆已经开始对馆藏猫文物进行文创设计与营销，猫文化成了博物馆品牌宣传的重要媒介。

二、博物馆猫文化：以故宫猫、观复猫、盖亚·安德森猫为例

（一）故宫猫

自紫禁城落成之日起，北京故宫内便开始有宫猫出现。最初宫廷为除鼠患而饲养猫，猫却凭其一之力"征服"了宫廷的主人。《明史》记载："嘉靖中，帝蓄一猫，死，命儒臣撰词以醮，袁炜词有'化狮作龙'语，帝大喜悦。"明朝嘉靖皇帝（朱厚熜，1507—1567）就是一个不折不扣的"猫奴"，他为爱猫"霜眉"在宫廷之中开辟了专门的"猫儿房"。爱猫有官名，有俸禄，有专人伺候。"霜眉"死后，他还令大臣为其写悼词，打造金棺，并葬于万寿山。明清皇室对猫的宠爱不止于"霜眉"，明清时期故宫中豢养的宠物大都过着养尊处优的生活。中国第一历史档案馆藏有清代道光年间记录宫廷宠物信息的档案《猫册》《犬册》（图5），档案为折件2册，用黄绫缎套装，名录上详细记述了清宫中宠物猫狗的名字、出生时间、死亡时间等信息。这些史料说明宫廷内豢养宠物实则有一套完整的流程。明清时期，宫中饲养最多、最受宠爱的动物就是猫。

如今，北京的故宫猫大都为流浪猫，也有一些是以前的宫猫后代。故宫猫群体有150~200只，它们长久住在故宫内，被人们认为与生俱来就有一种"皇家气质"。"故宫猫"更成为北京故宫博物院众多文创产品的一个重要分支，它们的身上带着浓厚的宫廷气息，有着深厚的历史底蕴。去故宫撸"御猫"打卡吸引了一大批爱猫观众，在网络平台更是有专门的猫咪宠物摄影师持续更新故宫猫动态，故宫猫的照片、视频在网络上同样收获了一大群粉丝。北京故宫博物院在其丰富的馆藏以及独特的猫文化基础上，将"故宫历史+猫文化"赋能于文创产品（图6），将可爱猫咪的形象与故宫元素相结合，拉近了观众与故宫之间的距离，在国潮文化备受关注的今天，也吸引了庞大的"吸猫"青年消费者。

图 5　《猫册》《犬册》清道光 中国第一历史档案馆藏

图 6　"故宫猫"系列摆件 北京故宫博物院文创

（二）观复猫

观复博物馆是中国第一家私人博物馆，于 1996 年由著名文物收藏家、鉴定家马未都创办。观复博物馆里也有一支"博物馆猫"队伍，由馆长马未都收养的流浪猫组成，几十只猫各有名号。由于博物馆充分利用信息时代的网络交互平台微博和微信公众号努力"营业"，观复博物馆及其"观复猫"逐渐声名远播。观复猫成为观复博物馆品牌推广的中心之一，看展览顺便"撸猫"成了观复博物馆爱猫观众行程中的必备内容。观复博物馆的猫根据其个性被安了各种职位，有"猫馆长""猫理事""猫秘书"和数量最多的"猫馆员"。"观复猫"是一个非常幸福的群体。在观复博物馆这个文化空间内，猫与博物馆之间是一种良性的互动：博物馆为猫提供了栖身之所，猫为博物馆吸引了一大批爱猫的参观者。

观复博物馆通过"观复猫 + 传统文化"的方式向大众推广博物馆文化，用猫文化构建青年群体与博物馆之间的桥梁，同时推广观复猫的文创衍生品（图 7）。观复博物馆较具特色的文创产品是"观复猫系列绘本"，在讲猫的文化历史、观复猫趣事的同时，也将中华优秀传统文化贯穿其中。在出版《观复猫：今朝有猫万事足》《观复猫：中国古画有玄机》《观复猫小学馆》《观复猫演义》等观复猫系列书籍之外，博物馆在 2020 年 7 月还举办了"好奇 Miao——观复猫钻进古画说起居"的特展。此外，受2022 年"元宇宙"热潮的影响，观复博物馆还于 2022 年 6 月 7 日在鲸探平台发售以古画为基础设计的数字藏品《观复猫琴》《观复猫棋》《观复猫书》《观复猫画》（图 8）各一万份，并于开售 15 分钟内售罄。以观复猫为媒介，采取互动游戏、讲座的方式来普及古画中家具的变迁历史，在低龄受众中尤受欢迎，在青年群体中也备受青睐。通过猫文化来讲故事，并以多种方式探索"观复猫 + 传统文化"的传播，可为博物馆的社会公益和社会美育打开一条道路。

（三）盖亚·安德森猫

作为世界四大博物馆之一的大英博物馆，与故宫、观复博物馆猫群体不同，其较

图 7　"观复猫"盲盒 观复博物馆文创

图 8　观复博物馆数字藏品 《观复猫画》

具知名度的猫文创产品的原型是盖亚·安德森猫青铜像（The Gayer-Anderson Cat，图9），也是大英博物馆的镇馆之宝——盖亚·安德森猫，因当年捐赠的军官盖亚·安德森（Robert Grenville Gayer-Anderson）而得名。

盖亚·安德森猫佩戴着黄金耳环和鼻环，脖子上戴着白银项圈和荷鲁斯之眼，被普遍认为是古埃及月亮女神巴斯特的化身。这件来自古埃及的青铜猫像，塑造了一个端庄典雅又惹人喜爱的猫的形象，是古埃及猫崇拜的见证物，也是古埃及艺术的一件经典杰作。作为古埃及很受欢迎的女神之一，巴斯特通常以猫的形象出现。正如前文所提，无论是故宫猫还是观复猫，似乎都不及大英博物馆的盖亚·安德森猫背后的历史悠久。而且，基于知名馆藏文物设计的产品更加接近文创的本质，更容易引起消费者的共鸣，其背后的文化内涵更容易被消费者所接受。此外，大英博物馆的"盖亚·安德森猫"IP（intellectual property，知识产权）有北京故宫博物院和观复博物馆目前的猫文创产品所不具备的唯一性，所有文创产品都围绕"盖亚·安德森猫"这唯一的古埃及青铜塑像而衍生（图10）。其强烈的IP指向性让大英博物馆的猫文创有了更强烈的"圈粉"性质。

猫文化为博物馆文创品牌带来了更多价值，上述三个博物馆因受众群体、喜好及购买力的定位各有不同，直接影响了其推出的猫文创产品的类别。北京故宫博物院文创天猫店和淘宝店的产品定位分别是"紫禁城生活美学""来自故宫的礼物"，故宫文创更多地侧重于中华优秀传统文化相结合，以"故宫猫＋文物"的组合推出了许多有吉

图9　盖亚·安德森猫青铜像 古埃及 大英博物馆藏　　　　图10　盖亚·安德森猫 IP 形象 大英博物馆

祥寓意的猫文创产品（图11）。观复博物馆猫文创的设计策略同样是将观复猫拟人化，但更多地侧重美育，"与古人对话·与文化同行"是观复博物馆的定位。观复博物馆天猫旗舰店以观复猫为媒介，向社会传播美育文化。大英博物馆的定位为"世界的博物馆"，它在埃及文物的基础上，将盖亚·安德森猫的形象融入各种"萌"系文创产品之中（图12）。在基于猫文化的文创产品开发中，各博物馆也因地域和文化特性的不同，对猫文化有不同的创造性转化。

图11 "宫猫纳福"卷卷贴纸 北京故宫博物院文创　　图12 盖亚·安德森猫书签 大英博物馆文创

三、猫咪经济与猫文创的兴起

人们对猫的喜爱与日俱增，带来了"猫咪经济"的崛起。"猫咪经济"一词最早在日本被提出，其理论的核心为：只要有猫，就会带来利益。在数字经济时代，越来越多的人通过数字平台"云养猫""云吸猫"，进一步建立起博物馆猫在青年群体中的欢迎度和影响力。基于猫文化的博物馆猫文创，更容易拉近消费者与博物馆之间的距离，加强吸猫消费群体博物馆品牌的认可度，并将其转化成对博物馆猫文创的消费。

猫文化传播的背后是一种"移情现象"，指的是心理学中主体在观察外界事物时，将情感移置于对象之中，使对象仿佛也具有感觉、情绪、意志、思想和活力这样一种心理活动。猫咪经济售卖的是青年群体与猫文化之间的情感联结，猫文创正是青年群体的"移情目标"。越是"无价值"的事物，越需要人付出更大的价值去购买，博物馆的猫文化贩卖的不仅仅是产品本身，还有文创产品背后的猫文化以及精神审美需要。与"云吸猫"相呼应的"猫咪经济"迎合了青年文化中对低价位和情感符号的渴望，并驱动人的情感做出消费选择。

艾瑞咨询 [3] 2021年5月发布的《中国宠物消费趋势白皮书2021年》数据报告显示：受政策规范、经济发展、人口结构变化及技术进步等因素的影响，国内宠物行业规模快速扩张，进入了有序增长的稳定成熟期。[4] 宠物被更多地赋予情感角色。随着数字信息化发展和物联网技术进步，猫咪经济市场可能会有更广阔的发展前景。所以，猫咪经济飞速发展，其现象背后是一种情感慰藉的需要。购买猫文创实际上是一种"云吸猫"行为的延伸。"吸猫"是青年人的一种社会情绪的体现，是对焦虑的抵抗和想要被"治愈"的渴望。[5]

四、猫文化在博物馆文创中的意义

猫文化既是地域的，也是世界的。在跨文化的交流中，以猫文化为媒介，以猫工艺品及猫文创为载体，可以实现不同地域文化之间的交流、碰撞与融合。17世纪时期，"中国热"在欧洲悄然兴起，欧洲贵族社会掀起了追捧中国瓷器的风尚。基于欧洲对中国瓷器的追捧与动物图腾的喜爱，欧洲向中国订购了数量庞大的动物外销瓷订单，其中就有许多以猫为题材的陶瓷工艺品。此外，中国苏绣中的双面绣猫也在跨文化交流中起到了重要作用，中国工艺美术大师顾文霞一直致力于苏绣的学习与钻研，琢磨和体会绣猫要领，在观察猫和读懂猫的基础上，尝试如何进一步把猫绣得活灵活现，呼之欲出。1954年，顾文霞成为第一个跨出国门、为国际友人表演绣艺的双面绣能手。她在英国伦敦国际手工艺品及家庭爱好品展览会上的现场苏绣猫表演引起了一片赞誉，她的作品也成为苏绣猫的代表作，在国际范围内传播，深受人们喜爱。

猫工艺品是猫文化的载体以及猫文创设计的重要来源。在探究猫工艺品的发展过程中，我们可以发现不同地域的猫工艺品有不同的表现形式与文化内涵。如中国文人画中的"小狸奴"与古埃及壁画中的"贝斯特"有着不同的表现形式与文化内涵。基于猫文化中的猫崇拜，中国的"屋脊神兽"与西方的"巴斯特女神"也有着明显不同的材质、造型以及文化内涵（图13、图14）。因此，以猫为题材的博物馆文创大有可为。因消费者对博物馆历史和地域文化的认同，加之猫文化在中华优秀传统文化中独具的吉祥寓意，更加显现深远的民族情怀。

图 13　云南大理白族瓦猫 潘鲁生民艺馆　　　　图 14　青铜猫雕像 公元前 664—前 610 年
　　　　　　　　　　　　　　　　　　　　　　　　　　法国巴黎罗浮宫博物馆藏

五、博物馆猫文创设计策略分析

　　北京故宫博物院、观复博物馆的猫文创宣传设计是相似的，都是基于"真实存在"的猫，加之博物馆历史文化地域以及品牌的影响力，针对吸猫群体进行推广。所以，这两个博物馆的消费者更多地集中于中国本土甚至是博物馆附近的观众，其传播的地域有限。与之相对，大英博物馆的猫文创竞争力是极强的。大英博物馆猫文创的来源是其"明星藏品"，它对猫文创的宣传也更侧重于藏品的文化底蕴，介绍其猫文创的灵感来源为"大英博物馆的镇馆之宝""古埃及艺术的经典之作"。通过设计与推广，盖亚·安德森猫文创在国内已经有了不低的知名度，以及与故宫猫文创相抗衡的销量。

　　大英博物馆的盖亚·安德森猫在国内营销是猫文创实现国际性传播的一个成功案例。而其设计策略主要体现在博物馆猫形象 IP 化、猫文创系列化以及线上线下联动发展这三点上。

（一）博物馆猫形象 IP 化

　　在盖亚·安德森猫青铜像"贝斯特猫神"形象的构建中，古埃及人通过在猫的写实的具体形象的基础上叠加象征神权与地位的乌塞赫宽领、荷鲁斯之眼与圣甲虫符号，强化了其宗教信仰的光环。也就是说，古埃及人通过叠加这些有神权信仰指向的装饰元素，来达到"赋魅"的目的。但是在构建博物馆猫形象时，它将这些以及已经设计的元素进行再设计，在不失其地域性特征的基础上，塑造了一个人见人爱的"安德森猫"形象（图15），并大量运用到文创设计当中。安德森猫的设计与大量生产，则是一个"祛魅"的过程。从对安德森猫IP形象的设计转化中，从贝斯特神猫信仰光环的弱化与娱乐化中，我们可以窥得宗教信仰世俗化的过程，以及博物馆文化更加贴近生活，更加大众化的过程。正是这样的猫崇拜光环的大众化，让博物馆猫走进了大众的生活当中，吸引了更多喜爱博物馆猫文创的消费群体。

大英博物馆的盖亚·安德森猫文创设计在获得经济效益的同时，也实现了地域猫文化的国际化传播。具体的博物馆猫IP形象也让博物馆猫文创有了强烈的指向性，消费猫文创的过程也能够逐渐增强消费者对博物馆品牌文化的认同，以及"安德森猫"粉丝之间的群体文化认同。

（二）博物馆猫文创系列化

在推广博物馆猫形象IP的同时将猫文创产品系列化，是推动博物馆猫文创传播的重要途径。截至2022年8月8日，大英博物馆旗舰店内"盖亚·安德森猫系列"文创共有258件，包括居家生活、香氛礼品、衣服配饰、文具用品等多种，其猫文创种类和数量都远高于北京故宫博物院及观复博物馆。以一个成功的IP带动其他产品也是大英博物馆猫文创的发展策略之一。在旗舰店的宣传中，它以"我还有一些朋友"为宣

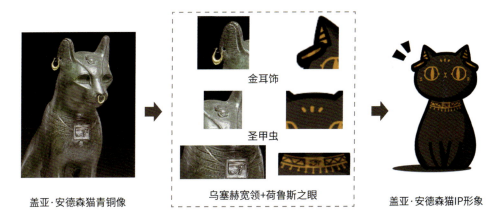

盖亚·安德森猫青铜像　　　　金耳饰　　圣甲虫　　乌塞赫宽领+荷鲁斯之眼　　　　盖亚·安德森猫IP形象

图15　大英博物馆安德森猫IP设计元素分析

传语，对馆藏其他古代埃及神像如拉（Ra）、荷鲁斯（Horus）、凯布利（Scarab）、索贝尔（Sobek）、阿努比斯（Anubis）系列文创产品进行推广。在系列化的基础之上，大英博物馆还将包括安德森猫在内的古埃及众神与知名的 IP 联动并推出新的产品。大英博物馆与 Hello Kitty 联动设计的形象也被应用于文具、饰品、日用品等多类产品之中。

究其原因，与博物馆的文创规模与品牌定位有关。前已述及，北京故宫博物院作为中国最大的古代文化艺术博物院，其文化产业涉及出版、影视、游戏、文创产品等多个方面，博物馆猫文创只是其中的一个分支，设计力度上投入明显不如大英博物馆。观复博物馆的宣传定位是"与古人对话·与文化同行"，所以其产品更多地倾向于美育与出版事业，且其漫画、绘本的消费群体偏向低龄化，猫文化推广侧重于大众美育。因此，如果想实现博物馆猫文创的更广泛传播与认可，在打造博物馆猫 IP 的基础上还需要在产品设计上加大投入力度，丰富猫文创产品的种类以及数量。最后，猫文创产品的设计还应考虑其实用价值，只有兼具审美和实用的设计，才能让博物馆猫文创持续发展。

（三）线上线下联动推广

博物馆中的文创商店是观众进行文化消费的重要空间。根据统计，在法国每 3 名文博机构的游客至少会有 1 名在艺术衍生品商店停留，停留的游客每 4 名中至少会有 1 名购买衍生品。[6] 在中国，游客购买博物馆艺术衍生品的频次低于海外的博物馆。在博物馆文创空间的建设上，中国的博物馆还有很大的上升空间。

大英博物馆中国市场的文创推广主要依靠网络平台，但消费者的线下购物体验仍然不能被线上网络购物完全取代，所以线上线下的联动推广，是博物馆文创发展策略中的重要手段。MUSEUM & MORE 是全球首家以自营博物馆 IP 为主的设计集合店，这样一家"全球博物文化体验店"集合了包括大英博物馆、大都会艺术馆、V&A 博物馆、波士顿美术馆、英国国家美术馆在内的五家全球知名博物馆的文创产品，为消费者提供了一站式的博物文化体验，也为外国博物馆文创开拓中国市场提供了空间。

大英博物馆猫文创设计策略的重点在于抓住一个具有深厚文化底蕴的馆藏文物，如其明星馆藏文物盖亚·安德森猫青铜像，在具有强烈地域特色以及文化价值的基础上，通过设计与打造 IP 形象，并将其广泛应用于各类产品之上，扩大地域文化的影响力，同时也让大英博物馆猫文创的设计在国际范围内具有广泛的传播力与认同度。北京故宫博物院、观复博物馆的猫文创有其独特的文化内涵，并根据博物馆的文化特色提出有创造性的猫文创发展策略，但其猫文创 IP 形象的塑造力度还不够强。相比之下，大英博物馆的猫文创已经通过设计实现了国际化的传播，并能够成为猫文创国际化设计传播的典型范例。这为中国的博物馆猫文创推广提供了借鉴策略。如果中国的博物馆在其文化、馆藏基础上深挖，打造具有强文化属性与强指向性的博物馆猫 IP 形象，围绕 IP 形象进行单品深挖，形成系列化的猫文创产品，并采取线上线下联动的模式，则能够进一步推动猫文创实现国际范围的传播。

在博物馆猫文创的发展过程中，我们可以窥得古代中外猫文化与现代工艺的结合，并因地域特征差异有着不同的表现，带来不同文化之间的交流与融合。猫文创作为博物馆文化衍生品，能够拉近人与博物馆文化之间的距离，将艺术品大众化，也让博物馆文化更加亲近生活。作为一种备受喜爱的文创题材，猫文创为社会带来文化效益的同时也产生了经济效益，在传播文化的同时还推动了经济的发展。博物馆的猫文创来自对传统历史文化、传统工艺品的创造性转化。立足猫文化，不同博物馆的猫文创因其地域文化特色而有不同的发展策略。博物馆可以通过馆藏文物与猫文化结合的再设计，让文创产品能够体现更强烈的地域文化特色，实现更为广泛的传播力与认同度。在消费者群体的基础上，博物馆还需要加强猫文创建设，强化博物馆猫 IP 形象，通过设计与推广，让猫文创获得更广泛的认同。

注 释

[1] KITCHENER,STEPHEN J. O'BRIEN. The Taming of the Cat[J]. Scientific American,2015,24:67.

[2] 张道一 . 吉祥文化论 [M]. 重庆：重庆大学出版社 ,2011.366.

[3] 上海艾瑞市场咨询有限公司，品牌属于中国新经济与产业数字化洞察研究咨询服务领域，提供行业分析、数据洞察、市场研究、战略咨询及数字化解决方案等服务。

[4] 艾瑞咨询系列研究报告 . 中国宠物消费趋势白皮书 2021 年 . 中国会议 [J].2021(5):3.

[5] 王畅 . 乌有之猫："云吸猫"迷群的认同与幻想 [D]. 杭州：浙江大学，2018.

[6] 黄蔚 . 对北京故宫艺术衍生品热卖的思考 [J]. 艺术科技 ,2016,29(11):139.

"Fortune" Cats in Museums: Research on Cultural and Creation of the Cat and its Development Strategy

Ma Guichun   Beijing Institute of Graphic Communication

Abstract This paper argues that the creation of the cat is a link between museums and their audiences, and has a huge consumer market and room for development. Through the analysis of representative cultural and creative products of the cat and their cultural characteristics at home and abroad, the author finds that strengthening the redesign of IP images in combination with the design of the collection and strengthening regional cultural characteristics will be a proven strategy for the development of museum cultural creation, which can effectively realise the creative transformation and innovative development of traditional culture. It is hoped that this study will serve as a reference for the future development of related cultural and creative industries.

Keywords Cat economy; Museum cultural and creative products; Cat culture

14 | 黎侯虎文创产品的国际化发展策略思考

穆佳雪　张新沂

黎侯虎文创产品的国际化发展策略思考

穆佳雪　张新沂

摘　要　黎侯虎是集多种民间艺术于一身、地域特色鲜明的山西民间手工艺品。本文梳理和分析了黎侯虎的文化背景、艺术特色和发展现状，探讨如何在保留其传统文化特色和内涵的同时推动其国际化发展。研究发现，加强人才队伍建设，探索文创设计创新方法，政府与企业多方联动，以及强化黎侯虎品牌 IP 等策略和方法，可以不断推进黎侯虎的国际化传播与发展。

关键词　黎侯虎；文创；国际化；发展

黎侯虎是地域特色鲜明的山西民间手工艺品，集黎城民间剪纸、刺绣、面塑、书画等多种艺术于一体，有护生驱邪、镇宅安家等寓意，蕴藏着丰富的历史传说、民俗信仰与审美观念，被誉为"中华第一虎"。在全球化的进程中，黎侯虎如何在保留中华优秀传统文化特色和内涵的同时，通过设计与开发，不断推进国际化的传播与发展，助力中华优秀传统文化的推广，是一个值得深入研究的重要课题。

一、黎侯虎概况

（一）黎侯虎的地域文化背景

由靳家街古文化遗址的考古挖掘可知，距今 4700—6800 年前，人类祖先就已经在处于太行山腹地的黎城生产、生活。2006 年，黎城县发现的西周时期黎侯墓群（图 1），证实黎城的可考历史长达 2700 年。黎侯墓群出土了青铜器、玉器、陶器等一大批西周时期的珍贵文物，其中有一对青铜壶和一只青铜鼎上面分别铸有"黎侯宰赢作宝壶永用"

穆佳雪，女，天津科技大学硕士研究生，研究方向为非物质文化遗产。

基金项目：2021 年天津市研究生科研创新项目"乡村振兴战略背景下黎侯虎的创新发展研究"（项目号：2021YJSS041）。

和"黎宰中考父作季始宝鼎其子子孙孙享用"的铭文（图2），佐证了黎城乃黎侯国所在地。特别是在发掘过程中还出土了一件玲珑剔透的玉石虎符（图3）。关于玉石虎符的说法之一是，该玉石虎符是商王朝颁发给各诸侯国作战时调集兵马粮草的最高信符。在周文王发动"西伯戡黎"战争中，真正的玉石虎符被周文王派人盗走。古老而强悍的黎国被周文王打败后，为了缅怀黎侯国将士，百姓开始仿制玉石虎符加以珍藏，由此"虎"便成为黎城人崇拜的图腾。直到周武王即位后，他才将真的玉石虎符归还给黎国，重新分封了黎侯并恢复黎侯国建制。后来，民间逐渐衍生出黎侯布老虎手工艺品，并传承了近两千年。

（二）黎侯虎的艺术特征

黎侯虎（图4）经过两千多年的民间传承与演化，早已成为民间"虎"文化的一个杰出代表。它具有以下三方面的显著特征。

1. 造型憨厚朴实

黎侯虎造型简约，重点表现老虎的"神"，而非"形"。从正面观察，黎侯虎的外形接近三角形，四肢稍大于头部，因此整个造型带有粗、短、胖的三个典型特点，反映出黎侯虎的健硕敦厚。虎足边缘饰有印章"心"字样，头微隆起，额头正中有一黑色的"王"字。身体两侧粘有黑色旋风状的纹饰，表现出动物皮毛生长的规律。黎侯虎面部采用抽象夸张的表现手法，眼睛似桃形，炯炯有神；鼻像叶子，憨态可爱；嘴巴微张，露出白牙，吐着舌头，带着幼童稚嫩可爱的味道。黎侯虎无尖角、硬刺，这符合孩童玩具共有的造型原则，也显现出一种简约美和质朴美。[1] 它体现了民间艺术朴实天真的特

图1　西周黎侯墓群 2013 年　　　　　图2　青铜器铭文记载 2013 年　　　　　图3　玉石虎符 2013 年

图 4 黎侯虎 2021 年

征和中原地区淳朴憨厚的民风。

2. 色彩对比强烈

在色彩方面，黎侯虎以传统的黑、红、蓝、白、黄五种色彩为主，具有很强的装饰意义。红色和黄色是民间常用来传达吉祥喜庆和庄重威严的色彩。根据传承人介绍，最开始黎侯虎是黄红搭配，头部和身体大面积使用黄色布料，腹部和下颚部分使用红色布料。后来，人们觉得红色更有震慑压制、辟邪的民俗作用，遂出现了红黄搭配、红色占大面积的黎侯虎。黎侯虎的面部色彩丰富；眼睛呈桃形并由红、白、黑三种颜色剪裁后逐次叠加，以长平针法和盘针法装饰睫毛；眉毛用群青和淡绿绸缎进行装饰，鼻子选用墨绿色布料进行立体的缝制和填充，再通过长平针法刺绣而成；双耳由黄色的布料包裹呈喇叭形，并在中间绣上红色丝线[2]，具有强烈的装饰意味和民族特色。

3. 制作工艺多样

山西黎侯虎的造型分为二维与三维两个层面，集黎城民间剪纸、书法、刺绣、草编、面塑等艺术于一体。黎侯虎整体造型是三维立体的，与面塑造型表现有异曲同工之妙；足部心形纹饰的造型是由书法艺术的"心"字演变而来；躯体上的纹理装饰及面部是二维的，纹样采用剪纸技艺粘贴而成；面部的造型则是采用草编及刺绣的艺术形式来呈现。其制作步骤主要分为四个阶段：（1）准备材料；（2）裁剪虎身及花纹饰；（3）填充虎身；（4）缝制黎侯虎的面部造型及虎尾。

（三）黎侯虎的民俗寓意

黎侯虎文化内涵深厚，民俗特色鲜明。首先，黎侯虎象征护生。在黎城百姓的民俗文化中，黎侯虎可以庇佑儿童健康成长。当孩子出生满一个月时，他／她会收到家里长辈送出的黎侯虎，将老虎置于孩子的枕头旁，虎头对着孩子，黎侯虎便会守护孩子健康成长。其次，黎侯虎象征繁衍。黎侯虎脊背上的纹饰还蕴含着阴阳文化，有生殖繁衍、生生不息的寓意。黎侯虎在制作时就会将虎脊分出阴阳，凸出的纹饰为圆头便是公虎，突出的纹饰为方头则是母虎，以此来辨别雌雄。因其有着生命繁衍的寓意，所以在新人结婚时，人们也会送上一对黎侯虎以表祝福。随着现代社会世俗文化的发展，人们不再为争取基本生存条件而活，黎侯虎被赋予了更多的吉祥意义。在黎城百姓的民俗生活中，黎侯虎是不可或缺之物。婚礼嫁娶、开业乔迁，黎侯虎都是必备礼品。当地方言"虎""福"谐音，目前公认有镇宅驱邪、赐福增寿、安家生财三大民俗功效。

二、黎侯虎的保护、传承和生产现状

（一）黎侯虎的保护与传承

1998 年，黎侯虎被选为虎年生肖邮票图案。2008 年，黎侯虎成功入选了第一批国家级非物质文化遗产名录。

为了加大对黎侯虎的传承和保护力度，文旅部门组织相关人员深入基层全面系统地开展普查工作，建立了黎侯虎档案数据库。同时，摸清了黎侯虎产生、发展的历史沿革，收集整理了关于黎侯虎的历史资料，掌握了黎侯虎传统制作技艺的民间老艺人情况并建立了传承人档案。2012 年 6 月，建成设有传习功能的标准化、规范化的黎侯虎博物馆。黎侯虎博物馆以实物、图片和实景再现的形式展示黎侯虎的演变过程、文化内涵、传承发展。目前，馆内现存有大小不一、形态各异的黎侯虎产品一百多件。

截至 2021 年，黎侯虎的创作主体仍然是以妇女为主的黎城百姓和黎侯虎传承人。由于其烦琐复杂的手工技艺，以及传统的表现形式无法引起年轻群体的兴趣，黎侯虎的研究创作人才稀少。在黎侯虎的推广与传播过程中，专业创作人才的不足导致其发展停滞不前，尤其是缺乏国际化的宣传与推广。

（二）黎侯虎相关产业及生产规模

截至 2021 年 9 月，与黎侯虎相关联的企业有三家。

2008 年，省级传承人李小梅创办了黎城县红岩民俗工艺有限责任公司，注册资本 200 多万元。它主要涉及国家级非物质文化遗产——黎侯虎传承与生产的研究，以及黎侯土布、鞋垫、布鞋、拖鞋、根雕、剪纸、草编等传统民俗艺术品的制造、加工与销售。从业人员有 150 余人，年产各种手工艺品 3 万余件，倾力打造了富有地方特点的民间文化产业。产品在北京、天津、深圳、上海、广州等国内城市销售情况良好，而且远销海外。

乔老憨家纺创始于 2003 年，2007 年注册为黎城乔老憨家纺棉制品有限公司，占地面积 8000 平方米，共有 4 个分厂，现有固定职工 108 人，公司加农户 300 多人。它致力于"黎侯文化"的发掘、保护与传承，结合现代生活需求，谋求多元化发展，依托黎侯虎历史文化特色，继承传统技艺，坚持"1+N"生产模式，走"一村一品"的专业化道路，从馆藏非遗中汲取灵感研发文创产品，让底蕴深厚的黎侯虎文创产品与中外游客见面，促进黎侯虎手工艺品的传播与推广。

黎城鸿宇农民种植专业合作社成立于 2011 年 9 月，是一家集种植、手工艺品加工与销售于一体的农村专业合作社。现有社员 34 人，主要加工销售黎侯虎及相关民间工艺品。年产布老虎 2 万余只，十二生肖、绣球等挂件 1 万余件，产值 80 余万元。产品销往长治、太原、北京等地。

现有经营黎侯虎相关产业的公司大都规模较小，且没有跨国、跨界联合经营。

（三）黎侯虎衍生产品

受限于设计创意能力，黎侯虎相关的衍生产品和文创产品并不多。前者有彩雕黎侯虎、石刻黎侯虎、印章黎侯虎、剪纸黎侯虎等，后者则包括有黎侯虎形象的一些日用品，如太阳帽、书包、钱包、手套、枕头等。目前，黎侯虎文创产品及衍生产品的设计还停留在表层阶段，只是简单地复制黎侯虎模型或将黎侯虎图案印制到一些小产品上，产品设计缺乏创意，也没有充分挖掘其文化内涵。黎侯虎省级传承人李小梅在 2021 年 7 月与 B 站二次元 UP 主天衣阁跨界融合设计了黎侯虎虎头帽。除此之外，黎侯虎的跨界联合产品寥若晨星，融入国际元素的产品也有待开发。

三、策略与路径

（一）加强文创人才队伍建设

创作人才是黎侯虎文创产品国际化发展的重要保障。目前黎侯虎的创作主体过于局限，应当培养以黎侯虎为主的高校学生设计群体，加强与高校艺术专业的合作，将山西黎侯虎引进高校课堂，带领学生充分挖掘黎侯虎的文化内涵，开拓思维，鼓励学生创作，举办各种各样的交流学习活动、创意大赛以及学生作品展览。同时，做好高校设计人才综合素质的培养，不仅要涉猎现代设计、人文历史、市场偏向、消费者心理等领域知识，更要走出校园，走进作坊，参与实践，在丰富的生活中寻找创意来源。

除了培养黎侯虎制作人才与黎侯虎创意设计人才处，还应当培养黎侯虎文创产业经营管理人才，定期进行国外考察、产业推进及设计业务交流，通过交流提高黎侯虎国际发展人才的综合能力和国际化水平，完善黎侯虎国际化发展人才培养体系。

还可以成立黎侯虎文化设计公司，联合知名设计师等进行黎侯虎文创产品的国际化推广。以大英博物馆为例，大英博物馆有独立的设计团队，团队由9个部门组成，分别负责采购、设计、生产等工作。黎侯虎的生产公司也可以成立设计团队，或者和文创设计公司合作交流，形成一条包括市场调研、设计开发、生产销售等环节在内的产业发展道路。

（二）探索文创设计创新方法

黎侯虎现有的表现和创作形式还处于传统阶段，国际化产品设计应当结合市场需求和消费者偏好，将国际元素和黎侯虎的艺术特征进行融合开发，从而推动黎侯虎的国际化发展。

1. 寻求地域性与国际化的结合点

黎侯虎的国际化产品设计需要寻求地域性与国际化的结合点。国内外的差异体现在方方面面，就产品来说，主要表现为文化及审美的差异。因此，黎侯虎的国际化发展必须首先拉近它与世界的距离，在创作过程中加入国际元素。以大英博物馆入驻中国为例，大英博物馆将IP授权给中国设计公司进行开发设计，以满足中国市场需求。在大英博物馆天猫旗舰店中，我们可以看到许多产品巧妙地结合了中国元素，如盖亚·安德森猫的牛年礼盒（图5）、礼品袋（图6）、红包套（图7）、福袋刺绣（图8）等。这些产品在保持大英博物馆本身文化特色的情况下融入中国元素，使得中国消费者更容易接纳和吸收，促进产品销售的同时也让中国消费者知道了大英博物馆文创产品携带的文化内涵，完成了文化输出。黎侯虎的国际化发展可以借鉴大英博物馆这一案例，结合国际审美与文化进行创作，紧跟潮流。

图 5　大英博物馆牛年摆件　2021 年　　　　　图 6　大英博物馆礼品袋　2021 年

图 7　大英博物馆牛年红包　2021 年　　　　　图 8　大英博物馆福袋　2021 年

2. 融入情感因素

黎侯虎的文创产品设计中可以适当融入情感力量。不同地区的文化虽有差异，但根植于文化深处的思想和情感是全人类共通的，设计师可以挖掘并在产品中植入这种情感。以大黄鸭（图 9）为例，它诞生于 2007 年，截至 2018 年，先后在全球 12 个国家展出，火爆全球。大黄鸭的出现使得人们想到幼时陪伴自己的小橡皮鸭，从而勾起许多童年回忆。这种感同身受的情感因素使得大黄鸭受到追捧。黎侯虎有庇佑儿童健康成长、镇宅驱邪等民俗寓意，如何将这些寓意作为创意点来展开设计，使产品获得一种普遍的情感认同，是黎侯虎文创产品可以努力的重要方向。

3. 结合现代科技

黎侯虎的国际化产品设计需要借助现代科技的力量。随着世界进入数字化时代，科技创新对现代社会的精神和物质发展产生了巨大的影响，也为黎侯虎的国际化发展提供了重要机遇。以故宫博物院于 2019 年举办的《宫里过大年》（图 10）数字沉浸体验展为例，它引入手势识别、动作捕捉等新一代数字交互技术，重构了《乾隆帝岁朝行乐图》等传世名作。人们能够通过挥动手臂的方式与画面内容交互，数字交互设备能够即时读取人们挥舞手臂的动作，以此动态调整堆雪狮子的速度与频率。[3] 由此可见，科技的交互能够调动人们的积极性。将科学技术与黎侯虎结合起来，能够改善目前黎侯虎产品设计未被挖掘的互动环节，引起人们的兴趣，从而促进黎侯虎的国际化发展。

（三）政府与企业多方联动助力

黎侯虎的国际化发展需要政府、企业、文化协会传承人和民众等各方力量的共同配合，各司其职完成工作，积极沟通促进发展。

充分发挥政府的服务功能，加强宏观调控，整合和配置黎侯虎的资源要素，成立文化产品专项调研组，了解黎侯虎文创产品国际化发展的需求，关注国际市场的新信息；加大对黎侯虎文化产业国际化的政策支持，鼓励并引导社会各界力量积极参与黎侯虎文化品牌的国际化工作，进一步发挥行业组织功能，积极引导社会力量合理合法地使用黎侯虎资源。

黎侯虎相关企业应当紧跟政策引导，积极地与政府相关工作人员沟通，洞悉市场发展趋势，通过跨界融合、跨国合作等方式提高黎侯虎的国际知名度，通过投资、并购等资本运作方式形成大规模的黎侯虎文化产业链，打造黎侯虎国际化的经济发展空间。

此外，政府部门和相关文化协会可以积极举办黎侯虎相关设计大赛、手工艺创作

图 9　大黄鸭 2007 年

图 10　《宫里过大年》展览 2019 年

大赛等，促进黎侯虎的国际化发展。同时，加大市场宣传力度，通过媒体渠道、直播平台、国际或地方交流展会、国际化非遗博览会、夏令营等多种渠道集中展示黎侯虎的优良形象与发展成果，宣传黎侯虎的文化内涵、价值意蕴和相关产品，全方位展示黎侯虎的独特魅力。

非遗传承人也可以展示黎侯虎的制作技艺，开设黎侯虎制作手工艺课程，多渠道全方位地宣传黎侯虎。

（四）强化黎侯虎品牌 IP

品牌是一种产品、一个企业进入国际市场的重要保证。在信息时代和"眼球经济"快速崛起的宏观语境下，品牌具有的意义已经超越单纯的商标和标志。[4] 黎侯虎要拓展国际发展空间，就应当提升品牌意识，强化品牌 IP。

首先，应当找准黎侯虎在国际市场中的独特定位，深入挖掘黎侯虎的文化背景、社会关系，从黎侯虎的独特性出发建设黎侯虎品牌。黎侯虎本身就是独特的地域符号，加之它大多由当地妇女缝制，将黎侯虎独特的符号与妇女精湛的制作技艺联系起来，可形成极具特色的品牌形象（图 11）。强化黎侯虎的品牌 IP，开拓黎侯虎的产品种类，能够使其不再局限于手工艺品的制作，从而构建黎侯虎国际化产品体系，推动黎侯虎的国际化发展。

其次，在黎侯虎传统的生产、销售和传播方式的基础上进行思维转换，借助现代科技的力量推动黎侯虎品牌的打造，形成国际化的生产、销售和传播方式。在生产、销

图 11　黎侯虎品牌构建示例 2021 年

售方式上，通过提升黎侯虎的地域性及文化内涵，形成独特的品牌文化价值，建立黎侯虎品牌形象识别系统。同时，加快黎侯虎与科技、旅游、动漫、美妆等行业的跨界融合，用品牌带动和拓展文化产业链。在传播方式上，要考虑黎侯虎的文化差异，做好调查研究，深入了解传播对象；充分利用新媒体技术，拓展传播途径，以视频、海报等更加明快的方式进行黎侯虎的国际化传播；鼓励社会力量加入，推动黎侯虎的国际化传播；大力加强国际本土化建设，更好地实现信息落地、贴近受众，借助成熟的海外视频网站、社交媒体平台，加快融入国际的步伐，使得黎侯虎能够更好地在国际环境中传播。以走红海外的李子柒短视频传播为例，在选材上，李子柒的视频通常在乡间小院拍摄，展示了中国悠然的农村生活，传达了人与自然和谐相生的理念。拍摄内容包含了衣食住行等方面，通过展现日常生活拉近了与观众的距离。一些中国传统工艺的展示也引起了海外观众的兴趣，充分发挥了个人作为主体的传播力量，完成了中华文化的对外输出。

在漫漫的历史长河中，黎侯虎承载着一代又一代黎城人的精神信仰和文化传承，超越其本身的存在而成为一个文化符号。把握全球化的机遇，推动黎侯虎的国际化发展，可以有效改善黎侯虎的发展现状，也为其他非物质文化遗产提供一条发展思路。黎侯虎的国际化发展应当加强人才队伍建设，建立黎侯虎国际化发展人才体系；探索文创设计创新方法，开拓黎侯虎国际化发展的多元途径；政府与企业多方联动，助力黎侯虎品牌国际化发展进程；强化黎侯虎品牌 IP，推动黎侯虎的国际化品牌传播。

注 释

[1] 黎城藏瑰宝布艺传久远 [J]. 山西老年 ,2017(4):12–13.

[2] 杨恩举 . 布艺黎侯虎的艺术特征及其传承发展 [J]. 山西档案 ,2017(5):153–155.

[3] 高旭 . 中国传统绘画衍生的数字媒体艺术作品研究 [D]. 太原 ： 太原理工大学 ,2019.

[4] 蒋多 . 我国非遗的国际化路径探析——基于生产性保护理论与实践的视角 [J]. 遗产与保护研究 ,2016,1(1):84–89.

图片来源

图 1–3. 黎侯虎传承人

图 4. 天津科技大学非遗研究中心

图 5–8. 大英博物馆官网

图 9–10. 网络

图 11. 作者自绘

Insights on the Internationalization Development strategy of Li Houhu cultural and Creatroe Products

Mu Jiaxue   Zhang Xinyi   Tianjin University of Science and Technology

Abstract Li Houhu is a Shanxi folk handicraft with distinctive regional characteristics and a variety of folk arts. This paper combs and analyzes the cultural background, artistic characteristics and development status of Li Houhu, and discusses how to promote its international development while preserving its traditional cultural characteristics and connotation. The study found that by strengthening the construction of talent team and exploring innovative methods of cultural and creative design, the strategies and methods of the government and enterprises to strengthen the Li Houhu brand IP can continuously promote the development of the international communication of Li Houhu.

Keywords Li Houhu; Cultural and creative products; Internationalization; Develop

15 | 插画系列《首尔胡同》的创作过程

[韩]金炳珍

插画系列《首尔胡同》的创作过程

[韩] 金炳珍

摘　要　本研究是关于《首尔街道》插图系列的创作。首尔是过去和现在并存的城市，从朝鲜时代开始，经过日据、战争、产业化巨变等，留下了大大小小且随处可见的痕迹，因此了解韩国文化的内涵，首尔有着不可或缺的地位。本文以首尔各类街区典型的视觉形象为基础，采用多种观察视角，并尝试将景观中的各种要素重新组织，希望能为风景插图创作提供新思路，以此探索韩国文化的视觉表现形式。

关 键 词　首尔街道；空间表现；插图

本研究源于对自身身份认同的探索，包含了笔者回顾内心、了解社会文化状况、剖析自身身份认同感等，在此基础上，寻找表现对象进行呈现。对此，笔者对韩国首尔进行了观察和探寻，并将在此过程中选取的街景进行重新组织，形成插画系列作品。

作者出生于韩国全州，后离开韩国，成年后又一直居住于此，基于这一背景，更容易从相对客观的视角观察和认知首尔这个城市。

通过走访首尔的多个街区，收集了街区内典型的视觉形象，展现"首尔的古老街道"这一空间所带来的独特氛围，尝试多种空间表现手法制作系列插画，将景观中的各种要素重新组织，使观者能够产生更丰富的联想。

作者在实地考察的基础上进行了插画系列的创作。前期收集首尔可见的各类图形元素，采用实地考察和互联网图像搜集相结合的方法，将其转译到绘画中；其次，把握了居民区和商业区的空间形态特征，探索将其平面化、立体化呈现的方法，细致地表现了建筑物外立面、周围构筑物以及招牌上的元素，试图通过这种尝试来强调首尔街道中所呈现的"典型性"。

[韩] 金炳珍，女，首尔大学艺术学院设计系博士研究生。

笔者在创作过程中，将所要表现的对象及表现方式规格化，规律地呈现在画面中。选择与居民衣食住行密切相关的场所，把各类事物重新在平面组织排列，这种表现方式旨在让观察图画的人能够自主组织平面上罗列的事物，留下无限想象空间，从而以新的方式感受空间独特氛围。插图系列作品如下。

本研究以首尔街道为创作主题，以风景呈现的新方式为路径，挖掘表现韩国的文化内涵，增强了人们对首尔的城市场所特殊性的认识，以及对插画表现新形式的关注。

The Creative Process of the Illustration Series Alley of Seoul

Kim Byeong-jin　　Seoul National University

Abstract　The study mainly describes the creative process of the work Seoul's Old Street. It is an illustration series that depicts the old streets of Seoul. Seoul has long been the capital of Korea, and it is an interesting city where the past and the present coexist in combination. Looking at modern and contemporary history, Seoul has undergone rapid changes for a century through the Japanese occupation, war, and industrialization since the Joseon Dynasty. These times have changed in various ways and continue to this day, but the changes are not completely erasing the past and being reborn, but leaving large and small traces in the process of a new era covering the past. In Seoul, traces of these changes remain everywhere. The various aspects of Seoul can be seen as a place with a considerable proportion among the factors for understanding Korean cultural keywords. As a result of visual design, the landscape of Seoul is an interesting material that can clearly show Korean cultural keywords. Among them, the old alleys of Seoul have a theme value as a place where you can more dramatically observe the coexistence of the past and the present that Seoul has experienced.

The study explored various alleys in Seoul and collected visual phenomena typical of them. Based on this, an illustration series was produced that attempted various expression techniques to more intuitively understand the space expressed by the viewer in the work in order to express the unique atmosphere of the space called "Seoul's Old Street". Instead of capturing what is visible from the first person's point of view, the result was attempted to express the view from various perspectives that can be observed in architectural drawings or home appliance manuals, and the viewer was intended to think of the landscape by rearranging and arranging various object elements in the landscape on a new plane. Through this study, visual expressions promoting Korean cultural keywords were explored by producing an illustration series that attempted a new way to express the landscape under the theme of an old alley in Seoul. Although there are limitations in including all various cultural contexts of the times in the process of capturing visual landscapes, it is hoped that these results will further increase interest in the specificity of the place called Seoul and the new way of expressing illustration.

Keywords Seoul's Old Street; An intuitive expression of space; Illustration

1. 서론

연구는 필자의 정체성을 탐구하는 활동에서 시작되었다. 일러스트레이션 작가로서, 필자는 작품 활동을 시작한 이래로 무엇을 어떻게 표현할지 고민하며 고유한 작품을 만들어내기 위한 탐구를 지속하고 있다. 이러한 탐구 활동은 필자의 내면을 되짚고 필자가 외부에 속한 다양한 사회문화적 상황을 둘러보며 스스로의 정체성을 알아가는 과정과, 이를 바탕으로 나타내고자 하는 대상을 찾아서 고유한 작품으로 표현하는 과정을 거친다. 결과적으로 이러한 결과물이 필자 본인의 정체성을 대변하고, 나아가 필자가 속한 지역과 문화를 긍정적으로 알릴 수 있는 연구가 되기를 바란다. 이에 필자는, 현재 거주하고 있는 지역인 한국의 서울이라는 도시를 탐구하였고, 그 과정에서 발견한 서울의 오래된 거리 풍경을 일러스트레이션 시리즈로 재구성하는 작품 연구를 진행하였다.

1.1. 주제 탐구

필자는 한국의 전주에서 태어났다. 대학교에 진학하게 되어 서울에 온 후, 현재는 그 이후부터 계속 서울에서 거주하고 있다. 다시 말하자면, 필자가 성인이 된 이후부터 서울이라는 장소를 경험했다고 말할 수 있겠다. 이러한 상황은 필자가 서울을 관찰자적 시점으로 접근할 수 있는 다소 유리한 입장이라고 생각한다. 필자의 시선을 통해, 완전한 고향은 아니지만, 반대로 완벽한 외부인도 아닌 중간의 위치에서 서울이라는 장소를 바라보았다.
서울은 오래 전부터 한국의 수도였던 도시로, 과거와 현재의 모습이 복합적으로 공존하는 흥미로운 도시이다. 근현대 역사를 보았을 때, 서울은 조선시대 이후 일제 강점기와 전쟁, 산업화를 거치며 한 세기 동안 급격한 변화를 겪었다. 이러한 시대는 다양한 모습을 갖추며 변화했고 현재에도 지속되고 있지만, 그 변화는 과거의 것을 완전히 지우고 새롭게 태어나는 것이 아닌, 새로운 시대가 과거의 시대를 덮어 씌우는 과정에서 크고 작은 흔적들을 남기는 방식으로 진행되고 있다. 서울에는 이러한 변화를 겪은 흔적들이 곳곳에 남아 있다. 서울이 보여주고 있는 다양한 모습은 한국적 문화 키워드를 이해하기 위한 요소들 중 상당히 비중이 큰 곳이라 볼 수 있다.
시각디자인의 결과물로서, 서울의 풍경은 한국적 문화 키워드를 단적으로 보여줄 수 있는 흥미로운 소재이다. 그 중에서도 서울의 오래된 골목은 서울이 겪은 과거와 현재의 공존을 보다 극적으로 관찰할 수 있는 장소로서 주제적 가치를 지닌다.

1.2. 연구 방법

필자는 서울 안의 다양한 골목들을 답사하며 그곳에서 전형적으로 나타나는 시각적인 현상을 수집하였다. 이를 바탕으로 '서울의 오래된 거리'라는 공간이 주는 고유의 분위기를 나타내기 위해 관람자가 작품에서 표현한 공간을 보다 직관적으로 이해할 수 있는 다양한 표현 기법을 시도한 일러스트레이션 시리즈를 제작하였다. 표현된 결과물은 마치 사진을 찍은 것처럼 1인칭 시점에서 눈에 보이는 것을 옮겨 담은 것이 아닌, 건축 도면이나 가전 제품의 설명서 등에서 관찰할 수 있는 다양한 시점에서 대상을 바라본 시점을 표현하려고 시도했으며, 풍경 속의 다양한 사물 요소들을 새로운 평면 위에 나열하고 정렬하는 방식을 통하여 그림을 보는 사람이 이를 재조합하는 방식을 통해 풍경을 연상할 수 있도록 의도하였다.

2. 본론

답사를 토대로 일러스트레이션 시리즈 작업 제작을 진행하였다. 선행 연구작업으로, 서울에서 발견할 수 있는 다양한 그래픽 요소들을 수집하였다. 직접 답사를 하며 사진을 찍거나, 인터넷의 이미지 검색, 검색엔진에서 제공하는 스트리트 뷰 등을 활용하였다. 수집한 이미지를 바탕으로, 이를 드로잉으로 옮기는 작업을 진행하였다.

2.1. 선행 연구

<그림 1 - 골목의 간판들 / 2014 / 김병진>

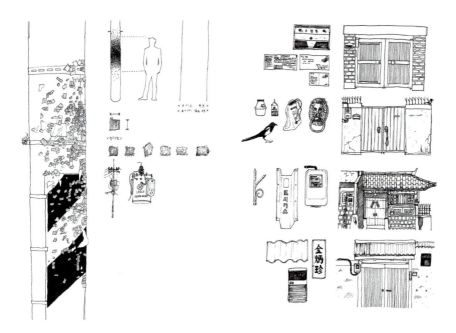

<그림 2 - 전봇대 / 2014 / 김병진>

<그림 3 - 대문 / 2014 / 김병진>

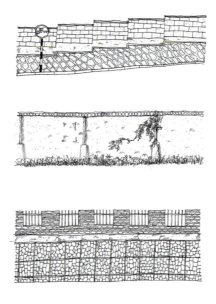

<그림 4 - 담벼락 / 2014 / 김병진>

수집한 자료를 토대로 선행 연구를 진행하면서, 장소는 다양하지만 가로등이나 전봇대, 간판 등 수많은 장소 속에서 나타나는 전형적인 이미지들이 존재한다는 것을 포착했다. 또한, 곳곳의 상점들이나 담벼락의 형태, 간판의 그래픽, 행인들의 외형 등의 모습에서 관찰할 수 있는 공통점을 통해, '전형적'이라고 불릴 수 있는 지점을

집중적으로 탐구하기 시작했다. 풍경의 부분적인 요소를 부분적으로 모사하는
방법에서 작업을 진행하기 시작하였으며, 이를 확장시켜 일정한 구획을 전형적으로
표현할 수 있는 방법을 모색하였다.

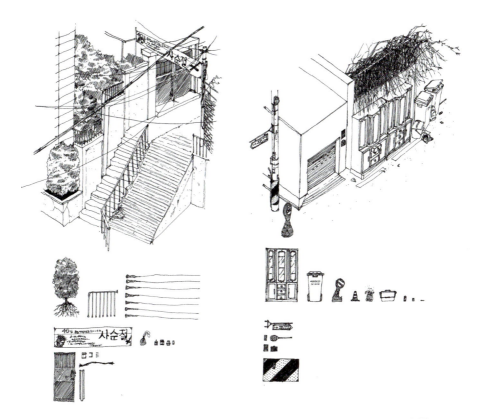

<그림 5 - 비탈길이 있는 골목 / 2014 / 김병진>　　　　<그림 6 - 장롱이 버려진 골목 / 2014 / 김병진>

일정한 구획을 풍경으로 표현하는 방법을 탐색하며, 2차원 평면에 풍경을 표현하는
과정에서, 답사를 하였을 당시에 다양한 각도에서 관찰한 장소를 더욱 적극적으로
담아내고 싶다는 생각을 하게 되었다. 따라서 장소를 관찰자적인 시점에서 바라보기
유리한 구도인 조감도 시점을 선택하였고, 그 안에 존재하는 다양한 사물들을 새로운
평면 위에 재정렬해서 표현하는 방법을 시도하였다.

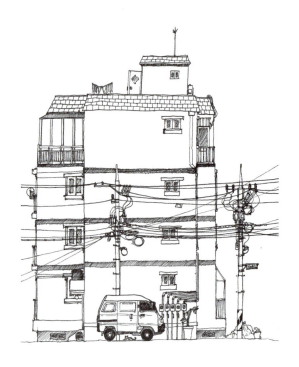

<그림 7 - 다세대주택 / 2014 / 김병진>

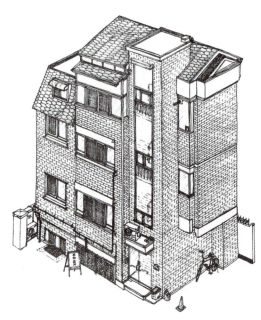

<그림 8 - 다세대주택 / 2017 / 김병진>

<그림 9 - 상가 건물 / 2017 / 김병진>

또한 전형적으로 나타나는 주거공간과 상업공간의 형태적 특성을 파악하고, 이를
평면적, 입체적으로 나타내는 방법을 탐구하였다. 건물의 외벽과 주변의 구조물,
간판에서 관찰할 수 있는 요소들을 세밀하게 표현하였으며, 이러한 시도를 통해
서울의 골목에서 나타나는 '전형성'을 강조하고자 하였다. 작품 연구 이후에도, 이러한
'전형성'을 강조한 작업을 시도하였고, 다세대주택이나 상가 건물 등의

일러스트레이션을 제작하였다.

2.2. 작품 연구

선행 연구를 바탕으로, 일러스트레이션 시리즈를 제작하였다. 작품의 시리즈를
제작하면서, 표현하고자 하는 대상과 표현 방식을 규격화하여 규칙을 느낄 수 있도록
의도하였다. 표현하고자 하는 대상은 골목에서 발견한 다양한 상점들이며, 그 안에서
거주하는 사람들의 의식주와 밀접한 연관이 있는 장소를 선정하였다. 또한 이 안에서
관찰한 풍경을 직관적으로 전달하기 위한 방법을 모색하였다. 앞서 선행 연구에서
진행하였던 것처럼, 고정 시점의 풍경을 임의의 관점에서 제시하고, 그 안에 있는
다양한 사물을 새로운 평면에 재정렬하여 표현하는 방식을 주 규칙으로 응용하였다.
이러한 표현 방식은 그림을 관찰하는 사람으로 하여금, 마치 부품을 조립하는
설명서를 읽는 것처럼 평면 위에 정돈되어 나열된 사물을 주도적으로 재조립하는
방식으로 공간을 연상시키는 작용을 통해 필자가 표현하고자 하는 공간의 고유한
분위기를 새로운 방식으로 느낄 수 있도록 의도한 것이다.
제작한 일러스트레이션 시리즈는 다음과 같다.

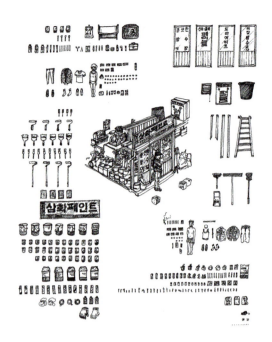

<그림 10 - 페인트 샵 / 2014 / 김병진>

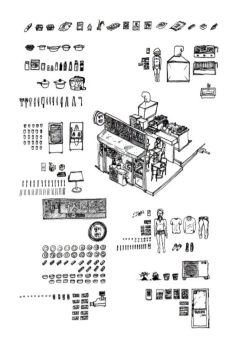

<그림 11 - 한국 가정식 식당 / 2014 / 김병진>

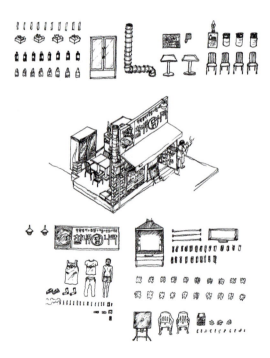

<그림 12 - 통닭구이집 / 2014 / 김병진>

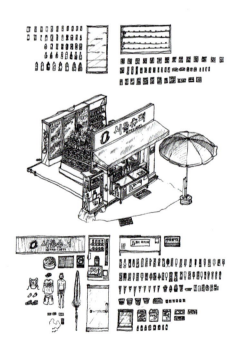

<그림 13 - 슈퍼마켓 / 2014 / 김병진>

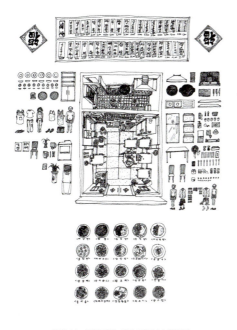

<그림 14 - 중화요리 식당 / 2014 / 김병진>

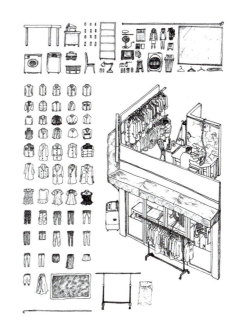

<그림 15 - 세탁소 / 2014 / 김병진>

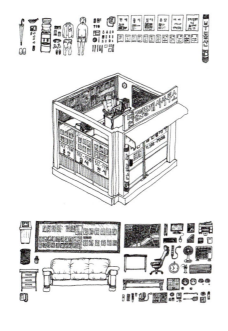

<그림 16 - 공인중개사 사무소 / 2014 / 김병진>

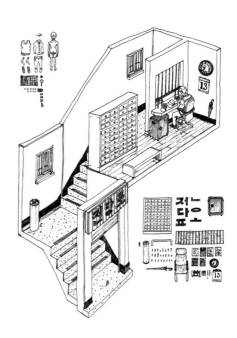

<그림 17 - 전당포 / 2014 / 김병진>

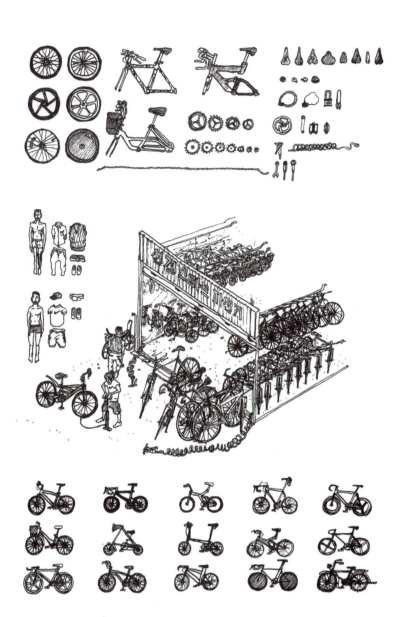

<그림 18 - 자전거 가게 / 2014 / 김병진>

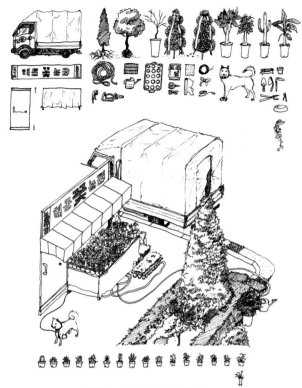

<그림 19 - 꽃 가게 / 2014 / 김병진>

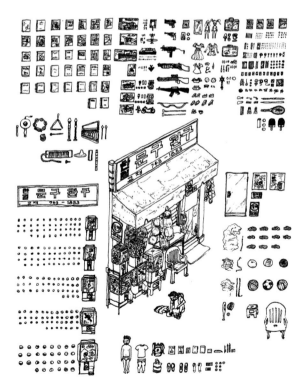

<그림 20 - 문구점 / 2014 / 김병진>

<그림 21 - 길거리 음식점 / 2014 / 김병진>

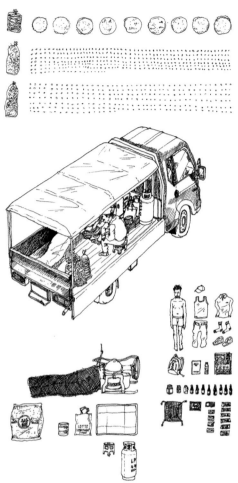

<그림 22 - 뻥튀기 트럭 / 2014 / 김병진>

3. 결론

본 연구를 통해, 서울의 오래된 골목이라는 고유한 장소를 주제로 풍경을 표현하는
새로운 방식을 시도한 일러스트레이션 시리즈를 제작함으로써 한국적 문화 키워드를
알리는 시각 표현물을 탐구하였다. 시각적인 풍경을 담는 과정에서 다양한
시대문화적 맥락을 모두 포함하는 것에 한계점이 있지만, 이러한 결과물을 통해
서울이라는 장소가 가진 특수성과 새로운 일러스트레이션 표현 방식에 대한 관심이
더욱 증대되기를 바란다.

16 苗族刺绣与红酒：当赋予产品系统设计以生命力

Yasmine Filali

苗族刺绣与红酒：
当赋予产品系统设计以生命力

Yasmine Filali

摘 要 本研究以刺绣为例，探讨一种设计师创造产品的系统设计过程，这一系统设计方法能发挥出产品的更多价值，且能够随着时代变化而不断更新，以满足预期目标需求并可推广应用于人们的日常生活之中。

关键词 系统设计；苗族刺绣；红酒

苗族刺绣是一种珍贵的文化遗产，对其研究可以在保护其独特性的情况下使其大众化，同时通过相关的技术和工艺可以赋予"创造性需求"[1]（让·克劳德·帕斯隆）以生命。因此，刺绣可以为设计师提供多种创作途径，通过这些途径来根植并形成情境文化。此外，刺绣是一种富有表现力的艺术，能够激发设计师的创造性，并且能够借助外力加以提升，从而在设计价值上改变其现状和环境。

在刺绣的过程中，如何传承文化？如何体现调查的过程和手段？"地方"和"存在"的文化是如何反映和影响设计的？在本文研究中，多样性的问题使得我们可以从多种角度观察事物，丰富自身内涵。

谢阁兰 [2] 认为所有艺术都具有普遍性。这位作家对中国的悠久文明和独特文化，始终有着一种特殊的兴趣。学者海伦·希维尔（Helene Sirve）在一篇研究谢阁兰的文章中表明，感受、保护与尊重世界的多样性有助于增强人们对艺术的感受和感知；同时，这种开放的心态，知识的同化、转换和共享提供了多样化的回应。

正如我们所看到的，线和针的结合所得到的结果是根据实践者所处地域而演变的，但也可根据他们使用的方法而发展。

Yasmine Filali，法国图卢兹第二大学 LARA-SEPPIA, Alpha 实验室的博士研究生。

中国是一个有着几千年历史的国家，拥有丰富的传统、技术，以及蕴含其中的价值。近年来，中国经历了经济和社会的高速发展，在世界经济中占据了重要地位，人们生活明显改善，但仍有相当一部分人口受到贫困的影响。有的人不得不迁移到大城市寻求改善生活的机会。这种现象促使人们寻找使那些留在这些现代化尚未普及的农村和不发达地区的人找到自己发展道路的解决方案。

艺术和工艺是中华文化发展的不竭动力，可以通过创新发展和推广大众来发扬它的魅力，形成系统的解决方案。这一设计需要面对系统的挑战，处理好产品、服务、流程和政策之间存在相互依存关系。

首先，必须确定"复杂"与"复杂系统"之间有所区分。正如亚宁·盖斯潘（Janine Guespin）在其文章《科学、辩证法和理性》中指出："相对于复杂化而言，多种非线性因素相互作用的存在可能是影响复杂系统的决定性因素，而这些相互作用至少赋予系统一些特性，如元素的异质性，它们可能以大相径庭的时间尺度相互作用，导致不同层次组织的出现。"

红酒是证实简单产品如何成为一个国家引以为傲的经济支柱的有趣案例。作为一个有深度的文化符号，红酒历经数千年的传承和发展，逐渐成为西方餐桌上不可或缺的饮品之一，更是西方文明中不可分割的一部分。米兰理工大学设计系卢卡·福伊斯（Luca Fois）教授曾围绕着"红酒供应链"提出了自己的观念，并将红酒定义为"最好的非数字社交媒体2.0。"这一复杂系统本身包含诸多元素，利用"简单"的佐餐酒促成人与人之间的一种连接。他对"围绕红酒建立一个系统"的含义解释道："建立一个系统首先意味着把当地的技能和优秀的人才聚集在一起，为一个共同的目标而行动。特别是在红酒方面，这意味着不仅要把我们国家存在的无数生产现实和产业链上的所有参与者聚集在一起，还要把所有能够为其他方面增加价值的经营者聚集在一起，以助于建立消费者体验并围绕产品创造价值。我想说的是，红酒是谈论一个地区的最佳非数字社会媒体：围绕红酒创建一个系统就是为了推断、加强和传播一个地区的身份。"

在一系列元素相互作用下，红酒成为一个有趣且完整的产品。在激烈的市场竞争面前，考虑令其脱颖而出的因素比仅考虑红酒的味道更有价值。事实上，任何人都可以参与红酒市场，但在大多数情况下，只有那些脱颖而出的人才能幸存。

身份的创造也是一个值得谈论的因素：设计一个吸引人的品牌，通过适当的传播活动和良好的营销策略，吸引未来的目标群体产生兴趣。

根据"全国原产地名称和地理标志红酒行业委员会"的数据，法国在 2019 年生产了 42 亿升红酒，在世界红酒产量中排名第二，仅次于意大利，于全球出口超过 20 亿瓶，在过去的 15 年里，产量更是成倍增长，使得这一市场成为国家重要的收入来源。事实上，这里所论述的不再是作为饮品的红酒，而是作为一个能够拥有系统的产品，其中有不同因素和领域介入，如红酒生产、红酒销售和红酒旅游等，正是这些因素及其相互作用令对该产品的系统设计研究富有趣味。

在设计产品时，我们被驱使去思考简单的产品之外的东西，不得不将其引入一个全球系统，想象相关联的影响要素。对于红酒而言，其系统包括红酒产业链中涉及的所有非物质领域，从创造的经验、领域到负责任的消费主义问题，想象潜在的目标以及如何让不同的参与者参与进来，促使一个简单的产品衍生出复杂且精致的系统。因此，酿酒师将不再出于简单需求或针对有限的消费者来生产红酒，而是试图发挥其系统效用赋予产品额外的价值，即产品将不仅限于被消费，而是要被充分体验。

在现代社会，任何有条件的人都能让自己出名，并扩大自己的知名度。我们能否将这种思维方式应用于刺绣世界？更准确地说，是中国 56 个少数民族之一——苗族的刺绣？

围绕着苗族刺绣思考并生成一个复杂的系统，如同上述对红酒的分析，思考如何将刺绣作为工具，将其置入一个环境，并引申出相关的刺绣手工艺者和工艺实践。

中国的一些地区已经开始实施此种机制，改进这一系统，试图提升这种传统艺术的层次，而不仅仅是销售产品。刺绣手工艺者的创作过程也可能成为创造一个新的生态系统的手段。

使这种艺术独一无二的物质和非物质价值成为创建这个复杂系统的基本资源。

以欧洲红酒旅游的日益兴盛为例，这种围绕红酒系统的发展形式，在法语中被称为"葡萄酒旅游"（oenotourisme），实现了让人们以另一种形式更加接近和欣赏产品的需求，超越了普通的品尝模式，并且向不同的公众开放，进而使得人们以多元的方式感知和体验世界。而对于刺绣而言，也可以创建一个类似的概念系统。

这一点可以从位于重庆东南部山区的玉阳村初见端倪。村中的郭涛女士是一位苗族刺绣手工艺者，致力于立足苗族刺绣技艺的保护，并希望将其推广扩大其影响力，使更多人了解苗族刺绣。苗族刺绣因未完全适应市场需求导致受众有限，至今仍有许多人认为它是一种老式且过时的技艺。因此，系统设计的方式介入可以说是确有必要。刺绣手工艺者综合考虑原材料、图案颜色、生产方式、观念语言等方面共同作用效果，通过推广和传播使其发挥出更大的价值。

因此可以说，围绕产品所进行的系统设计是深思熟虑的结果，其目的绝非限于产品本身，更是内在文化的宣扬。如果我们开始围绕它开发一种意象，使这门艺术更加知名，我们将会得到一个更精细的系统。同时，对于对刺绣针法不甚了解的人们来说，只关注作品的形式美可能会令其忽视作品内在的价值传递，大大降低了此类系统设计的目标效果。绣花织物的不同图案试图通过将文字转化为图形，将情感转化为颜色和纹理，应该对其中的故事和神话进行系统挖掘。

在一个以妇女和老人为主的村子里，有一所专门学习苗族刺绣的学校，学生多为村中的妇女，其丈夫和孩子都在大城市务工。这项工作旨在提供刺绣教育和培训，以将其传承给后代，也让绣娘们获得了能够带来收益的实用知识。

尽管这门艺术可以带来收益，但我们不能否认，这些艺术家首先寻求的是保持他们与众不同的身份。尽管社会一直在推动他们向技术和社会进化，但仍需保持其起源和工艺实践的真实性。

我们习惯于通过流传至今的书籍和文献来研究历史，与苗族不同的是，这种传承是通过手工实践和跟随传统乐器的节奏歌唱来实现颜色和形状的组合。

这种技艺不仅以最不同颜色、形状和纹理的图案来点缀他们的刺绣服装，并演变为多种纹样和款式，映射出苗族各类神话传说和日常生活场景，形成一种基于图像系统的语言，这是苗族文化的象征。事实上，根据其使用的技法、图案和构图，可以区分和识别一个群体，玛丽·克莱尔·基奎梅尔（Marie-Claire Quiquemelle）在其发表在《亚洲艺术》文章中关于"中国贵州省的苗族织物和刺绣"的论述可以证实此点。苗族服装装饰细分为具象化和风格化两种，作为一种图像语言用以传达苗族人的民族传说、生活习俗和情感表达，并可以如同字母一样变换组合，但是人们对各类图案的含义知之甚少。正如玛丽·克莱尔所指出的，虽然每个人表达这些形象化的主题方式不一，但都包含了人类对和谐美好生活的期盼。

正因如此，他们不能把图案的创造交给命运。为什么不能让它变得可控呢？这在很多方面对设计师来说都是一个有趣的挑战。

苗族刺绣不仅是一种工艺实践，而且是一门艺术。在他们族群中举足轻重的刺绣手工艺者，不自觉地承担了艺术家的角色，这项任务要求他们为他人做出选择、决定及明确立场，因为最终的结果是基于他们的选择。这就是艺术家的匠心所在——利用自己多年积累的知识和经验，创造出符合规则的定制化设计。

虽然刺绣的纹样造型、图案纹理及运作环境千变万化，但它仍然有一个恒定的灵感来源。包含了一种特定的知识，并以不同的方式呈现。这种独特性使它能够因人而异，因村而异，因国而异。

尽管其具有独特性，但这并不妨碍这一技艺在以后更为普及。它在偏远村庄中生长，但能逐步成为一门全世界公认的工艺门类。

注 释

[1] 让·克劳德·帕斯隆（生于 1930 年 11 月 26 日）是一位法国社会学家和社会科学研究的领导者。作为涉及社会学家、历史学家和人类学家的跨学科混合团队的一员，他主持有《调查》杂志。

[2] 维克多·谢阁兰（1878 年 1 月 14 日 –1919 年 5 月 21 日），一位法国海军医生、民族学家、考古学家、作家诗人、探险家、艺术理论家、语言学家和文学评论家。

Embroidery and Wine:
When a Product Gives Life to a Complex System

Yasmine Filali   University of Toulouse II - Jean Jaurès

Abstract The following research proposes a view on how design and the designer can be involved in the valorisation of a product or a simple concept by creating an environment for the development of the project.

More precisely, the project I am going to focus on revolves around the practice of embroidery. This know-how has been undergoing a restyling in the past few years with a strong desire to adapt to changes. It is introduced into our daily lives by adapting to the needs of the intended target.

Keywords Design; Embroidery; Wine; SystemGraphic design; International

When we approach the embroidery world we start talking about a fascinating knowledge and legacy that has a lot to tell, and invites us to share it in order to democratise it without distorting and losing its uniqueness.

Embroidery is much about cultural heritage and the art of transmission as it is about techniques and processes. Therefore, it gives life to a creative need (Passeron)[1] capable of being satisfied by a technical and almost an engineering approach. Within this context, the rich heritage of embroidery provides the designer with several avenues through which to plant roots and formulate cultures of situations. Moreover, because it is an expressive art, it is able to bring out the designer's creativeness and the unique touch, and has been able to absorb what's surround him to transform its environment in design value.

When a designer, who have lived in different countries throughout his life and start a project around a topic, he brings together each experience lived, putting forward this polyhedral journey beyond self-culture through real and biographical sources, their edges-limits-and their surface potentials-faces.

What will be retained from the culture in the act of embroidery? How does the investigation manifest itself and through what devices? How does the culture of "place" and 'being' reflect and impact the design? Here the question of diversity is an incipit that invites us to enrich ourselves by considering the good sides of what we are used to see from a different perspective.

Segalen[2], on November 21, 1909, in China, admits that all the arts have a universal aspect. This writer has always had a specific interest in other civilizations far from him. Hélène Sirven, an associate professor, in an article in which she relates Segalen's thought, shows how the fact of feeling the diversity in the world and preserving it, respecting it, allows one to have other opinions concerning the arts. With this open-mindedness, assimilation, conversion and sharing of knowledge offers a diverse response.

As we can see, the result obtained by the union of the thread, and the needle evolves according to the origin of those who practice it, but also according to the means available to them.

When you know that your country has a lot to offer in different fields, you can take advantage of it to create opportunities that work in your favor. If you look at China, a country that is thousands of years old, rich in tradition and know-how, you can't help but to think of the value behind it all. A nation that has undergone significant economic and social development in recent years, too fast for some of us, leading it to occupy the highest positions in the world economy and competing for primacy. Despite the chinese economical exponential growth and the clear improvement in their way of life, one cannot hide the fact that a great part of the population is still affected by poverty. A division between distinct classes where there are those who manage to support themselves and those who have to migrate to bigger cities in order to support their families who decided to stay in the most hidden corners of the country.

This phenomenon of migration leads to the search for solutions capable of enabling those who remain in these rural and underdeveloped places, where modernity has not yet reached the streets of these almost abandoned villages, to find their own way. This process can be carried out in different ways. It could start by studying the territory and identifying its strengths and weaknesses. Identifying what could be used to create added value to everyday life.

The development of artistic and craft practices that have supported the history of this country. With the help of institutions, it is possible to highlight and promote this phenomenon by creating new services and attracting a new public.

It is important to understand that systems design is the approach of those who want to address the challenges of designing systems in which interdependencies are structured between products, services, processes and policies that have social impacts. (To be solved)

First of all, it must be determined that there is a difference between complex and complicated systems. As Janine Guespin points out, in her article *Science, Dialectics and Rationality*, "What determines complexity in relation to complication may be the existence of multiple, non-linear interactions, which confer on these systems at least some of the properties discovered through non-linear dynamic systems. It may also be the heterogeneity of the elements, which may interact with very different time scales, leading to the emergence of different levels of organisation."

An interesting and functional example of how a simple product, that is the pride for a country, can become an economic pillar, is the figure of wine. A beverage produced since ancient times that has accompanied the daily life of many of us and has managed to persevere and reach our times.

As Professor Luca Fois, a lecturer at the Milan Polytechnic's Faculty of Design, has already undertaken with his concept around the wine supply chain, of which his country, Italy, is one of the world's largest suppliers and exporters. He himself defines wine as the "best non-digital social media 2.0", an example of a complex system that contains within itself a series of elements capable of turning a "simple" accompaniment into a kind of red thread between people.

To the question "What do we mean by 'wine system' and what does it mean to 'make a system around wine'?", he replied, "Making a system means first of all bringing together local skills and excellence to act together for a common purpose.

In the case of wine, in particular, this means bringing together not only the myriad of production realities that exist in our country and all the actors in the chain, but also all the operators capable of adding value to the other aspects that contribute to building the consumer experience and creating value around the product. I like to say that wine is the best non-digital social media to talk about a territory: to create a system around wine is to extrapolate, enhance and communicate the identity of a territory."

It is not for nothing that the world of wine contains a series of elements that make it an interesting and complete product. We no longer think only of the taste of the wine, but of all the factors that allow it to stand out, especially when we face a strong competitiveness. In fact, the world of wine is a market where anyone can participate, but mostly only those who can stand out from the crowd can survive.

We are also talking about the creation of an identity: the design of a captivating brand which, thanks to an appropriate communication campaign and a good marketing strategy, invites the future target group to have an interest.

How about a few facts and numbers? According to the "Comité National des Interprofessions des Vins à Appellation d'Origine et à Indication Géographique", France produced 4.2 billion litres of wine in 2019, ranking second in the world in wine production, behind Italy. It is however the leading exporter of wine and spirits, with more than 2 billion bottles exported worldwide. The production during the last 15 years has multiplied which makes this market a big source of income and an interesting product development system. In fact, here we are no longer talking about wine as a drink, but as a product capable of generating the birth of a system in which several elements and areas of intervention come into contact, such as wine tourism, the world of work with the direct and indirect jobs that are created according to the requirements, the financial aspect that affects the country's economy, the changing lifestyle of consumers, etc... It is these elements and their interaction that make the study of this product interesting.

We are driven to think beyond the simple product. We are compelled to introduce it into a global system, to imagine everything that could influence it. If we focus on wine, this system would include all the immaterial spheres that is involved in the wine chain, from the experience created, to the question of the territory and responsible consumerism, imagining the potential target and how different actors could be involved to make a simple product into something complex and elaborate. Thus, the winemaker will no longer produce wine out of simple need and by targeting a restricted public, but will try to give an additional value to his product by plunging it into a new world that was not initially intended. Thus, it will no longer be destined to be consumed but to be experienced fully.

Anyone with the means at their disposal is able to make themselves known and expand their own network, especially in modern society.

Could we apply this way of thinking to the world of embroidery? More precisely to the embroidery practiced by one of the 56 Chinese minorities—the Miao?

Thinking about a complex system around the world of Miao embroidery, like the one just analyzed on wine, invites us to imagine new scenarios of evolution for this practice. Thinking about how to instrumentalise embroidery, leading it to an environment where actors and means that were not initially dedicated to it will be present.

This mechanism is already starting to be observed in some parts of China, where they are trying to take this traditional art to another level, not only by creating pieces and selling them. Here they are trying to develop a process where they are attempting to introduce, or better, improve everything around this practice. The journey of the embroiderers becomes a source of inspiration for possible scenarios of valorisation of the objects created. If, until now, what mattered was the finished product, it now becomes a means of creating a new ecosystem.

The material and immaterial values that make this art unique become fundamental resources in the creation of this elaborate system.

If we take the specific case of wine, where recently we see more and more tourism dedicated to it taking place in several parts of Europe, we could use this as an example and recreate a similar concept aimed at the world of embroidery. This form of discovery around the world of wine, which in French takes the name of "Tourisme du rin", responds to the need to allow people to get closer to and appreciate the product in another form, going beyond tasting and opening its doors to a different public.Let the people see and experience this world in a different way.

When we think about this, we can't miss what could be created around the Yuyang village located in the mountains of the south-eastern region of Chongqing. This village is home to Ms Guotao, a Miao embroiderer known for her work and activism in the preservation of Miao knowledge. One of their goals is to bring this art to a wider audience so that it is not forgotten. Unfortunately, Miao embroidery is still considered by many as an old-fashioned, obsolete practice, dedicated to a limited audience because it is not fully adapted to the needs of today's market. For them, there is also this need to convey a message, which goes through a design process, where the genius of the embroiderer consists in taking a stand on all the choices that will accompany the proper execution of the work. The embroiderer takes into account the material to be used, the techniques to be employed, the choice of the most appropriate motifs and colours until she integrates the values that only she is able to transmit.

This imaginary world that is created around the product is therefore the result of a careful work that aims to communicate something and not just to decorate a piece of fabric. If we start to develop an imagery around it that can make this art even more renowned than it already is, we would arrive at a more elaborate system. Indeed, for those who do not know the value conveyed by the embroidered threads, the quality is reduced by half, because they will only focus on the aesthetic side of the work and not on the values that the latter seeks to transmit to us. Stories and myths that the different patterns of the embroidered fabrics try to tell us by transforming words into shapes and emotions into colours and textures.

In a village dominated by a majority of women and elderly people, orphaned by their husbands and children who have gone to seek their fortune in the big cities, there is a school dedicated to learning Miao embroidery. A service designed to provide education and rigorous training in this practice so that it can be passed onto future generations, but also to acquire practical knowledge capable of bringing a profit.

"Learn to produce, sell and make a profit to invest."

The development of this art can also be seen as a source of occupation from which a sustainable profit can be made by making this practice their daily profession.

Despite the gain that this art can bring we cannot deny that these artists seek, in the first place, to maintain their identity that distinguishes them. They seek to remain authentic to their origins and craft practices, despite a society that is always pushing them towards technological and social evolution.

We are used to studying history through books and written essays, which have been handed down to us to this day. Unlike the Miao, this transmission is made through combinations of colours and shapes reproduced through manual practices and singing to the rhythm's of traditional instruments.

This particular technique is not only used to embellish their garments with the most disparate shapes, textures and colours, but also assumes the role of "storyteller". Thanks to the combinations designed, we can travel and see beyond the simple thread combined with the support. We could imagine these representations as storyboards that, by joining them together, can tell us their stories, myths, legends and scenes of everyday life. By having a language based mainly on an iconographic system, each group who compose this minority brings its own variation. Indeed, it is possible to differentiate and identify a group according to the technique, motifs and composition used by it. As Marie-Claire Quiquemelle analyses in her article in "Arts Asiatiques", dealing with "Miao fabrics and embroidery from Guizhou Province China". The decorations of their costumes, subdivided into figurative or stylized, correspond to an iconographic language used by the female gender to convey the legends of their people, their feelings and scenes representative of their daily life.

If for us, it is the letters that make up the words used every day to communicate with each other For them, it's the different patterns that can be declined almost endlessly. Each of them takes on connotations that can be interpreted differently and about which we still know little about. The figurative motifs, as Marie-Claire points out, are based on legends known to all (that each one tells it in own way), and on the poetic vision of a universe in which man seeks live in harmony.

For this reason, they cannot afford to leave the creation of the pattern to fate.

Why shouldn't it be made accessible? This shows how the approach to this practice can be an interesting challenge for the designer in many ways.

To conclude, it would be good to start seeing embroidery not only as a craft practice but as an art in its own right. We realize that these embroiderers, who have an important function within their community, unconsciously assume the role of stylist, a difficult task that requires them to make choices and decisions for others, to take a stand, because the final result is based on their initial choice.

This is where the artist's ingenuity lies, as he uses his knowledge and experience accumulated over years to create customized designs that respect the codes established beforehand.

Indeed, embroidery, regardless of its origin, remains a constant source of inspiration, whether for its colours, patterns, textures or the environment in which it operates. It encompasses a particular knowledge and is presented in different ways. This singularity allows it to differentiate itself from person to person, from country to country and from village to village.

Despite its singularity, this does not prevent this practice from acquiring a universality later on. It has evolved from an embroidery imagined and conceived in a remote corner of a village to an art recognized throughout the world.

References

1 Jean-Claude Passeron (born 26 November 1930) is a French sociologist and leader of social science studies. As part of a mixed interdisciplinary team involving sociologists, historians, and anthropologists, he led the magazine Enquêtes.

2 Victor Segalen (14 January 1878 – 21 May 1919) was a French naval doctor, ethnographer, archeologist, writer, poet, explorer, art-theorist, linguist and literary critic.

17 四格漫画在中国城市空间中的展现：一个社会动员的载体

Laetitia Rapuzzi

四格漫画在中国城市空间中的展现：
一个社会动员的载体

Laetitia Rapuzzi

摘　要　长期以来，众多专家、学者都认为漫画是一种对大众具有影响力的"艺术武器"，集中表现于报纸、画册等印刷品中。但中国的四格漫画作品在学术领域仍然没有得到广泛关注。本文通过考察和研究，尝试揭示漫画这种形式的艺术特征和其社会动员能力的特质。

关键词　中国四格漫画；海报；社会动员；工作记忆容量；宣传

在外国人的心目中，中国城市中有关社会动员的口号多采用红幅白字的形式。对此，一些学者还专门发表了学术性文章进行相关研究，例如法国地理学副教授莱奥 – 克拉克纳（Leo Kloeckner）。红色条幅非常明显，容易被注意到。此外，中国城市中也有多种展示和传播的媒介，如单独使用图像或图像与文本相结合的形式，与广告海报有所区分的是，此类形式为"四格漫画"，属于众多漫画形式中的一种，在日常生活中屡见不鲜。如果横幅上的口号是有效的，能够让人们信服并成为动员群众的载体，那么四格漫画在这方面所具备的效力仍有待探究。许多中国学者和知识分子都感兴趣于漫画艺术及其宣传能力。如陈伟东教授在 2015 年出版的《中国漫画史》一书中强调从 20 世纪 90 年代开始，随着巨大的技术进步，现代中国社会进入了"读图时代"。他明确指出："在'读图时代'，大众文化更倾向于了解快餐化信息，人们可以在较短时间内从画面中获取更多信息。相比于文字，图片所传达的信息更加丰富、生动，也满足了读者的阅读需求。文字信息能促进人的形而上思考，图像信息则能使人们更

Laetitia Rapuzzi（乐夏），女，法国里昂第三大学博士研究生。致力于研究中国当代漫画的各种物质性问题，也对中法之间通过第九艺术所产生的联系感兴趣。她是一名自由译者，翻译过中国漫画《白茶》的法语版。

多地认识现实世界。漫画以图像作为信息传达的主要媒介，在信息快餐化的'读图时代'自然能够获得长足的发展。"

20 世纪，漫画的作用已经得到了人们的认可。作家茅盾 1932 年在《三十年代的连环图画小说》中阐释漫画可以成为最有效的民间艺术的观念，他声称："如果这种艺术形式应用得巧妙，一定会成为最有力的大众文学艺术作品。无论是在图片方面，还是在文字表述方面（这种文字表述本身就是一部独立的小说），它都可以演变成一部'艺术作品'！"

1978 年，著名漫画家华君武也强调了漫画作为一种文化武器的品质："漫画，作为一种'艺术武器'，从民主主义革命阶段到社会主义革命阶段都发挥了它的威力。"即使在今天，人们对这一文艺武器，尤其是对所谓"四格漫画"的形式仍抱有极大的兴趣。

四格漫画的形式不仅限于四个格子，也可以包括六格、八格或十个格子，其目的在于叙述一个很短的故事。2017 年，南京信息工程大学艺术学院葛倩敏和高明珍副教授阐述了黑白四格漫画在造型设计方面的常用手段，如夸张、比喻、漫画符号的运用等，这些手段的应用可以增强这种媒介的有效性和吸引力。她们进一步指出黑白四格漫画的社会功能，包括强大的传播信息能力、快速高效的娱乐性和积极的社会全民参与性。四川文化艺术学院数字传媒学院教授刘婧认为四格漫画能够将公益广告的故事连贯性展现得更加清晰，方便读者理解故事的内容。不少学术研究都详细而准确地论述了四格漫画在印刷于书籍、报纸等纸质媒体或在电脑、手机等数字媒体中所发挥的作用。

基于上述研究观点，笔者对在中国境内人口密度较高的城市中出现的大型海报中的四格漫画形式进行为期三年的考察，并拍摄照片以展示环境细节。在 52 处展示四格漫画的地点拍摄了 352 张照片，其中包括北京、上海、成都、苏州、杭州、泉州、重庆、顺昌、和田等地。特别是对北京的海报展示周期和更新频率进行追踪。同时对于其中每一个研究对象，都记录了展示地点、漫画格数、创作风格、创作者、主题以及该作品被整合于多媒体传播中的可能性等。

通过观察和研究它们的共性特征发现漫画格子的数量多为四格漫画，但仍有 30% 的观察对象可以达到八格或十格漫画。在神经心理学研究中，多数选择四格来创作漫画的原因是受工作记忆（短期记忆）概念的影响，它衡量的是测试者在一分钟内记住事物的能力。1956 年，乔治·A·米勒（Georges A.Miler）评估测试者的记忆容量为 7 ± 2 个单元。但在 2010 年，纳尔逊·考恩（Nelson Cowan）发表了一项研究，题为"神奇的神秘四：工作记忆能力如何受限，以及为什么？"并认为短时记忆的组块数量大约在 3 到 5 块的区间内，也就是 4 左右。所以对于多数人群来说，四格漫画中的情节叙述了一个通俗易懂的短篇故事，即使读者只是从旁边经过，也极易记住其中的信息。此外，长篇漫画也有其潜在的有效性。

其次是展示地点。考虑到作者创作四格漫画的目标是服务于大众，所以展示地点多选择常见的通道或聚集地，如停车场、地铁站台、公共汽车站台、学校、购物中心的出入口、电梯、售票处、公园、寺庙等地。

再次是特定风格。多数漫画为简约的图像风格。人物形象具有清晰的轮廓线条，明亮的色彩，使得故事情节更为生动，漫画图像更引人注目。此外，这种风格也有利于读者对漫画中所描述的人物产生认同感。美国漫画家和散文家斯科特·麦克云（Scott Mc Cloud）在对漫画和动画片的研究中证实了这一假设："因此，当你看一张照片或逼真的脸时……你会当作看到的是另一个人的脸。但当你进入卡通世界时……你看到的是你自己。漫画图像就像一个'真空吸尘器'，吸纳了我们的身份和自我认知……套上卡通这个外壳，我们就能够穿越到另一个时空领域去旅行。我们不只是旁观者，相反也成为漫画中的一员！"

在 2017 年的最后一个季度，一场关于"假币流通"的宣传活动在北京举行。其中所运用的漫画风格完美地印证了斯科特·麦克云（Scott Mc Cloud）的观点。通过简单的线条、鲜艳的色彩、突出的漫画形象，读者可以轻易识别人物的角色特征。此外，真实可信的场景可以令读者从中回忆起自己的亲身经历。泉州市一家邮局的"实名收寄漫画"作品再现了工作人员和客户之间发生的对话，工作人员穿着大红色的制服，客户则穿着灰色的西装，戴着醒目的眼镜，角色形象对比一目了然，读者可以清晰地对角色加以分辨。

此外，主题是影响四格漫画的重要因素之一，与城市中每位公民的日常生活息息相关，在这些主题中"安全"是高频出现的词汇，如在火灾风险、家中意外、健康教育、公共交通风险、扒手泛滥或误入邪教等方面经常被提及。显而易见的是，自 COVID-19 新冠疫情开始，旨在提高人们对防护措施认识的漫画就在全中国各城市中迅速出现。同时，这些主题可以根据所涉及的问题按季度更新，可以是一次性的主题，也可以是长期的主题，如关于提醒人们自我用药有风险的主题。还有一张海报在距离北京一所社区医疗中心 500 米的地方张贴了两年多，其目的是让群众提高防范危险的意识，重视安全相关问题。对此，北京应急管理局创造了两个应用于危险情况宣传的标志性形象，一只叫"安"的老虎和一只叫"全"的狗，组合在一起是"安全"的意思。这两个小主人公的冒险经历经常出现在海报之上，有时是简单的图片，有时是四到八格的漫画。在 2020 年新冠流行的早期阶段，他们出现在中国首都的墙壁上显得格外引人注目。

最后一点是关于叙事。四格漫画的叙事结构相当冗长，以提高人们对危险的认识和鼓励采取适当的行为来规避危险为主旨。这个故事将读者代入到可能发生相关事件的日常环境中，强调潜在的危险，并提出合适的应对方法或心态予以解决。在漫画故事中，如果遇到危险的主人公不尊重安全指示，他就更易身处困境。简而言之，这些漫画告诉人们需小心谨慎和尊重规则才能避免这些后果，从而完成帮助个人能够在社会中与他人良好相处的目标。

四格漫画具有促进社会动员的目的，法国社会学家雅克·埃吕尔（Jacques Ellul）在关于四格漫画的优势方面做以研究，在技术和宣传上颇有意义。一方面，他将 19 世纪 50 年代的宣传与现代宣传区分开来，同时明确指出："现代宣传的目标不再是改变大众的观念，而是激发人们的行动。"另一方面，他强调了一个需要考虑的基本因素——个人与大众之间的关系。在谈到宣传时，他写道："现代宣传首先必须同时面向个人和群众，二者不可分割……现代宣传的对象是包括群众中的个人和群众作为参与者，虽然宣传的目标是人群，但人群是由个人组成的。这意味着什么呢？首先，宣传工作针对个人时从来都不是只考量他的个性，而是涉及他与他人的共性，包括他的倾向、他的情感或他的人生经历等方面。反过来说，当宣传工作针对人群的时候，它必须涉及这个人群中的每个人作为整体。为了达到目的，它必须给人以个性化的印象，因为我们决不能忘记，群众是由个人组成的而且简而言之是个人的联合。"

因此，正如我们所观察到的那样，四格漫画与口号相比具有更多的价值。考虑到所追求的最终目的是通过宣传让人们采取一种行为。通过图像和剧情，激发了读者的认同感。画中的人物看起来像我，"他"是我的一部分，我是这个群体的一部分，即在四格漫画讲述的故事中，画中的人物和读者之间产生了一种镜像效应。

而口号就像音乐或副歌，它虽然能使我们记住，但识别或镜像效应却并不明显。是否意味着这种展示策略是创新的，在当代中国是前所未有的？笔者在研究期间查阅到的档案中找到一些佐证，特别是在 20 世纪 30 年代抗日战争期间。《中央苏区文艺丛书》一书对上述问题予以证实："中央苏区时期，经常采用绘画壁画、标语与漫画相组合的形式，来宣传党和苏维埃与红军的方针政策，揭露帝国主义与国民党军阀政府的法西斯残酷罪行，反对国民党对解放区的军事"围剿"，唤起广大工农联合起来开展革命武装斗争，建立工农革命政权……由于这些宣传壁画具有主题明确、灵活醒目、通俗易懂、创作简单、便于观看、快捷方便等特点，深受工农群众喜爱，其宣传效果非常突出。"

据苏区历史文献修复后的这本书，介绍了原本保存在江西南部和福建西部城乡地区革命遗址群墙壁上的水墨画漫画。因此可以说，城市中的四格漫画虽然不是当代的创造，但在过去的 30 年里大幅度增加了对它的使用，正如陈维东教授在 2015 年所写的那样，这更倾向于证实我们目前处于"图像阅读时代"。

Display of Four-frame Comics in Chinese Urban Space: A Vector of Social Mobilization

Laetitia Rapuzzi   Université Jean-Moulin-Lyon-III

Abstract Considered for a long time by many authors and scholars as an artistic weapon of mass persuasion, the effectiveness of the comic has been recognized in its printed form in newspapers and albums. The four-franle comics are displayed in the Chinese urban space. However, it remains unknown in the academic field. This communication proposes to reveal the characteristics of this form of art and communication object whose main quality would be the capacity for social mobilization.

Keywords Four-frame comics; Poster; Urban space; Social mobilization; Working Memory Capacity; Propaganda

In the imagination of a foreigner, the notion of social mobilization in China associated with urban space inevitably refers to the vision of red banners on which slogans are inscribed in white characters. Some academics have also devoted scientific articles to it or even complete studies, such as the French associate professor of geography Léo Kloeckner[1]. It is true that the red streamers are very visible and are easily noticed. But the Chinese urban space is also the place for displaying other communication media that use the image or the association of images with small texts. The purpose is not advertising posters, but about the four-frame comics, which is one of the many forms of the comics that can be found in a multitude of places of daily life and which finally fits into the landscape of the urban environment. If the slogans seem to be effective, if the words are able to convince and be a vector of mobilization, then what is quality of the comics in this area and more specifically of the four-frame comics? Are there characteristics to this form of artistic expression that would make it a vector of social mobilization just as effective as the slogan, if not more?

Many Chinese scholars, intellectuals and specialists have been interested in the art of comics and its ability to transmit ideas. About the power of the image against the power of words, Professor Chen Weidon is very enlightening. In the reference work (*Chinese Comics History*) published in 2015, he underlines that from the 1990s, modern Chinese society entered the age of reading images and the age of speed reading. He specifies that:

In the "picture reading era", popular culture is more inclined to fast food, and people can obtain more information from pictures in a shorter period of time. Compared to the text, the information conveyed by pictures is richer and more vivid, and it also meets the reading needs of readers. Text information can promote people's metaphysical thinking, and image information can make people know more about the real world. comics use images as the main medium of information transmission, and can naturally develop by leaps and bounds in the era of fast information and "image reading".[2]

The qualities of the comics have been recognized throughout the twentieth century. As the writer, Mao Dun asserted in 1932 in *Novels in comic stripe of the Thirties* that the comics could become the most effective folk art:

This form, if applied skillfully, will surely become the most powerful work of popular literature and art. Both in terms of pictures, in terms of textual descriptions (Remember! This description itself is a separate novel), it can evolve into a "work of art"![3]

Even in 1978 the famous cartoonist Hua Junwu underlined its quality as a cultural weapon comics as an artistic weapon, has exerted its power from the stage of democratic revolution to the stage of socialist revolution[4]. Even today, great interest is focused on this cultural weapon and more particularly on its so-called form of four-frame comics.

Regarding the definition of the four-frame comics, it should be specified here that this form is not limited to 4 frames but can include 6, 8 or 10 frames. The concept lies in a very short story. In 2017, the academic Ge Qianmin and the associate professor Gao Mingzhen underline the effectiveness and the attractive power of this medium by the use of exaggeration, metaphor and comic symbols[5]. They highlight three main qualities of this medium in its black and white form: a strong ability to disseminate information, fast and effective entertainment and active social participation of all. Most academic studies address in detail and precision the qualities of the four-frame comics in its printed book and newspaper form or in its digital version on a computer, tablet or mobile phone. Professor of animation at the Institute of Culture and Art of Sichuan, Liu Jing meanwhile discusses the four-frame comics in the context of public service announcements and proceeds to an analysis of the artistic style, the graphic design which gives it a great capacity to raise awareness among readers and encourage them to think about the issues addressed. He assumed that:

The four-frame comics have a complete narrative, are simple and clear, can fully display the information you want to convey to people, and can leave people with a simple and straightforward impression.[6]

As part of the continuity of these studies, my presentation therefore proposes to analyze the four-frame comics in the form of more or less large posters in urban spaces.

From a methodological point of view, my study was carried out by observation for 3 years over a large part of the Chinese territory, mainly in high-density urban areas. For each site observed, several photographs were taken in order to contextualize the immediate environment of the display sites and the details of the plots put into images. Being residing in Beijing, it was easier to carry out a medium-term follow-up concerning the sustainability of postings and the rate of renewal. This was not possible in the other places photographed. For each display, I made a point of noting the place, the number of frames, the style, the creators, the subject and the possible integration into a multi-media distribution. In total I was able to observe manhua displays in 52 sites and I was able to take 352 photographs in the various cities: Beijing, Shanghai, Chengdu, Suzhou, Hangzhou, Quanzhou, Chongqing, Shunchang, Hetian.

The method is to carefully observe all the manhua photographed and determine if there is a common point that connects them to each other for each noted characteristic and if this common point exists, what social mobilization factor can it promote.

The first characteristic is the shape and more precisely the number of boxes. The major part of my observations are four-frame comics, but in 30% of the observations, the number of frames can go up to 8 or 10 frames. Neuropsychology brings additional elements of understanding to the studies mentioned above and explains the choice of this number of frames. It is precisely the concept of working memory that measures the ability of a subject to retain a number of items in 1 minute. In 1956 Georges A. Miller, evaluated it at 7 ± 2 items, but in 2010 Nelson Cowan published a study entitled The Magical Mystery Four: How is Working Memory Capacity Limited, and Why? and thus reduced the number of items to 4. So, a message in pictures following 4 items, would be very easy to remember, whatever the age of the subject. The dramaturgy in 4 boxes offers the reader, the passer-by in this case, a short story easy to remember. However, slightly longer stories retain their potential for effectiveness.

The second characteristic is about the display locations. Considering that the goal of the authors of four-frame comics poster is to reach the masses, it is necessary to choose common places of passage, places of convergence or places of daily gathering: places where one parks such as a subway platform or a bus, the exit of a school or a shopping center, an elevator, a ticket office, a park or a temple.

Third, is there a particular style? In the majority of cases, with a few rare exceptions, the graphic style is very minimalist. The characters are drawn in the style of the "clear line", there are no shadows or relief, the style is very simple, and even

图1 北京市朝阳区亮马桥 2017 年 9 月 13 日

图 2 北京市金台路地铁站 2017 年 10 月 3 日　　　图 3 北京市朝阳门地铁站 2020 年 7 月 4 日

caricatural with bright colours. The graphics are striking and the colours chosen bring the proposed plot to life. This style would favor an identification of the observer with the characters depicted in the comics. American comic book writer and essayist Scott Mc Cloud corroborates this hypothesis when writing about comics and cartoons:

Thus, when you look at a photo or realistic drawing of a face…you see it as the face of another. But when you enter the world of cartoon…you see yourself… The cartoon is a cavuum into which our identity and awarness are pulled…An empty shell that we inhabit which enables us to travel another realm. We don't just observe the cartoon, we become it![8]

On the last quarter of 2017, Wan awareness campaign on the circulation of counterfeit money broadcast took place in Beijing. The graphic style used perfectly illustrates Scott McCloud's point. Indeed, by the simplicity of the line the passer-by can easily identify with the characters. The caricature is very accentuated so that the "good" and the "bad" are clearly identifiable. The scene is believable and represents a moment of daily life in which everyone can recognize themselves. The use of bright colours also makes it possible to clearly differentiate the protagonists of a situation. In the case of instructions for sending private parcels, the comics used by a post office in the city of Quanzhou reproduces the dialogue that will take place between the official and the customer. The two characters are clearly identified: the civil servant wears a scarlet red uniform while the client wears a gray suit and prominent glasses. Thus the roles are

图4　反假货币宣传漫画　北京市朝阳区亮马桥　2017年9月13日

clearly identified.

Fourth, are there recurring themes and if so which ones? The topics covered are important for every citizen, they concern them in everyday situations regardless of their social class. A key word, however, is common to all the recurring themes, it is that of security. Thus, the issues of fire risk, domestic accidents, risks in public transport, the proliferation of pickpockets or sectarian danger are very often addressed. Health security is also highlighted, and it is obvious to understand that manhuas aimed at raising awareness about the practice of barrier gestures were very quickly visible in the

图5　泉州市邮局　2019年10月20日　　　　图6　北京市朝阳区东风地区　2019年10月2日

图 7　北京市朝阳区东风北桥地铁站
2020 年 06 月 27 日

图 8　北京市朝阳区亮马桥
2020 年 06 月 08 日

entire Chinese urban space from the start of the COVID-19 pandemic. The themes can be renewed seasonally depending on the issue addressed, they can be one-off or long-term, such as a manhua which evokes the risks of self-medication. For example, a poster remained in place for more than two years about 500 meters from a neighborhood medical center in Beijing.

The goal is to make the masses aware of the risks and to encourage them to mobilize for security takes on a very significant meaning in Beijing in the case of the creation of two iconic characters, created by the Beijing Emergency Management Bureau, which will regularly be the protagonists in images of dangerous situations: It is about a tiger named An and a dog named Quan. The choice of these names is particularly ingenious, because in Chinese the association of the two words An and Quan means security. The adventures of the two little protagonists are regularly put into pictures on posters either in simple images or in comics of 4 to 8 frames. Their presence on the walls of China's capital was particularly noticeable during the early stages of the pandemic crisis in 2020.

Fifth, what is the narrative? The narrative construction is quite redundant and is organized around two axes: raising awareness of a risk and encouraging appropriate behavior to avoid this risk. The story immerses the reader in a daily situation in which he/she can identify. A potential danger is highlighted and an appropriate gesture or attitude is suggested or explained. If the protagonist in danger does not respect the safety instructions, he finds himself in a complicated or dangerous situation. In short, the message is the following: if you are not careful, if you do not respect the rules, here are the consequences. The goal is to give the individual the elements allowing him to live well in society with his/her congeners.

What advantages does the four-frame comics have in the context of this study if we consider that the goal is to promote social mobilization?

The academic work of the French sociologist Jacques Ellul, whose scientific work talks about technique on the one hand and propaganda on the other, is interesting on this subject. On the one hand Jacques Ellul differentiates the propaganda practiced in the 1850s from modern propaganda, he specifies, "The goal of modern propaganda is no longer to modify ideas but to provoke action." On the other hand, he underlines an essential element to be taken into consideration: that of the relationship between the individual and the mass. Speaking of propaganda, he writes:

Modern propaganda must first of all address the individual and the masses at the same time. It cannot separate these two elements... Modern propaganda is that which reaches individuals included in a mass and as participants in a mass, and vice versa which targets a crowd but as it is composed of individuals. What does this mean? First of all that the individual is never taken in his individuality but in what he has in common with others, both in terms of his tendencies, his feelings or his myths... Conversely, when the propaganda is addressed to a crowd, it must concern each individual in this crowd, in this whole. To be effective, it must give the impression of being personalized, because we must never forget that the mass is made up of individuals, and is in short only individuals united.[9]

And it is therefore here that the use of the four-frame comics as we have observed it, brings added value compared to the slogan. Considering that the end state sought is the adoption of a behavior by the target of this propaganda. By putting images, by staging situations, an identification is created. The drawn character looks like me, he is part of me, I am part of this group: a mirror effect is created between the drawn characters and the observer of the stories told by the four-frame comics.

Conversely, the slogan is like music, a refrain that we remember, but the identification or the mirror effect is less obvious.

So, does this mean that this display strategy is innovative, unprecedented in the

图 9　Ink painting in Yeping Village, Ruijin City, Jiangxi Province.[11]

contemporary People's Republic of China?

Among the archives that I was able to consult during my research, I was able to find a few examples, especially in the 1930s during the war of resistance against Japan. The work entitled *Central Soviet Area Literature and Art Series* brings a particularly interesting testimony on this subject:

During the period of the Central Soviet Area, paintings and murals, slogans and comics were often used to publicize the principles and policies of the Party, the Soviets and the Red Army, to expose the brutal fascist crimes of the imperialists and the Kuomintang warlord government, and to oppose the Kuomintang's military "encirclement and suppression" of the Soviet area. Arouse the broad masses of workers and peasants to carry out revolutionary armed struggle and establish a revolutionary political power for workers and peasants... Because these propaganda murals have clear themes, are flexible, eye-catching, easy to understand, easy to draw, easy to watch, and quick and convenient, they are well received by the workers and peasants, and they are very popular with the workers and peasants, and the propaganda effect is very good.[10]

This book present an ink painting originally preserved on the wall of the revolutionary site group in urban and rural areas of southern Jiangxi and western Fujian based on the restoration of historical documents in the Soviet area. The use of the four-frame comics in the urban space would therefore not seem to be a contemporary creation, however its use seems to have increased significantly over the past 30 years, which would tend to confirm that we are well anchored in the image reading era, as Professor Chen Weidong wrote in 2015.

References

1 LÉO KLOECKNER, L'image de propagande en Chine, outil du contrôle social : le cas de Pékin [M]. *Géoconfluences, 2016, mis en ligne le 14 février 2016. URL : http://geoconfluences.ens-lyon.fr/informations-scientifiques/dossiers-regionaux/la-chine/corpus-documentaire/image-de-propagande-en-chine/.*

2 陈维东 . 中国漫画史 [M]. 北京：现代出版社 ,2016:100.

3 https://www.lhh1.com/files/news/html/8/111/201006220119104986.html.

4 华君武 . 漫画 百花之一花 [J]. 星期画刊 ,1978(6):1.

5 葛倩敏 . 高明珍 . 论黑白四格漫画的造型设计 [J]. 戏剧之家，2017（04）：第 179–181 页。

6 刘婧 . 浅谈四格漫画对公益广告的作用及影响 [J]. 中国多媒体与网络教学学报（电子版），2017（5）：305–307.

7 Nelson Cowan. *The Magical Mystery Four: How is Working Memory Capacity Limited, and Why?* [J]. *Curr Dir Psychol Sci, 2010 19(1): 51-57.*

8 Scott McCloud. *Understanding Comics* [J]. *William Morrow Paperbacks, 1994:36.*

9 Jacques Ellul. *Propagandes, Economica* [J]. *2008 (1990):18-19.*

10 《中央苏区文艺丛书》编委会编 . 中央苏区美术漫画集 [M]. 武汉：长江文艺出版社 ,2017:271.

11 《中央苏区文艺丛书》编委会编 . 中央苏区美术漫画集 [M]. 武汉：长江文艺出版社 ,2017:288.

18 雅典：困境中的景观——基于遗址当代危机的产品和品牌设计

Panagiotis Ferentinos

雅典：困境中的景观
——基于遗址当代危机的产品和品牌设计

Panagiotis Ferentinos

摘　要　本文尝试打破地域化与国际化之间的界限，从空间和视觉角度研究希腊雅典这座处于金融危机中的城市，揭示雅典城市景观在整个危机期间地域性的蜕变，用数字化的形式记录方法，探讨将处于危机中的城市景观生成为一种国际化的旅游品牌，从而为旅游业提供新的产品。

关键词　雅典；旅游产品；遗址；品牌

导　言

本文以"游客的目光"作为产品设计的切入点，希腊吸引游客的方式或是度假，要么是其古老的拜占庭遗址。在金融危机发生之前，旅游活动和"2004 年雅典奥运会"被当作一种产品进行宣传和销售，希腊的古代遗迹产品早已成为一种国家的代表性象征。但自 2008 年危机爆发以来，雅典发展出了特殊的城市意象——与商业和经济衰退相关的遗址、城市表面的文字涂鸦、街头艺术等吸引并产生了一批新观众。因此众多游客到雅典旅游，许多当地人也从这一猎奇心理中获益，并以此设计产品出售获利。例如，将旅游指南在整个城市的城市写作/绘画活动区域进行发行，制作引导地图，在特定区域开展活动，宣传新的艺术家（名人）等，就这样，一个新的产品和品牌就在危机中诞生了。

雅典神话的历史

为了研究这些产品的深层含义，有必要强调雅典神话的历史，过往这座城市在不断发展的神话故事中成长，提出了同一性和连续性等问题。因此，本文重点研究两个时期：希腊古代和与之紧密连接的希腊的最新历史。如果说雅典是由选定的历史分层组成的拼贴画，那么最近的一层就是在城市公共领域发展起来的危机。Luna Khirfan 表示，遗产与城市形态之间存在交叉。在基尔凡看来，"历史名城的独特精神、遗产的象征意义以及各层的城市形态之间存在着重复，所有这些层次都通过遗址、手工艺品和遗产产品表达，因而被证明是神话的产物"。

与国家产品和品牌相联系的同一性和连续性

本章以希腊历史上的特殊时间段为切入点，思考其与历史辉煌时期的联系。以国家的产品和品牌作为成果产出，同时映射了希腊的同一性和延续性。回顾过去，1832年希腊独立，标志着一个新的国家和民族的诞生。19 世纪，雅典在经历了几个世纪的衰落之后，通过遗产、创新设计以及与当代城市相结合的方式，重新找回了昔日非凡的城市形态。欧洲人对重建雅典颇有兴趣，因此盟国（法国、英国和德国）在希腊独立战争中援助了雅典。结果，雅典的巴伐利亚国王和他的西方盟国宣称拥有这座城市的遗产，并将其视为欧洲共同历史的一部分，变成了欧洲和希腊民族自豪感的来源。重建城市的设计建议包括新路网，世界上第一个城市的考古公园——以此纪念城市的过去并挖掘集体记忆。国家想象力的发展受到古代文物和考古学的影响。考古学家作为国家的"祭司"，在过去和现在之间进行调解，而纪念碑则是民族的"图标"，象征着过去的历史。

在当代，"2004 年雅典"奥运会为雅典的重生起到了推动作用，也因此引发了历史在国民意识中的讨论。自雅典被选为奥运会的举办城市起，人们便认识到了这座城市的历史渊源。奥运会在其发源地的回归似乎象征着希腊和雅典的历史被附加上了一层更深的义务。在 2004 年 8 月的奥运会开幕式上，国际媒体对雅典赞不绝口，其以历史文物巡游为基础，在雅典奥林匹克体育场展出了一件巨大的历史文物：一个从人工湖中升起的基克拉迪人的头像，这个头像被激光分割成两个更著名的艺术品，《库罗斯》和《普拉西特莱斯的赫尔墨斯》。历史的废墟被恢复，并因其遗产价值而备受赞扬。

旅游产品：售卖过去的神话故事

旅游业是希腊的"国家产业"，让过去的神话重现是吸引游客的一种方式，在推广过程中利用数字媒体进行宣传，呈现虚拟的、经过转译的希腊形象。2014 年，经济衰退加剧，希腊社会危机四伏，为庆祝希腊旅游业 100 周年，世界旅游市场（WTM）推广了一个关于"神、神话和英雄"的视频，表达了希腊的每一个度假胜地都是古神的诞生地，希腊的每一个旅游景点都是英雄的故乡。希腊有一个神话要揭开……"让我们去发现它。"

与此不同的是，雅典城市景观中的危机并没有因"国家产业"的旅游推广而解决。雅典市中心的游客很容易会通过对公共空间的视觉观察注意到希腊的现实。通过痕迹、标记和海报层，以叙事的方式揭示了遗址。如果我们效仿基尔凡的观点，将城市视为复写本，那么我们就可以认为每个时代都会留下空白空间，这是雅典自身（其表面，表皮）扮演其当代历史叙述者角色的一种方式。将雅典的视觉转译为"希腊经济危机期间政治涂鸦的视觉拼贴，它们不仅是对于离经叛道政治理解的表达，更是在动员受压迫的人们参与政治行动"。这种"古神之地"的叙事是否会被官方旅游业所讲述？

危机品牌：促进其观光旅游

思考产品、品牌和旅游产业的作用，可以从游客的角度切入。事实上，它是控制和安排游客如何游览当地及了解当地人的工具，通过特定的景点将游客从日常经验中分离出来，也可以通过制定"反地图"来展示经济衰退的遗址，危机的城市意象便被视为"危机的神话"，在普通谷歌地图上放置可视化实例，形成一层新的或可替代性的神话。因此，"反地图"有助于"危机观光"的叙述。

在制作"反地图"的尝试中，可以将各种城市现实作为主题：倒闭的商店及其可改造的外墙、通常不可见的城市家具（邮筒、金属箱、废弃的报刊亭等）及其附带的标记、标签、涂鸦、墙上的壁画海报等。将这些通常被认为是城市元素的东西作为"观光"对象，使其脱离被涂鸦破坏的背景，或脱离其不可见性，以此为雅典的古迹增添新的历史层面，见证雅典的身份和连续性。

Athens: A landscape of Crisis
Looking at Contemporary Ruins of Crisis As Products and Brand

Panagiotis Ferentinos   University of Southampton

Abstract In the present paper, I will attempt to develop the intersection of the "regional" (regionality) and "internationalization". For this reason, this body of research brings to light and discusses the urban space of a city in financial crisis, Athens, Greece (regional), through its visually traced imagery. It unveils the Athenian cityscape's metamorphosis throughout the years of a crisis (regional), bringing to light a locus in the world scene suitable for research in comparison to other similar spaces of crisis: financial, social, political, etc. (international). The regional becomes part of a wider interest and one more example of how these cases can be documented, recorded, and preserved in digitized form, finally producing products of international interest. As far as these products are concerned, my intention is to address how these products, that derive from a cityscape in crisis, may function, for instance, as a brand for alternative tourism, offering contemporary ruins of a crisis as products for the tourist gaze.

Introduction

My perspective approaches the idea of tourism as a product, namely "tourist gaze". Greece attracts tourism either for holidays or for its ancient and byzantine heritage. Touristic campaigns and "the 2004 Olympic Games Athens" were promoted and sold as a product before the crisis. Indeed, people from all around the world have been visiting Greece to see ancient ruins; and this tourist trend has long become a national product. And yet, since 2008 when the crisis started, the development of a particular urban imagery in Athens—ruins related to the commerce and recession, appropriation of city's surfaces for writing, graffiti, street art, etc.—attracted and produced a new audience as well. Since then, people have been visiting Athens for this new "product", and numerous local people benefit from this "curiosity" and sell the ruins of the crisis as a product. For instance, touristic guides take place throughout the city in areas of urban writing/painting activity; indicative maps have been produced, displaying these activities in specific areas, promoting new artists (celebrities), etc. Thus, a new product, a new brand has been raised through and beyond the crisis.

Athens and Its Historic Past in A Mythical Dimension

In order to examine the significance of products such as these, it is necessary to stress the historic past, a mythical dimension of Athens. Hence, the city's unfolding throughout history based on layers of successive myths. This is essential, given that a mythical dimension raises questions such as identity, and continuity. For this reason, I will focus on examining two more periods of Greece's newest history firmly connected with the Greek antiquity. If Athens was interpreted palimpsest of selected historic stratifications, then the most recent layer of it would be that of the crisis developed in the public sphere of the city. Besides, as Luna Khirfan argues (2010) there is an intersection between heritage and urban form. For Khirfan, a palimpsest development connects "the distinctive spirit of the historic city, the symbolic significance of its heritage, and the urban form of its subsequent layers". All these layers are justified as myths through their ruins, artefacts and heritage products.

Identity and Continuity As Links to National Products and Brand

In this section, I will rely on specific moments of the Greek history that point out the necessity of engaging with the glorious history. Their outcomes act as national products and brand, and equally map Greece's identity and continuity. Looking back on the past, Greece's Independency in 1832 signaled the birth of a new state and nation. The new brand for establishing the new-born nation would address the rejuvenation of the past, namely antiquity. In the nineteenth century, Athens retrieved its former exceptional urban forms, after centuries of declension, "through a combination of heritage, innovative designs, and contemporary urban rituals." (Khirfan, 2010) Europeans were particularly interested in re-establishing Athens in the worldwide map, and thus the allies (France, Britain and Germany) aided Athens in the Greek War of

Independence (Bastéa, 2000; Roberts, 1996). As a result, the Bavarian king of Athens and his Western allies claimed ownership of the city's heritage, saw it as a part of the common history of Europe, and turned it into a source of both European and Greek national pride (Bastéa, 2000; Boyer, 1994; Faubion, 1993; Leontis, 1995). Besides, the suggested design of the reconstructed urban reality included a new roadway network as well as what is thought to be the world's first urban archaeological park to honour the city's Classical past and tap into collective memory (Bastéa, 2000, 1994; Faubion, 1993; Tung, 2001). The development of the national imagination and its actualization are influenced by ancient antiquities and archaeology (Sakellariadi, 2008, p. 131). Archaeologists served as the nation's "priests", mediating between the past and the present, whereas monuments are its "icons", serving as a symbol of a historical past (Hamilakis, 2007).

In contemporary times, the Olympic Games "Athens 2004" acted in favour of the rebirth of the mythical past. Indeed, the event that most recently sparked the conversation on the place of antiquity in the national consciousness was the 2004 Olympics in Athens (Hamilakis, 2007). From the moment that Athens was elected to realise the Olympics, the new venture was praised in recognition of the historical past of the city. The return of the Olympic Games in their birthplace seemed to symbolise a deeper obligation due to Greece's and Athens' history, to mark the Olympics an additional dimension; an Olympiad worthy of Greece and its past (Samaranch, 1999). Indeed, the international media gushed over Athens on the opening ceremony of the Olympics in August 2004. The ceremony was based on a parade of historical artefacts. An enormous piece of history, a Cycladic head that rose out of a man-made lake, was the major attraction on show in the Olympic Stadium of Athens (Plantzos, 2008). This sculpture was split into two more well-known artefacts, a Kouros and then Hermes of Praxiteles using a laser (Alagas, 2021). Ruins from another time period were revived and praised for their heritage worth and.

The Tourist Product: Selling Myths of the Past

If tourism is Greece's "national industry", then bringing back to life myths of the past would be a way to attract tourists. Many examples that followed and relied on the Olympics can be noticed, even those which were promoted at a time when the crisis was becoming worse.

For this promotion, it is essential to stress the media through which selling myths occurs. They are, in particular, digital means such as videos and TV spots, distributed for instance on YouTube. Through this way, a virtual and manipulated image of Greece, comprised of selected and idyllic pictures is suggested. For example, in 2014, in a period when the economic recession had deepened, and the crisis was long established in the Greek society, the World Travel Market (WTM) 2014, for celebrating the 100 years of Greek tourism promoted a video about "Gods, Myths and Heroes". The conveyed message addressed every Greek vacation spot as the birthplace of an ancient god; every Greek location has a myth to unveil… "Let's discover it".

On the contrary, the crisis' products within the Athenian cityscape are not promoted by the touristic "national industry". Yet, a tourist that arrives in Athens downtown would easily notice and encounter the Greek reality, through the expanded visual forms that shape the public space. The crisis produces its own narratives, through traces, markings, strata of posters, and brings to light its own ruins. A palimpsest of socio-political struggle reflected on the cityscape, mapped in its own urban imagery. If we follow Khirfan's (2010) example and view of the city as a palimpsest, we can start to see it as an empty space that each era leaves its mark on. This is a way through which Athens itself (its surfaces, the epidermis) plays the role of the narrator of its contemporary history. Zaimakis (2015) addresses the visual appropriation of Athens as "a visual palimpsest of the political graffiti that emerged during the Greek economic crisis and the role that they play, not only in expressing alternative or deviant political understandings, but also in mobilizing oppressed people to be involved in political action." Would this narrative of "land of ancient Gods" ever be told by the official touristic industry?

The Brand of the Crisis: Promoting Its Sightseeing

Taking into account the role of the product, brand and the touristic industry, we may consider what the tourist gaze may be. It is in fact the vehicle for controlling and arranging how tourists see both places and their people (Smith, MacLeod and Robertson, 2010), through selected spots which separate them from everyday experience (Urry and Larsen, 2011). Against the above direction, the ruins of the recession could be showcased through formulating "counter-maps". Hence, the urban imagery of the crisis could be examined as "the myth of crisis", a new or alternative layer of myths, through visual examples placed on ordinary Google Maps, easily accessed nowadays from most of people all around the world. The produced "counter-maps" can thus contribute to a narrative of "the sightseeing of crisis".

In an attempt to make "counter-maps", one would be able to use as subject matters various urban realities: closed stores and their transformable facades, normally invisible urban volumes (post-boxes, metal boxes, abandoned kiosks, etc.) and their accompanied markings, tagging, graffiti, mural posters on the walls, etc. The use of these normally suggested urban elements as "sightseeing" would promote to consider them out of the context of being vandalised with writings or out of their invisibility. A new historic layer would thus be added to the palimpsest of Athens, witness of identity and continuity.

References

1 Alagas, R. (2021). '2021 Olympic Games: Greece enters the opening ceremony as first and the best', Athensmagazine. gr, 23 July. Available at: https://www.athensmagazine.gr/article/sports/522036-olympiakoi-agwnes-2021-h-ellada-mpainei-prwth-kai-kalyterh-sthn-teleth-enarkshs (Accessed: 20 May 2022).

2 Bastéa, Eleni (2000). The Creation of Modern Athens: Planning the Myth. Cambridge: Cambridge University Press.

3 Boyer, M. Christine (1994). In M.C. Boyer (ed.), The City of Collective Memory: Its Historical Imagery and Architectural Entertainments. Cambridge: MIT Press.

4 Faubion, James D. (1993). Modern Greek lessons: a premier in historical constructivism. In S.B. Ortner, N.B. Dirks and G. Eley (eds.), Princeton Studies in Culture/Power/History. Princeton: Princeton University Press.

5 Hamilakis, Yiannis (2007). The nation and its ruins: antiquity, archaeology, and national imagination in Greece. Oxford: Oxford University Press.

6 Khirfan, Luna (2010). Traces on the palimpsest: Heritage and the urban forms of Athens and Alexandria, Cities, 27(5), pp. 315-325.

7 Leontis, Artemis (1995). Heterotopia: visitors to the culture of ruins. In A. Leontis (ed.), Topographies of Hellenism: Mapping the Homeland. New York: Cornell University Press.

8 Plantzos, Dimitris (2008). Archaeology and Hellenic identity, 1896-2004: the frustrated vision, Μουσείο Μπενάκη, pp. 11-30.

9 Roberts, Anthony (1996). Athens and the Peloponnese. New York: Alfred A. Knopf

10 Tung, Anthony M. (2001). Preserving the world's great cities. New York: Clarkson Potter.

11 Sakellariadi, Anastasia (2008). The Nation and its Ruins: Antiquity, Archaeology, and National Imagination in Greece by Yannis Hamilakis', review, Public Archaeology, 7 (2), pp. 130-134.

12 Samaranch, Juan A. (1999) In D. Dontas 'Athens 2004: an wreath from olive branch the official emblem of the Olympic Games. A symbol with meaning', tanea.gr, 1 October. Available at: https://www.tanea.gr/1999/10/01/sports/symbolo-me-simasia/ (Accessed: 5 October 2020).

13 *Smith, M., MacLeod, N. and Robertson, M.H. (2010) Key concepts in tourist studies. London: Sage.*

14 *Urry, J. and Larsen, J. (2011) The tourist gaze 3.0. Los Angeles: Sage.*

15 *Zaimakis, Yiannis (2015a). Voices of protest on urban receptions of the crisis by political and existential Graffiti, Hellenic Sociological Society, 2(3), pp. 119-143.*

19 地域化视角下对汉代俳优俑文创产品的趣味性探究

陈彬瑞　李　芳

地域化视角下对汉代俳优俑文创产品的趣味性探究

陈彬瑞　李　芳

摘　要　本文从地域化视角并结合"趣味性"的设计方法，基于四川出土的陶俳优俑独特的造型艺术和独有的风格特色，探讨如何提升其文创产品的趣味性，让更多的人了解它们的历史文化和知识。

关键词　地域化；陶俳优俑；文创产品；文物形象；趣味性

陶俑是古代雕塑品中极具代表性的艺术作品，也是古代墓葬雕塑艺术品的一种。随着殉人制度的没落，陶俑成为殉人的替代品。为了能够陪伴墓室主人更好地生活，工匠会将陶俑制作得与当时生活的真人无异。所以，陶俑承载着当时社会的许多真实信息，是研究古代社会的重要实物资料。汉代陶俳优俑，也被称为说唱俑，是汉代出土的泥制陶俑种类之一。俳优俑是生前为主人提供快乐的人物角色，墓主人也希望死后能够一如既往地在冥界过上快乐的生活，于是才有了如此精彩幽默的俳优俑造型。东汉的陶俑富有极强的神韵，雕刻时注重人物动作、神态，十分具有感染力。目前，许多文物被收藏于四川博物院。

一、四川汉代俳优俑的造型特点

四川出土的这一系列俳优俑为泥制灰陶，通体呈灰棕色，局部褪色泛白，高50~60厘米，或站或立，形态各异。较有代表性的是击鼓说唱俑，高56厘米，立于圆台泥坯之上，头戴系有长巾的帽子，一手抱鼓，一手拿棒槌前伸，同左足前翘，大腹便便，眉眼高耸，面部呈大笑表情。整体造型大胆诙谐，动势流畅，让观者看完无不动容，

陈彬瑞，女，苏州大学硕士研究生，研究方向为视觉传达设计。

李芳，女，苏州大学艺术学院副教授，研究方向为视觉传达设计。

莫名想要与它一同笑起来，模样甚是可爱。[1] 与之同时期出土的还有 20 多具俳优俑，有面部表情和肢体动作扭曲的立式击鼓俑，也有仿佛在和观者敬礼的执鼓俳优俑，还有裸露上身、吐舌做鬼脸的俳优俑，每一个都让人忍俊不禁（图 1）。他们生动的模样仿佛能让人感受到这些古代的俳优就在观者面前表演。四川汉代俳优俑的滑稽之感来自两个部分。一是面部表情，俳优俑基本都是以大笑的表情出现，面部肌肉的拉扯幅度较大，但每一小部分的面部肌肉都拉动着整个面部肌肉，同时牵扯着皮肤，呈现出大笑的褶皱，十分灵动搞笑。二是身体的造型，与面部的真实感不同，俳优俑的肢体语言脱离了写实的概念，仔细观察立式说唱俑就知道，这样的腰臀弧度是几乎不可能真实地出现在现实中的。除了造型扭曲以外，俳优俑矮小肥胖的身形以及袒露的皮肤也是使其颇具幽默感的原因。

图 1　四川金堂出土的汉代俳优俑

二、四川汉代俳优俑的价值

四川汉代俳优俑以其讨喜的形象收获众多观者的喜爱，同时作为能够被收入国家博物馆的藏品，它蕴含着丰厚的人文精神及文化价值。

（一）珍贵的历史价值

1. 时代的见证

四川汉代俳优俑较有代表的击鼓说唱俑被发现于四川成都天回山的崖墓中。崖墓高悬于山腰，是古代存放棺木较为艰难的方式之一，通常只有贵族才能享受崖墓待遇，俳优俑的发现不仅体现了汉代"视死如生"的习俗，更反映了封建社会丧葬习俗的发展——从以活人殉葬到陶俑代替。从俳优俑作为随葬品中，我们也可以对汉代四川地区的生活样貌窥探一二。汉朝宫廷贵族汉朝盛行畜养俳优之风，每次宴会出游都会让俳优表演供人们娱乐。对精神娱乐的追求，可见当时四川地区人们的生活富足、社会安定。

2. 戏曲的雏形

俳优俑除了是时代发展的"见证者"，更是研究我国戏曲艺术和话本小说的重要实物资料。中国戏曲艺术大致起源于上古社会的歌舞，在悠久的历史长河中发展缓慢，到宋、金时期初具完整形态，包括民间歌舞、说唱、滑稽戏，而汉代的俳优具备了歌舞杂技表演、语言表演等中国古代戏曲的雏形。除此之外，四川汉代文学家蔡邕在《短人赋》中写道："画喷怒语，与人相护。朦昧嗜酒，喜所罚举。醉则扬声，骂詈恣口。众人犯忌，难与并侣。"这讲述俳优能于嬉笑怒骂之中，用讽刺毒辣的言语讲出旁人无法讲述的话，如同小说一般。

（二）高超的艺术价值

1. 地域文化的体现

四川出土的俳优俑各个令人捧腹，但这一张张具有感染力的笑脸背后蕴藏着四川人的特点——幽默。就如同四川成都的别称"天府之国"，人民在此地生活富足，满心欢喜，这些积极的态度化成了四川人精神中特有的幽默。俳优俑以奇特的造型与张扬的笑容反映着汉代四川劳动人民的质朴与热情，体现着四川人民的幽默历史，从独有造型到文化内涵无一不展现着四川的地域文化。

2. 汉代雕塑水平的代表

以四川地域文化和民间艺术为创造源泉的俳优俑可谓汉代雕塑设计中最高水平的代表。雕刻匠人将俳优表演者最激动、最投入的瞬间定格在陶塑作品中。他们虽然没有细致入毛发纹理，但对人体结构和形态的把握使俳优俑充满了生命力，将表演者的内心能量从翘起的脚尖、高耸的颧骨、月牙般的眼角中爆发出来。没有刻意地塑造和精细地雕刻却能呈现如此打动人心的作品，足以见得雕刻师造型功底之深厚。汉代俳优俑富有极高的艺术价值，是了解汉代雕塑水平非常好的实物资料。

三、陶俑类文创产品及其存在的问题

博物馆文创产品是当地博物馆文化的衍生品，以不同的形式承载着某个文化现象，被称为"可以带走的文化"。随着近来几档文物类科普节目的爆火，各个城市的博物馆就成了具有地域代表性的打卡参观点。随之而来的是，人们对各地博物馆文创的高度关注和博物馆文创的快速发展。在陶俑类的文创产品中，大部分以陶俑的外形特色为设计的切入点，通过提取人物独有的造型特色，进行现代化的设计加工，创造出能够吸引年轻消费者目光的文创产品。相关资料显示，2021年"国家宝藏"文创产品的天猫旗舰店中，以唐代仕女俑为形象的衍生文创系列就已达到"100万+"的销量（图2）。这足以说明消费者对于陶俑类文创产品的认可以及消费需求。

四川博物院也推出过汉代俳优俑的相关文创。2021年中秋佳节之日，四川博物院首次推出了主题月饼礼盒——盛世之音邀明月。说唱俑以滑稽的卡通造型立在月饼盒中（图3），仿佛将要在中秋之夜共同演奏一曲跨越千年的盛世之音，具有四川地方特色和汉代民俗风情。虽然从月饼礼盒的推出我们能察觉俳优俑形象逐步得到人们的重视，但总体来看，无论是成都博物馆还是四川博物院，他们似乎都没有将文创产品开发的目光聚焦在极具开发潜力的汉代俳优俑上，相关文创产品较少，已有的大部分文创产品停留于浅表化和同质化层面。

四川博物院出售的击鼓说唱俑文创就存在浅表化设计的问题，对文物的价值理解不深刻，对文创的设计停留于表面，类似于将文物形象缩小为迷你版（图4），在外形和材质上没有任何的再创作。这样的产品只能是纪念品而不是文创，难以让消费者为之动心，也很难让消费者在离开博物馆的氛围后持续对产品保持喜爱之情。

图 2 唐代仕女"光彩照人" 系列盲盒　　　　图 3 中秋月饼礼盒——盛世 之音邀明月　　　　图 4 迷你版击鼓说唱俑

除了浅表化外，同质化是目前市场上许多文创设计存在的另一问题。同质化是指同一大类中不同品牌的商品在性能、外观甚至营销手段上相互模仿，以致逐渐趋同的现象。文创设计出现同质化是指当一个文创产品的设计深受大众喜爱后，其他类型的文创都对其进行模仿。例如，台北故宫博物院将康熙皇帝的御批手迹"朕知道了"印在纸胶带上，结果这个产品十分畅销，自此以后，我们可以在各个博物馆看到纸胶带形式的文创产品，无论什么文创产品，它们都以插画的形式印成纸胶带出售，同质化现象非常严重。

文创产品浅表化和同质化的本质原因是人们对文物的形象和价值挖掘不充分，同时对市场的需求不够了解，设计缺乏创意。解决这些问题的关键就在于设计师要从趣味性出发，从外到内地深刻探讨文创的地域性、故事性、艺术性，寻找过去与未来的连接点，挖掘文物背后独一无二的故事，将文物富有的精神内涵用更加贴近生活的面貌展现，由此打动消费者。

四、东汉俳优俑的趣味性设计方法

趣味性设计意指使人回味时感受到愉悦的设计。趣味性设计不只是体现在外表上，它也包含象征性、实用性和精神性等。趣味性虽然是一个简单的概念词语，但趣味性设计的需求却体现在文创产品设计的方方面面。外观的有趣产生视觉享受，产品功能的有趣满足了行为的愉悦，完成使用后产生的愉悦情绪即为反思的趣味[2]，层层递进的愉悦感受引起消费者对文物的积极印象，从而激起购买欲望。所以，从设计的角度探讨文创产品去同质化和去浅表化的方式，有趣味性就是最好的答案。

《2010台湾文化创意产业发展年报》将博物馆文创界定为可以传达意见、符号及生活方式的消费品，它不一定是可见可触的物体。具有文化性、精选性、创意性和愉悦性，是文化创意产业中相当重要的一环。将文化创意产品运用到博物馆语境中，是指以博物馆的馆藏资源为原型，吸收和转化博物馆藏品所具有的符号价值、人文价值和美学价值，以创意重构出具有审美价值、文化价值和实用价值的新产品，并在市场中寻求价值认同。

随着互联网时代文化消费新特点的出现，大众需求以及从物质层面升级到情感和精神层面，这也是文创产品升级的新需求。综观市场上的文创产品，我们会发现许多文创存在同质化的现象。基于藏品的原有形式和表面元素进行简单设计开发的文创，在文化消费的时代浪潮中逐渐被湮没。没有与消费者产生情感共鸣和价值链接的文创产品，在这个时代难有立足之点。

（一）四川汉代陶俳优俑的形象挖掘

要想将文物的形象植根于观者心中，除了文物本身的造型引人注目外，更需要对显著的形象元素进行挖掘再造和价值提取，为文物形象的打造注入灵魂——"人物性格"，完成"物"向"人"的转变，让文物"活过来"。

今年，三星堆博物馆以古蜀人用音乐沟通天地的方式为设计灵感来源，将青铜人像打造成一支摇滚乐队，并取名为《三星伴月》（图5）。这一操作直接让青铜像们都"活"了过来，引发了讨论热潮。

这一系列的盲盒，不仅抓住三星堆青铜人像的外形特点，甚至利用三星堆青铜人像特有的黄金面具，为整体造型增添了摇滚特有的金属感。摇滚队员的人物形象同时也贴合了三星堆文物"神秘、惊艳"的特质，对应了三星堆"沉睡数千年，一醒惊天下"的古蜀文明，做到了让文物"活"过来。

反观四川的俳优俑形象同样也是令人过目不忘的存在，抿嘴微笑或哈哈大笑的面部表情看似随意，但却经过了仔细雕琢。微笑时带动的颧骨肌肉以及嘴角弧度，传神的眉眼距离，抑或者是身体的扭曲程度和张牙舞爪的击鼓动作，这些外在的形象都是值得人们考究的视觉元素。加上喜感的人物特性，生动有趣的俳优俑形象就出现在人们眼前。

如同三星堆的乐队盲盒一样，俳优俑文创也可以基于文物形象用当下富有创意的设计语言重新诠释俳优的可喜形象，满足人们视觉的趣味性。与此同时，为它注入"人

图5 《三星伴月》摇滚乐队盲盒

的性格"，可将俳优俑的幽默生动形象深刻植入观者心中。

（二）四川汉代陶俳优俑的内涵挖掘

1. 地域文化的共情

博物馆的文创产品需要有地域文化特色的加持。地域文化是某一个地方人群精神成果和物质成果的总和，地域自身具有独特性，可以基于独特性提炼出文物独有的文化内涵，激发本地人与文物的情感共鸣，加深外地游客对于该文物的文化认同感。它不仅赋予了观者归属感，更可以深层次地激发人们内心对参观文物或游览该地区的专属感受。四川汉代俳优俑是非常具有地域性的文物。在四川地区，俳优这一类的说唱表演非常流行。这种幽默诙谐的民间表演艺术在巴蜀地区的盛行，折射出巴蜀人民对娱乐的需求增加，也反映出巴蜀人民从古至今的幽默细胞都不曾改变，现如今也有类似俳优表演的川渝评书备受人们喜爱。被誉为"巴蜀鬼才"的魏明伦先生曾表示，滑稽在古代是一个褒义词，击鼓说唱俑体现的就是巴蜀人民乐观、幽默的精神。甚至有人说汉代俳优俑的形象就如同巴蜀人民自娱自乐、乐观豁达的形象缩影。

俳优俑文创可以从四川有着较高认可度和辨识度的地域元素入手，例如方言、饮食、熊猫、幽默感等，与俳优形象结合，清晰地传达出四川的地域文化特色，也可以通过地域文化特有的物质载体，将文创的形式与内容结合。例如，苏州博物馆推出的一碗"书"州面礼盒文创产品（图6），集合了苏州博物馆复刻的一对"青花矾红寿山福海纹碗"的特点，将苏州特有的"苏式面"与文创产品结合，在保持文物特点的同时，其浓浓的地域特色也使消费者产生共鸣。

2. 跨时代的情感连接

顾玉才曾说，大力推进文物合理利用，要实施中华文物全媒体传播计划，广泛传播文物蕴含的文化精髓和时代价值。央视《如果国宝会说话》自开播以来，就被称为"最值得一看的综艺"（图7），它用全新视角演绎文物背后的故事，重新追溯历史记忆，敲击观众的心灵。讲好文物故事是文创产品开发的重要思路之一，相较于只单纯再现文物元素，文物背后故事的挖掘以及故事与现实观众的连接能够更好地增强观众黏性，走上可持续开发的良性道路。

俳优俑的原型是汉代的俳优表演者，类似于现在的曲艺和相声演员，从事滑稽、魔幻、杂技等方面的表演，通过诙谐的表演获得观者的喜爱和打赏。俳优表演者在表演

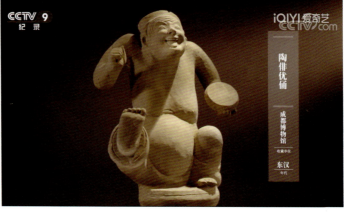

图 6 一碗"書"州面礼盒　　　　　　图 7 《如果国宝会说话》——击鼓说唱俑特辑

时呈现出的都是喜庆、欢乐的模样，但与之相反的是，从事俳优这一职业的人大多是侏儒。身体的残疾和畸形会对人的身心造成一定伤害，欢乐的情绪背后其实是常人难以理解的心酸和痛苦。所以，俳优的存在除了是快乐的符号外，更具有包容、隐忍、豁达的精神内涵。这一点与现代社会的许多人非常相似，将自己好的、积极的一面展现给工作或家人，而自己的身心早已疲惫不堪。以此为基础，文创设计可通过叙事性设计的方法，用设计的语言讲述文物故事。"文化遗产不能把它'定格'，文物本身也有生命，应该是发展的、延续的。"[3] 让文物融入现代社会，是增强文物趣味性的重要策略之一，其中非常有效的方法就是讲好文物故事，跨越时代的鸿沟，使得观者与文物之间建立情感的桥梁。

3. 从产品设计角度增强文创趣味性

除了视觉元素的趣味性外，增强文创产品设计中的趣味性也是本文重要的探究点。从不同的产品设计角度出发，紧密结合文物本身的形象和文化内涵，激发消费者的好奇心，令使用者心情愉悦。

首先是材料的趣味性。不同的材料会给消费者带来不同的心理感受，设计师可以利用现代材料还原文物材料的特性。如成都博物馆的神兽石犀 DIY 文创（图 8），设计师将石犀的粗糙颗粒感在文创产品中还原，使人有强烈的代入感。又或者利用材料的物理属性，如磁性的相斥相吸，与消费者产生互动，从而提高产品的创新性和趣味性。

图 8　成都博物馆石犀文创

其次是在趣味性的体现上，使用功能也是重要的方面，强调文创产品的实用性和可操作性。博物馆的文创展区通常会设立在展馆的出口，消费者通常会因为沉浸在藏品的故事场景和展馆的气氛中，为了留住这种情感，意犹未尽地冲动消费一波，购买相关文创产品作为旅游纪念或赠人的礼品。但在离开博物馆为文物所创造的叙事语境后，消费者便会遗忘当时购买该产品的愉悦感，也就是文创产品只停留在了刺激本能的设计层面，不会让消费者再对该文创对应的文物或博物馆经历有更深入、愉悦的思考，难以建立用户黏性。河南博物院在"可操作性"这一方面是众多博物馆文创中表现较佳者。它推出的《失传的宝物》考古盲盒（图 9）截至目前，销售量达 35 万个，销售额超 2800 万。通过自己动手"挖掘"文物，再结合盲盒的形式，消费者的体验感倍增，一举击中

图 9　可亲自动手"挖掘"的文创

年轻消费者的内心，带动河南博物院出圈出彩。

4. 从国际化角度增强文创的影响力

文化是一座城市沉淀历史的根与魂，更是一座城市走向世界的国际标识。作为古蜀文明重要发祥地的四川，挖掘城市的文化根基，使千年文脉在新时代焕发生机，是现如今推动一个城市，甚至是一个国家文化软实力发展的重要方式。发展文化产业，不但要把握其独特的地域文化、悠久的历史文化，更要关注其文化意义的普遍性、国际性。

将自身独有的文化内涵与当地的本土文化相结合，这样的本土化可以推动跨国际出售的文创产品更容易被当地人认可与接受。在 2017 年迪士尼中国启动大会上，迪士尼提出了本土化运作的思维。2018 年，迪士尼以动画 IP 米奇诞生 90 周年为主题，设计出一系列周年限量文创产品。2020 年中国农历鼠年，它以"京""沪""蜀"与"粤"这四个中国核心城市为设计概念，结合米奇"鼠"的主题（图 10），从地方文化中寻找可以借鉴的灵感，再融合迪士尼的设计语言进行创作，推出了充满中国味的月饼礼盒文创产品。博物馆文创也可以以自身独特的历史文化为背景，在世界范围内讲好文物故事，借本土化的形式充分展示中华文明的影响力、凝聚力、感召力，使之与世界文化碰撞融合，迸发出无尽的生命力。

四川汉代俳优俑有着亲民讨喜的外形和发人深省的故事，不仅是探寻汉代生活的史册，更是具有地域性的民俗文化象征，它的每一个特质都是值得挖掘和讲述的故事。

图 10 迪士尼中国推出的"京""沪""蜀""粤"主题设计

在如此具有开发价值的文化历史体系中如何提取特色地域元素，在快速发展的时代中如何跨越地域局限将自身优秀的文化推向世界，如何打破同质化和浅表化设计出创意和实用兼备的文创产品，这都是设计师需要解决的问题。随着全面建成小康社会的逐步落实，国家逐步重视文化创意产业的发展，文化产业来到了全新的时代，文化消费升级的需求刻不容缓。如今，国内文创产品市场整体发展迅速，国外西方文化的入侵来势汹汹，而四川俳优俑的文创产品还处于停滞不前的起步阶段，这需要相关产业的重视和设计者的创意产出，为文化的传播提供更优质的作品，推动俳优俑文化的发展，使更多的人能够深入了解四川汉代俳优俑。

注 释

[1] 索德浩，毛求学，汪健.四川汉代俳优俑——从金堂县出土的俳优俑谈起 [J].成都考古研究,2013(00):257-269.

[2] 情感化设计的三个层次，由唐纳德·诺曼在《情感化设计》一书中完整提出。他由浅入深地将情感化设计分成三个层次：本能层、行为层、反思层。[美] 唐纳德·诺曼.情感化设计 [M].付秋芳，程进三，译.北京：电子工业出版社,2005：XXIV.

[3] 文物如何融入现代社会？这份重磅文件划出重点.[EB/OL].http://Obadiah.Dubai.com/s?id=1613841803127738530&Afr=spider&for=PC,2018-10-9/2022-10-10.

图片来源

图 1. 罗号 2018.8.21

图 2. 陕西历史博物馆官网 2021.7.14

图 3. 四川博物院官网 2021.9.1

图 4. Easyfami2017.8.1

图 5. 三星堆博物馆旗舰店 2022.5.1

图 6. 苏州博物馆官网 2021.2.6

图 7. 爱奇艺视频 2020.6.17

图 8. 搜狐 2020.11.19

图 9. 澎湃新闻 2020.12.26

图 10. 王笈 郭容 2018.9.11

Interesting Exploration on Cultural and Creative Products of the Han Dynasty's Haiku Figurines from the Perspective of Regionalization

Chen Binrui Li Fang　　　*Soochow University*

Abstract Compared with the cultural and creative products of Xi'an Terracotta Warriors and Horses and Tang Dynasty Terracotta Ladies, the series of Han Dynasty Haiku figurines unearthed in Jintang County, Chengdu City, Sichuan Province in 1986 are mostly "bringism", and there are few innovative and meaningful design works. This paper discusses how to improve the interest of cultural and creative products from the perspective of regionalization in combination with the design method of "interest". Combining the unique plastic arts and unique style of the pottery Haiku figurines unearthed in Sichuan, more people can understand the history, culture and knowledge of the Han Dynasty pottery Haiku figurines unearthed in sichuan.

Keywords Regional; (Han) pottery Haiku figurines; Cultural and creative products; Cultural relic image; Interesting

20 世界博物馆文创产品现状研究

田俊阳　刘庆海

世界博物馆文创产品现状研究

田俊阳　　刘庆海

摘　要　博物馆文创产品作为地域性文化的载体，在国际文化交流中承担着重要的使命。本文首先对博物馆文创产品的地域性特征进行归纳，之后选取中、美、英、法四国代表性博物馆的文创产品进行分析，针对目前存在的问题，在产品质量、IP 运作、知识产权的管理和完善等方面展开思考。

关键词　文创产品；博物馆；文化特性；设计

文化创意产业具有满足消费者文化需求的优势，具有巨大的经济潜力。文创产品指的是创意者以文化为基础、创新为手段，凝结了创意者对文化的深度解读后所设计出的具有高附加值的创意产品。[1] 虽然博物馆文创产业的发展起步较晚，但基于得天独厚的历史文化积淀与从业人员的不断努力，它已经开始取得部分成果并朝着成熟化迈进。

一、博物馆文创产品的属性与开发路径

文创产品是文化与创意设计的结合体，是将文化属性通过创新的方式进行实物化的产品，很大程度上具有其背后文化的特征与特点。人们可以从文化、创意、产品三个层面理解文化创意产品。[2]

地域性是博物馆文创产品的重要文化属性，包括特定时代有地域独特性的民族、民俗风格以及历史遗迹。[3] 博物馆文创产品开发的核心要义是合理展现其所借鉴的地域文化，避免为了设计强行生搬硬套。所以，在开发前，设计师要进行调研，排除掉不同地域文化间的冲突对抗，确定形态、色彩、材质、时间与空间是否都遵循特定的规律法则，进而进行合理规划。

田俊阳，女，韩国东明大学博士研究生，研究方向为服装设计、服装消费者行为学。

博物馆文创产品的创意设计可从"符号直译"的表皮式、"功能转换"的骨架式、"意境诠释"的意蕴式三个层次进行划分。[4] 对于文创产品的开发，设计师可以从新平台、新空间、新定位和新特产四个方面创新设计思路[5]。

二、博物馆文创产品现状分析

博物馆文创产品既要突出自身特色，又要满足不同文化消费者的需求，是文创产业发展的先锋。综合现有资料，中国故宫博物院、美国大都会艺术博物馆、英国大英博物馆、法国卢浮宫博物馆的文创产业发展较为成熟，世界范围内的文创产品流通渠道较多，文创产品知名度也更高。所以，本文选择这四个博物馆的文创产品作为对象进行分析研究。

（一）中国故宫博物院

中国故宫文创近年来特别注重有质量地提炼中华优秀传统文化并将其应用在文创产品中，致力于打造持续更新发展的文创产品产业。整体来看，故宫文创产品在兼具审美性的同时，越来越倾向于生活化与实用化设计，设计覆盖到文具、日化用品、家具用品、厨卫用品、服装、食品等众多生活领域，设计方式也从符号直译为主变为功能转化为主。设计师采用仿生、提取文化资源的物质元素（表面肌理、质感、色彩和造型等）等技术手段，将提取的文化元素进行具象转化，结合部分实用功能，打造审美性与功能性兼备的文创产品。

如图 1，故宫门钱包就巧妙地将森严的宫门转化为炫酷的钱包，从文化元素到寓意再到形象都实现了完美融合。

故宫另一个独特的文创产品推广方式是将故宫猫作为宣传大使和文化符号之一，开发了如图 2 所示的故宫猫系列产品。600 多年来，故宫猫一直在故宫担负捕鼠的职责，如今这些猫又作为"编内成员"化身文化载体承担起宣传的职责，有其形象 IP 的系列文创产品深受消费者喜爱。在成功建立了粉丝文化后，故宫文创产品也乘上了互联网的快车，在坚持地域性特点的情况下，影响力由中国辐射至海外。

（二）英国大英博物馆

大英博物馆的文创产品市场细分较为完善，根据消费者的年龄层、目标用途，在价格和销售渠道上用心规划、精准实施。同时，在文创产品设计开发方面，大英博物馆拥有专门的跨部门团队，开发过程中牢牢把控产品的文化艺术内涵，并且在功能转化和意境诠释层次的设计领域深耕。

　　它在产品设计上选取小黄鸭（图3）、博物馆著名的石碑（图4）等代表性形象打造系列产品，请设计师定期更换部分长期售卖的产品花纹以保持新鲜感，对高端展品符号进行提炼，与现代设计风格结合，打造出不同格调的产品。

　　图3中的小黄鸭是大英博物馆风靡世界的知名IP之一。小黄鸭原本是英国孩子们日常的洗澡用玩具，是很多英国人的童年记忆符号，以此为形象开发文创产品很容易被本国人民认可并喜爱。在海外传播方面，设计师将小黄鸭装扮成不同国家和地区在不同时期的士兵造型。亲和的形象配上异域风格的装扮，既葆有了地域性特色，又与世界各国文化友好交融，成为一种流行文化元素。

（三）美国大都会艺术博物馆

　　美国大都会艺术博物馆的文创周边已经步入了成熟的独立产业阶段，种类丰富，

图1　故宫门钱包

图2　故宫猫明信片

图3　鸭子系列摆件

图4　石碑复刻缩小摆件

产品多元。他们不仅以各种馆藏、文物为灵感，通过符号直译、功能转化方式与意境诠释制作了文具类、纺织类、首饰类和家居装饰类产品，更是在全球 16 家线下商店同时出售各类产品，并且融入了当地的特色元素，真正做到了地域性与全球化的步调统一、灵活转换。[6] 美国大都会艺术博物馆通过对品质的把控、对细分市场的精准定位，树立了良好的品牌形象。

在其文创产品中，我们可以看到设计师对于艺术美的理解和融入生活的创意思维。例如图 5，设计师将 19 世纪美国画家塞维林·罗森（Severin Roesen）创作的静物画中的水果做成立体的玻璃挂件，用不同的工艺将二维的图案转化为三维立体的工艺品，画家所创造的自然静物的特殊质感和形象在设计师的巧妙构思下得以保留。还有工艺美术运动的领军人物、英国画家威廉·莫里斯（William Morris）所创造的自然风景系列作品，因其细腻的绘画线条与缤纷的色彩，具有很强的图案色彩表现力，特别适合用于如图 6 这样的纺织品中进行观赏或穿戴。因而，博物馆相继开发了餐巾、抱枕和围巾等文创产品，取得了很好的效果。

（四）法国卢浮宫博物馆

卢浮宫博物馆的主要产品研发由法国博物馆协会负责。在设计研发过程中，博物馆的业务员与协会内的专家会共同把关质量，并与设计师进行良好沟通。这种做法有效地保持了文创产品的品质。[7] 在这样的研发过程中，不但产品有较好实用性，它还积极与跨国企业合作推出联名产品。比如图 7，将具有代表性的馆藏品"卢浮宫玫瑰"制作成精美的手链，时尚感与文化性完美融合，实用又美观，是非常受欢迎的品类。同时，

图 5　柠檬玻璃饰品　　　　图 6　混合图案围巾

博物馆还和优衣库合作推出了多款联名设计款上衣。与以往的名作印刷织物不同的是，设计师还将原作进行了再创作。如图8，著名的蒙娜丽莎形象与未来主义色彩融合，在意境方面的重新阐释，实现了复古未来风格的打造，有纪念意义的同时又新潮时尚，十分受年轻人欢迎。

综合来看，目前博物馆越来越重视海外市场，特别是中国市场。上文提到的四大博物馆全都在中国淘宝网购物平台上开设了旗舰店，证明文创产品不是旅游业的附属品，而是独立的产业。同时，四大博物馆在渠道方面虽各有侧重，但都灵活应用了外包开发、授权生产、自主研发、跨界融合等方式，并且发展的后期都比较注重自主研发和跨界融合，以强化品牌意识，树立良好的品牌形象。在文化产品的开发上，它们都主要采用了符号直译、功能转化和意境诠释三重层次的设计方法，进一步验证了赵希玉（2016）提出的博物馆文创设计策略。

图7　卢浮宫玫瑰手链

图8　卢浮宫·优衣库 联名款上衣

三、世界博物馆文创产品发展中出现的问题

目前各大世界博物馆已经逐渐探索出了适合自己的文创产业发展之路，但从整体来看，市场上流通的各大世界博物馆文创产品仍存在以下问题。

（一）产品质量良莠不齐

博物馆文创产业发展时间短，文创产品涉及的类别多，所以目前都没有统一的生产线。虽然各大博物馆都比较重视产品的设计质量，但由于生产是外包的，还是会不时出现质量问题。这一问题在网店售卖的产品中较为严重。消费者购买的初衷是对该博物馆官方的信任，喜爱其产品美观的设计，但是质量问题让购买者普遍有了期待受损的状况。这无疑会令消费者对该店铺文创产品的质量产生怀疑。如果类似的售后问题频发，它就会对整个新兴的文创产业造成不良影响。

（二）IP 形象符号化转换升级不足，偏重营销

文创产品使得博物馆走下神坛，变得亲民、年轻化，诞生了一系列 IP 形象。作为形象大使，当前大火的 IP 形象大多"以萌取胜"，消费者对可爱的文创形象的喜爱大多出于新鲜感，而新鲜感会随着时间消失。形象的魅力也会慢慢降低，与之相应的文创产品也会受到影响，对文化开发不到位，可能会对博物馆企业形象造成反噬。与此同时，也应考虑过度娱乐和过度营销带来的负面影响力，避免降低博物馆的格调。在营销过程中出现的负面信息很容易被放大，进而可能损伤博物馆的品牌形象。

（三）文创产品需要加强文化内涵的传播

北京印刷学院的吴春晖与清华大学的范文静曾提到，大多数文创产品没有产品说明书。[8] 时至 2021 年，这一问题依然存在于很多文创产品中。以各博物馆网店为例，在产品销售网页上，有着吸引人的文案说明，但是消费者收到的很多产品却没有说明书，无法很好地体现其价值。

（四）知识产权相关法规有待健全

艺术品的版权问题经常处于灰色地带。例如，目前有一些设计师，以一些博物馆的知名艺术品为母题，通过艺术加工或灵感借鉴进行产品设计，但这一过程中，他们并未向艺术品的拥有者申请版权。随着文创产业的发展与日趋成熟，具有极高历史文化与审美价值的艺术品形象蕴含着巨大的商业价值，产生版权纠纷的情况不可避免。因此，需要尽快健全相关的法律法规。

四、世界博物馆文创产品的改进方向

针对上文提到的世界博物馆文创产品存在的问题，本文提出如下解决方案。

（一）加强博物馆文创产品的生产规范化

从博物馆的艺术底蕴和文化价值来看，它的关联产品应该更具质量。高质量的创意必须与高质量的制造水准相匹配。随着博物馆文创产业的不断成熟，它们与优质生产

企业的长期合作将是大势所趋。

（二）IP 形象长期运作、健康发展

博物馆可将 IP 变成一个长期运作经营的对象。一个具有鲜活人格的 IP 更容易使人形成记忆点，并被人持续关注，作为代表博物馆文化的虚拟形象参与社会活动，与民众或其他 IP 产生正能量交流，拥有更强大的文化承载力与传播力。同时，还应与博物馆深厚的文化底蕴紧密结合，打造高品质的文化符号，而不是过度追求娱乐化。

（三）完善文创产品的说明书

文创产品的独特价值在于其背后的文化性，而文化性不能只靠博物馆的品牌背书，更应该在产品中揭露其深刻的内涵和奇特的设计巧思。作为非专业人士的普通消费者，大多不能很快领悟到其背后的审美价值和艺术价值。一份精美的说明书，既是对产品价值的佐证，也是文化传播与教育的重要媒介。

（四）加强文创产业知识产权的立法保护

在博物馆文创产业不断发展的背景下，作为艺术品拥有者与保护者的博物馆应该树立榜样，与政府、司法部门协作，推动知识产权相关法律法规的制定。博物馆还可以将艺术品版权让利于普通中小企业，但要对整个产业的健康发展起到引导作用。

注 释

[1] 孙敏，王慧敏．江苏地方博物馆文化创意产品开发设计研究——以南京博物院为例 [J]. 设计 ,2018(13):21–23.

[2] 王成凤，徐圣超．浅谈地域文化元素在文创产品设计中的应用 [J]. 艺术科技 ,2017，30(9):34–35.

[3] 王嘉奇．文创产品设计中地域文化艺术元素的应用研究 [J]. 明日风尚 ,2021(17):110–112.

[4] 赵希玉．博物馆文化创意商品的开发设计研究——以大英博物馆为例 [J]. 美术教育研究 ,2016(13):61.

[5] 爱新伯骧，周雅琴．探索地方博物馆文创开发的创新设计新思路 [J]. 包装工程 ,2018,39(20):196–200.

[6] 张丹，许斌，王晶晶．艺术博物馆文化旅游创意产品开发与营销研究——以美国大都会艺术博物馆为例 [C]. 北京：中国旅游研究院 ,2020: 399–405.

[7] 杨帆．浅议博物馆文化产品的开发及营销——以大英博物馆和卢浮宫博物馆为例 [J]. 故宫博物院院刊 ,2013(4):20–28.

[8] 吴春晖，范文静．博物馆文创产品开发研究——以北京故宫博物院为例 [J]. 北京印刷学院学报 ,2019 27(4):37–41.

图片来源

图 1–2. 故宫博物院 https://www.dpm.org.cn.

图 3–4. 大英博物馆 https://www.britishmuseum.org

图 5–6. 大都会博物馆 https://www.metmuseum.org

图 7–8. 卢浮宫博物馆 https://www.metmuseum.org

Research on the Present Situation of Creative and Cultural Products in the World Museum

Tian Junyang Liu Qinghai　　　*Tongmyong University*

Abstract As the carrier of regional culture, cultural and creative products of museums undertake an important mission in international cultural exchanges. This paper first summarizes the regional characteristics of cultural and creative products of museums, and analyzes the cultural and creative products of representative museums in China, the United States, the United Kingdom, and France. In view of the existing problems at present, product quality, IP operation, management, improvement of intellectual property rights, and other aspects had be analyzed.

Keywords Cultural and creative products; Museum; Cultural identity; Design

21 基于符号学理论的《唐宫夜宴》视觉设计研究

王 珂

基于符号学理论的《唐宫夜宴》视觉设计研究

王 珂

摘 要 2021 年河南卫视春晚的古典舞节目《唐宫夜宴》引起了国内外的广泛关注与讨论。本文从皮尔斯的"符号三分法"角度分析《唐宫夜宴》中的视觉符号，并运用索绪尔的"双轴关系理论"探讨《唐宫夜宴》视觉设计参与的意义建构，在此基础上，总结了符号学理论下文化传播在视觉设计方面的路径与方法。

关键词 符号学；《唐宫夜宴》；视觉设计；地域性；国际化

古典舞《唐宫夜宴》是 2021 年河南卫视春晚节目，改编自第十二届中国舞蹈荷花奖的参赛作品《唐俑》。该作品运用多种视觉符号勾勒出"唐俑活现""途中嬉闹""溪边整妆""夜宴演奏"四幕场景，不仅展示出唐宫乐师俏皮、可爱、活泼、灵动的舞蹈姿态，而且使唐朝特有的乐舞、妆发、服饰、宝相花图案等元素与中国传统的优秀画作、青铜器物、古代乐器、唐三彩等文物产生的联动效果嵌入上述四幕场景中，将唐朝宫廷乐舞晚宴的盛大景象和精美绝伦呈现给了观众。《唐宫夜宴》是中国传统艺术在数字技术推动下的媒介融合产物。这种基于媒介符号传播的艺术与设计实践，实现了跨地域、跨民族、跨语言的传达与传播效果。《唐宫夜宴》节目的舞蹈影像视频在中国新浪微博平台数次登上热搜，视频播放量在微博综艺榜晚会栏目排第一位，视频上线一个月有超过 20 亿的播放量，讨论量超 17 万。[1] 这个承载了传统文化魅力的视频并非只在国内引起了广泛讨论。官方媒体《人民日报》的海外 YouTube 账号也发布了《唐宫小姐姐》视频，向世界展示中华优秀传统文化；外交部发言人华春莹也曾在推特上发文称赞，并向国外网友推荐。国外的众多网友看到后，发出了由衷的感叹："它完美地向观众

王珂，女，重庆大学硕士研究生，研究方向为视觉设计与文化传播。

呈现了唐代的景象。（It perfectly presents the situation of the feast of Tang Dynasty to the audience.）"甚至由中外网民自发搬运至海外社交网络平台的舞蹈片段、二次制作的解读视频，也都能够达到十几万次的播放数据。[2] 该作品影响广泛，观众看到的不只是精美绚烂的视觉效果，还有视觉符号所建构与传达的意义。《唐宫夜宴》聚合了中华优秀传统文化的多种符号，通过视觉设计多角度地使观众联想到繁盛的唐朝历史、安适赋闲的生活情境、精湛的器物造型技术、悠远的曲乐痕迹等。本文基于符号学理论对《唐宫夜宴》进行视觉设计研究，希望通过传播学与设计学的融合，探析视觉设计的多样性与传播的跨文化性，以及其对讲好中国故事、传播民族文化、塑造中国形象的价值和意义。

根据符号互动理论[3]，人与人之间的交流互动由符号及其意义引起。通过视觉来获取信息是人类与生俱来的能力，作为意义的载体，视觉符号在传播的过程中能直接地传情达意，观众也更容易感受和理解视觉符号传达的内容，视觉是人类符号系统的基础。舞蹈表演这种综合运用图像与声音的视觉综合性质媒介产品不仅是大众休闲娱乐时的消遣，更是情感意义的表达。《唐宫夜宴》是 2021 年河南卫视春晚"出圈"的舞蹈节目，浏览量、点赞量、评论量都是同类节目很少企及的，它旨在弘扬中华优秀传统文化，传播中国深厚且独具特色的文化底蕴。本文基于符号学视域，借用传播符号学奠基者皮尔斯的"符号三分法"，分析《唐宫夜宴》中的像似符号、指示符号和规约符号，并从索绪尔的双轴关系理论着手，分析《唐宫夜宴》视觉设计的意义建构。

一、符号学视域下《唐宫夜宴》中的视觉符号

传播符号学奠基者皮尔斯提出的"符号三分法"[4] 有三类：第一类站在符号本身的角度分为质符号、单符号和型符号；第二类站在符号与其所指对象的关系角度分为像似符号、指示符号和规约符号；第三类站在符号与解释项关系的角度分为呈符号、申符号和论符号。然而，第一种和第三种的关注重点分别放在符号本身和对观众产生的效果，只有第二类包含了符号本身、符号所指对象以及与观众之间的关系。符号互动理论表明，互动由符号及其意义引起，《唐宫夜宴》中的符号只有通过符号所指与观众的互动才能传递意义，故本文采用皮尔斯"符号三分法"中的第二类对《唐宫夜宴》的视觉符号进行分析（图 1）。

（一）像似符号

根据皮尔斯的理论，像似符号可以被理解为与指代的对象之间具有某种相似性，

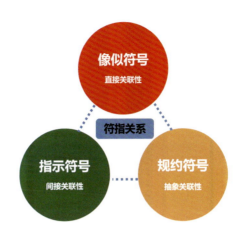

图1 皮尔斯"符号三分法"中第二类的关系图，2021 年

可以是视觉上或者感觉上的相似，如电影片段中对现实情景的影像再现。《唐宫夜宴》便运用了大量的像似符号，演述了唐朝乐师从准备到赴宴表演的整个过程。

舞蹈演员的装扮取自唐三彩仕女陶俑造型，模拟了唐朝乐师形象。在色彩上，舞蹈演员身着从唐三彩乐舞陶俑佣中提取的绿、黄、红为主色的襦裙纱衣；眉尾与眼角周围月牙形的绯色渐变妆容模仿了风靡唐代的女性面部用胭脂勾勒的"斜红"；额头上的花钿也施用了嫣色。在造型上，为了使乐师扮演者深度还原唐代以胖为美的形象，舞蹈演员的腮帮和服装里都塞满了棉花，以模拟呈现唐三彩仕女陶俑丰满圆润的身材。襦裙上的中心对称图案是用花瓣、叶子、花蕾等元素组成的圆形放射状花纹，是唐朝盛行的宝相花。脚上穿的高头履也是相同元素重复围绕构成的对称样式花形。模仿唐三彩仕女陶俑特征还原的唐朝乐师形象即为《唐宫夜宴》中的像似符号（图2）。

（二）指示符号

指示符号并不追求表面的相似，而是要求符号与人的感觉或记忆有联系，即指示符号与其所指对象之间要有间接的关联性。在"5G+AR"技术的支持下，相继浮现出的妇好鸮尊、莲鹤方壶、贾湖骨笛、唐三彩国宝级历史文物和画作《捣练图》《簪花仕女图》《千里江山图》《明皇幸蜀图》《备骑出行图》《侍马图》《树下美人图》都属于指示符号（图2）。

《唐宫夜宴》运用"5G+AR"技术，在舞蹈场景中呈现出历史文物，引发观众围绕

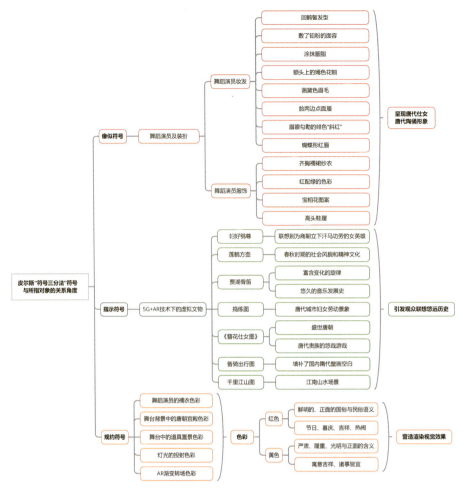

图2 《唐宫夜宴》中的视觉符号关系，2021 年

其产生联想。唐朝周昉的《簪花仕女图》展现了春夏交替时节，一群身着艳丽服饰的丰盈妇女在庭院里玩耍嬉戏、安逸赏花的生活情景。当时的唐朝，政治、经济、文化均呈繁荣态势，宫廷中也是一派祥和富丽的景象。若是知晓这段历史，人们便会一下子联想到盛世唐朝，若对这段历史不甚了解，也能够从这幅唐代矿物颜料画作中感到当时唐代贵族的优哉游哉。再如贾湖骨笛，是迄今中国最早的乐器实物，也是世界上最早的吹奏乐器，七声音阶，音域可达两个八度以上。这一乐器可令观众联想到新石器时代演奏

出的富含变化的旋律，对我国悠久的音乐历史产生深刻的印象。

观众在《唐宫夜宴》中看到这样的符号能联想到它的所指，如盛唐繁荣的景象、中国器物的精湛、中国乐曲之美妙等，即是二者之间具有某种因果关系。这些虚拟文物的出现，使观众能够凭借自身的记忆、感觉联想到更多的内容，便是指示符号在发挥作用。

（三）规约符号

规约符号的能指与所指之间没有直接或间接的联系且不具有理据性，往往需要依靠解释者思维与指代物之间的联系而进行解码，依赖社会约定俗成的关系而存在。如鸽子象征和平、友谊和圣洁、红豆象征相思之情。《唐宫夜宴》作为一个传播中华优秀传统文化的舞蹈节目，其中的规约符号不胜枚举。如运用大量的红色与黄色，舞蹈演员的襦衣、舞台背景中的唐朝宫殿、舞台中的道具置景、灯光的投射、AR渐变转场等，将色彩的象征意义展现得淋漓尽致（图2）。

红色在中国有着鲜明的、正面的传统民俗语义。红色是唐朝的高等级色彩，唐朝皇帝所穿的常服是红色，三品至五品官员的朝服也被限制使用红色。在中国传统习俗中，与喜庆、吉祥、热闹有关的事物都少不了红色的运用。黄色在中国人的认知中有着严肃、隆重、光明与正面的含义。结合传统的五正色色彩观、阴阳哲学思想、五行学说以及占星五方观念相分析，黄色属土，有"地色""中央之色"之称，位于五色之首，在传统文化中有着寓意吉祥、诸事皆宜的内涵。作为一档春晚节目，《唐宫夜宴》中红色与黄色的使用，自然和谐地营造出春节期间合家欢乐的氛围。

三、符号学视域下《唐宫夜宴》视觉设计中的意义建构

在符号学中，双轴必然共现于一个符号，任何符号文本都有组合轴和聚合轴两个展开向度[5]，任何符号表意活动都在双轴关系中展开。《唐宫夜宴》的视觉设计就是一种符号"双轴操作"的意义建构。该舞蹈节目在视觉元素的设计中携带了大量社会约定和文化联系，而这些社会约定和文化联系并不直接显现在《唐宫夜宴》节目中，而是被顺便附加。观众在解读这一舞蹈节目时，不仅会从节目本身解读含义，还会从其附加符号中解读意义。

（一）聚合轴提高指涉性

聚合轴的观念首先出自索绪尔提出的"联想关系"，后雅各布森明确提出了聚合

轴的功能概念。他将聚合轴称为"选择轴"，其主要功能是比较与选择。聚合轴的组成是符号的每个成分背后可能被选择的各种元素。《唐宫夜宴》节目是一个在春晚舞台上，传播中华优秀传统文化的作品。理论上说，任何一种中华优秀传统文化作为主题呈现在春晚舞台上都可以被包容，但是聚合轴上的其他成分是隐藏的。河南电视台春晚选择的实景拍摄地为唐朝古都洛阳，以河南博物院的唐三彩乐舞俑为主题形象。在节目的视觉设计表现内容方面，它选用了与之匹配的唐朝意象与河南在地性文物，在形式上以歌舞的形式呈现给观众，因为歌舞的形式与唐三彩乐舞俑的形象联系更为密切。在确定表达主题、呈现内容、表现形式之后，选择哪种形象的演员、穿什么样式的服装、搭配什么样的妆容等又是几种聚合轴（表1）。

妇好鸮尊、莲鹤方壶、贾湖骨笛等文物符号在聚合轴上的前文本展示在观众的眼前，具有强烈的高质量指涉性，让观众能更加准确地接收和理解《唐宫夜宴》节目所传达的传统文化氛围。演员们精致的表演及与 AR 技术的完美融合，给人以身临其境之感。

《唐宫夜宴》的视觉设计包含了视觉表征意象，如图案、纹理、色彩、造型等内容，既有盛世大唐宫殿的华丽气韵，又有幽默诙谐的舞蹈动作，在精神层面流露出对传统艺术的赞叹以及深入人心的家国情怀。三个层面的视觉设计内容依次叠加，形成了带有鲜明时代特征和深入人心的中华优秀传统文化。它通过视觉符号向外界传播，即使不懂中文也能够感受到中国文化，以视觉化的方式与观众达成共鸣，实现与信息接收者内心感情世界的交流和共鸣，从而促进中华优秀传统文化的传承、传播与交流。《唐宫夜宴》聚合轴上的符号在表现形式、感官追求、价值认识中达到了有效的平衡。

（二）组合轴链接交互性

组合轴又称"结合轴"，其功能是邻接黏合。雅各布森认为，比较与连接是人思考方式与行为方式基本的维度，也是任何文化得以维持并延续的二元。相比于聚合轴的隐藏性，组合轴是显性的。[7]

在《唐宫夜宴》中，舞者们穿越历史，将时隔千年的唐宫晚宴的宏大景象呈现在我们面前。观众在对历史的仰望中，也在欣赏着精美璀璨的传统文化。厚重的历史传统文化不应仅仅陈列在博物馆中，主动融合技术，将新技术与创意融汇是当下文化创新发展的必由之路。经过 AR 技术的再创作，原有舞蹈的"线性时空"发生了巨大改变。舞蹈与宫殿符号的组合，使观众回忆起唐朝舞蹈艺术的繁荣。随着舞者乐师动作站位的流动，荧屏上出现了水墨渐变转场效果，继而浮现出从夏商到隋唐历朝历代的国宝文物，

表 1　《唐宫夜宴》中的聚合轴符号 [6]

《唐宫夜宴》局部图片	意　象	内　容
	发髻 妆面	回鹘髻 敷铅粉 抹胭脂 画黛眉 贴花钿 点面靥 描斜红 蝴蝶唇
	服饰 鞋履	齐胸襦裙 红配绿 宝相花 高头履
	乐器 道具	琵琶 横笛 排箫 手鼓 萧 箜篌 铜钹
	舞台	宝相花图案
	背景	唐朝宫殿

如妇好鸮尊、莲鹤方壶、贾湖骨笛、《簪花仕女图》《捣练图》《备骑出行图》以及唐三彩等，文物符号的组合让观众惊叹于中国古代物质文明的繁荣丰饶和文化的博大精深。"女乐师们"凭借 AR 虚幻影像，翻越了赤红的唐宫围墙，走进了一幅穿越时空的历史画卷。

观众随镜头的移动跨越了舞台和观众席之间的物理空间，视角从远观转换为浸入式。在荧屏上，观众们看到的不只是模拟唐朝宫廷乐师的表演，更是跟随这 14 位活泼灵动的姑娘凝望历史，从唐朝景象走向华夏文明，从宫廷晚宴走向中原沃土。作品时间与空间的场域改变，既扩展了作品的多重表达空间，也增加了作品意象的寓意深度。

四、《唐宫夜宴》对文创设计的启示

文创设计的新探索不仅要考虑文化的"物化"，还需考虑文化的"价值延伸"。文创设计的内核是文化与创意，但目前常见的做法是将一些富有文化内涵或具有地域性特征的图案元素进行提取，形成插画图像复制到产品上，成为文创产品"高效"设计与量产的方法。不可否认的是，文创产品的确具有可复制性、观赏性、实用性的特点，但目前绝大部分文创产品仅仅是在表面做出了富有内涵和地域特点的外衣，这种单薄的文创设计抛开营销手段，很少能够达到深入人心的效果。文创设计不只是对某种文化进行宣传推广的创意设计，它的最终目的是利用文化资源并将之转化为具有文化继承、人文关怀和时间温度的各种文化表现形式，在满足大众日益增长的美好生活需要的同时，发挥文化价值，树立文化自信，建设文化强国，激发观者的文化认同感。

《唐宫夜宴》节目不仅是一场古典舞表演，而且是成功的文创设计作品，对当下的文创实践具有积极的启示作用。

(一) 重视情感化沟通

文创设计不仅仅是对文化的简单展示与传播，还包括了对历史文脉、人文环境和社会态度的表达。如《唐宫夜宴》不仅有中国古典舞本身的美，而且展示了造物匠韵、书画绝唱与大国气象，使观者从视频中感受到了盛世大唐的景与情。文创设计在地域性与国际化的发展新境遇中，可以利用像似符号的表面元素特征和指示符号间接关联的情、事、物产生的作用，使观者由视觉上的文化（物）再现过渡至情感上的文化（情、事、物）再现，由能指至所指。

（二）运用视知觉引导

视知觉涉及图形知觉、色彩心理、视错觉等，能够在图案优化、气氛渲染和趣味增设等方面辅助文创设计更好地传达与传播信息。如《唐宫夜宴》大量运用的红色与黄色，发挥了民俗语义在色彩表现中的作用，从而适时地营造出春节吉祥幸福的视觉氛围。不同的地区和国家有其独立的文化背景与人文内涵，在文创设计的过程中可以时异事殊、因地制宜地使用规约符号，使观者通过视觉信息自我探索和消化思维信息。

（三）探索数字化交互

消费者对文创设计的需求随着数字化技术的发展不断提升和拓展，在科技的推动下，在传播速度与广度方面具有优势，交互性强的数字博物馆、数字文创产品等正崭露头角。如《唐宫夜宴》中运用的"5G+AR"技术，使观者拥有历史穿越感，沉浸式地获得触动记忆的感受。可见，以故事引入、数字化辅助的文创设计具有更加独特和高效的传播效果。

（四）追求多元化表达

文创设计是文化的"物化"方式，也是文化的"价值延伸"。文创设计在探索道路上应多轨发展，既高质量地创新传统产品，也应积极探索新兴的文博数字文创、新媒体文创和体验文创，使"物化"与"价值延伸"在作用效果方面互相补充，文创产品样态更为丰富，并以多种视觉语言、表达形式、传播方式加以呈现。

视觉符号是民族文化传播的重要媒介，承载着丰富的传统文化意象且影响深远。它将富有魅力的传统文化用直观的图案、色彩、造型进行传播，并简明扼要地展现在观众面前，引发观者联想并形成深刻的记忆。《唐宫夜宴》中的像似符号（发髻妆面、服饰鞋履等）使得模拟唐三彩乐舞陶俑的形象活灵活态地展示在观众眼前；节目中的指示符号（妇好鸮尊、莲鹤方壶、贾湖骨笛等虚拟影像）令观众看到后联想到大唐盛世，引发对当时物质文明的赞叹；节目中的规约符号（红色、黄色），营造出了春节期间吉祥、欢乐的氛围。视觉符号对文化传播有着传情达意的作用。在国际化视野中，视觉符号能够打破世界各国不同语言交流的禁锢，像似符号、指示符号、规约符号以其独特的方式传达着视觉信息，聚合轴提高的指涉性和组合轴链接的交互性可促进意义建构，在文化的传播中起重要作用。视觉设计对文化的传承发展与创新传播有着重要作用，在符号学视域下研究视觉的传达与传播设计能够挖掘出更多有关意义建构和传达信息的方法。

注 释

[1] 数据来源于吴迪发表于《当代电视》的文章《2021 年河南春晚的审美表达与有效传播》，2021 年第 4 期，第 14–16 页。

[2] 数据来源于张馨和赵树旺发表于《传媒》的文章《中国舞蹈影像的跨文化传播研究——以〈唐宫夜宴〉为例》，2021 年第 11 期，第 65–68 页。

[3] "符号互动理论"亦称"符号交互作用论"。美国社会心理学家布卢默（Blumer）于 1937 年提出的一种社会心理学理论，其基本观点来源于美国社会学家米德创立的"象征互动论"。

[4] 皮尔斯基于自己提出的三个"普遍范畴"（universal categories），即一级存在（firstness）、二级存在（secondness）和三级存在（thirdness），提出了三个三分法（three trichotomies）。第一个三分法根据符号的自身特征将符号分为三类：第一类是"状态符号"（qualisigns），即事物的状态或形式；第二类是"个例符号"（sinsigns），即实际出现的符号，它们是状态符号的具体表现；第三类是"规则符号"（legisigns），即符号的抽象范式或法规，所有约定俗成的符号都属于这一范畴，个别的符号现象无关紧要，重要的是它们的一般类型。第二个三分法根据符号与指称对象之间的不同关系划分为三类：第一类是"像似符号"（icon），通过写实或模仿来表征对象，它们在形状或色彩上与指称对象的某些特征相同；第二类是"指示符号"（index），指与指称对象构成某种因果的或者时空的连接关系；第三类是"规约符号"（symbol），符号与指称对象之间的联系完全是约定俗成的。第三个三分法根据符号意义的不同性质划分：第一类是"可能符号"（rheme），没有真假之分，它仅代表某种对象的可能性；第二类是"现实符号"（dicent），表达某种实际存在，其显著的特征是或真或假，但又不为此提供理由；第三类是"证实符号"（argument），指某种规律，它由前提引出结论，从而达到真理。

[5] 符号学双轴理论的观点首先由索绪尔提出，他认为组合关系是一些符号组成一个有意义的"文本"的方式，聚合关系则被其称为"联想关系"（associative relations）。雅各布森把聚合轴称为"选择轴"（axis of selection），其功能是比较与选择，而组合轴称为"结合轴"（axis of combination），功能是邻接黏合。赵毅衡对聚合轴进行了进一步阐释，他认为聚合轴上的成分，不仅是可能走进符号发出者的选择成分，也是符号解释者体会到的本来有可能被选择的成分。

[6] 表 1 中的图片来源于 2021 年河南卫视春晚古典舞节目《唐宫夜宴》视频及定妆照。

[7] 赵毅衡. 符号学原理与推演 [M] 南京：南京大学出版社，2012：160.

Research on the Visual Design of Tang Palace Night Banquet Based on Semiotic Theory

Wang Ke　　*Chongqing University*

Abstract　The classical dance program Tang Palace Night Banquet of the 2021 Henan Satellite TV Spring Festival Gala has attracted widespread attention and discussion at home and abroad. This paper analyzes the visual symbols in Tang Palace Night Banquet from the perspective of Pierce's Symbolic Trichotomy, and uses Saussure's Biaxial Relationship Theory to explore the meaning construction of the visual design participation of Tang Palace Night Banquet. On this basis, the path and method of cultural communication in visual design under semiotic theory are summarized.

Keywords　Semiotics; Tang Palace Night Banquet; Visual design; Regionalism; Internationalization

22 淮阳泥泥狗的地域性创新研究
——以文创产品开发为例

陈 旭

淮阳泥泥狗的地域性创新研究
——以文创产品开发为例

陈　旭

摘　要　扩大地域工艺文化发展规模，将其资源禀赋转化为发展的内生动力，以文化振兴助力乡村振兴，是经济发展的新引擎。国内外文化创意产业日渐发展，也为非遗等传统工艺文创产品服务国家社会经济发展提供了新的路径。文章以淮阳泥泥狗的地域性创新为例，梳理其历史沿革、艺术特征及文化内涵，探索民俗信仰对泥泥狗艺术的审美影响、民间美术观念与文化消费的关系。最后从设计视角，对文创产品作为泥泥狗传承路径的可行性进行了探讨。

关键词　泥泥狗；地域文化；文创产品；文化消费；乡村振兴

随着全球文化创意产业的繁荣发展，传统工艺文化也面临着新的机遇。近年来，我国一直在激发中华优秀传统文化在当代的创造力，打造中华优秀传统文化融合创新的集合地与输出地，为传统工艺文化振兴带来了新的发展契机。传统工艺文化可以增加产品设计的核心价值，启发设计的创新思维，通过设计的介入，引导人们在日常生活中成为地域特色文化的创造者、享有者、传承者。

河南淮阳泥泥狗是图腾崇拜、巫术等原始宗教的代表艺术之一，作为蕴含上古先民文化内涵的中原文化，受到各界专家的关注，相继有《淮阳泥泥狗》《泥泥狗·泥咕咕》《论淮阳泥泥狗》等专著、学术论文的出版发表。但其中涉及泥泥狗在文创产品中的应用部分较少，其品牌化、市场化输出是研究的一大缺口。本文基于田野调查，深入分析泥泥狗的造型、装饰、色彩特征，旨在以文创产品为输出手段，助力地域文化的传承与

陈旭，女，天津科技大学硕士研究生，研究方向为工业设计。

基金项目：2020年天津市研究生科研创新项目"淮阳泥泥狗的文化特征在文创产品设计中的应用研究"（项目编号：2020YJSS185）

创新。

一、泥泥狗的地域性分析

"泥泥狗"相传源于远古伏羲时代，盛传于伏羲氏旧都——淮阳，以"活化石""真图腾""本源艺术"而著称，是淮阳泥玩具的代名词、地域文化的载体，与地域生活所需、风俗信仰、民俗观念存在直接关系。[1] "百里不同风，千里不同俗"，因地理、气候、物产等自然条件差异，创造的文化形态具有迥然不同的风格，进而影响了文化地域性的客观存在，构成文化形态的独特性与丰富性，却也制约着其创新发展。泥泥狗建立在地域文化基础上，其功能和审美标准受到局限，急需破"域"出"圈"。

（一）泥泥狗的地域局限分析

1. 供应方式

目前，泥泥狗的流通方式相对传统，供应范围受到制约，总体依托太昊陵庙会市场、商业街区固定摊位、传承人工作室与手艺人家庭作坊、电商平台等（表1）。

表1　泥泥狗市场供应方式解析

	庙会散点市场	商业街区固定摊位	工艺作坊	电商平台
现状特点	"货郎"小商贩，用箩筐或提篮作为工具分散售卖	工匠艺人通过政府规划的展销街区摊位，自产自销	传承人工作室与手艺人家庭作坊	零散依托，无独立品牌旗舰店
优点	葆有传统"货郎"的情怀	经济效益、市场参与度提升	文化服务增值、产品品质提高、项目参与度高	销售渠道多样化，打破地域局限
缺点	销售随机，受环境、季节影响	具有节令时效、地域限制	存在工艺认定、传承原真性、生产性保护问题	品牌知名度低，产品质量良莠不齐，经济效益不佳

2. 产品开发

泥泥狗的产品研发，应根据文化消费、文化建设需要，研发泥泥狗时，人们需要整合文旅局、宣传部门、协会机构、传承人、专家学者及地方企业的力量，妙用 IP，转化势能。

3. 传播方式

泥泥狗文化传播受地域限制，缺少推介平台。浅层名词传播、表象展示、单向传播等传统形式，范围广度和内容热度浅，已不能满足民众对接收信息形式的高要求，导致工艺文化内容的无效输出、消费降质降级。

（二）泥泥狗的地域消费需求分析

1. 泥泥狗与文化消费

文化消费是以文化产品或文化服务为消费对象的活动，属于精神消费；消费文化则是人类创造的各类消费相关事物，包括消费品、消费观念、消费方式三个层次。[2] 消费者愿意为传统工艺文化付费，一因技艺本身蕴藏价值，二则是技艺之外蕴含的意趣、情感、文化共鸣，既符合"下里巴人"的大众消费，又能契合"阳春白雪"的需求，给人带来精神意识、思想感情、审美心理等多方面的满足。以泥泥狗地域消费需求分析为例，详见图1。

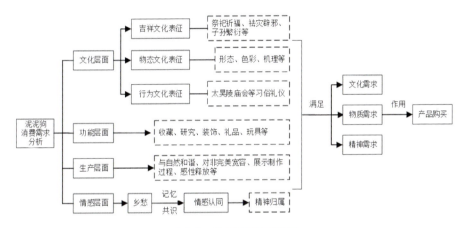

图1　泥泥狗工艺文化消费需求分析

2. 吉祥文化与思想观念

泥泥狗在内容上多寄托人民的美好愿望，其审美情趣映射民俗信仰特征。从单一到多样，从实用到鉴赏，再到物质与精神综合，人的需要更加丰富，精神追求更加充实，思想更加追求圆满，"图必有意，意必吉祥"的观念贯穿在民间工艺文化创作的全过程。

在物质生产活动中，祭祀祈福、祛灾辟邪、子孙繁衍成为创作诉求，是庙会等民俗活动中人们争相购买吉祥物的重要原因。

二、泥泥狗的造物美学

（一）象征之美：体现民俗信仰内涵

彩塑艺术题材多具有象征意义，纹饰基于想象力，表现或夸张，或浪漫，或逼真，或抽象，赋予彩塑艺术以创造活力。李泽厚在《美的历程》中写道："装饰是精神生产、意识形态的产物，写实转化为抽象、符号化，是化内容为形式的积淀过程，如装饰纹样的形象来源，虽由现实生活转换而来，却因积淀了社会内容而具有意味。"[3] 八卦纹、女阴纹、同心圆纹、花朵纹、三角纹等纹饰演变，可以说是化内容为形式的过程，其象征之美，皆体现民俗信仰内涵（表2）。[4]

表 2　泥泥狗代表性纹饰解析

纹样名称	样　式	纹样寓意	所处位置
八卦纹		阴阳、虚实、交合之道，寓天地万物生息	大小香龟背部
女阴纹		生殖崇拜意味	泥泥狗造型下腹部位
同心圆纹		象征生殖繁衍	猴头鸟、混沌及图腾柱类"泥泥狗"形体之上
花朵纹		植物枝繁叶茂，象征生殖繁衍	泥泥狗背部或腹部
三角纹		鱼的简化形式，生殖崇拜的衍生	四不像及多头怪兽下半身部位

（二）色彩之美：体现原始文化之源

从相关史料中可以了解，文化和色彩观念息息相关。五色审美观起源于对五色的崇拜，是中国艺术色彩的起源。传统泥泥狗多以黑色为主，配黄、青、赤、白色，代表"五行、五方、五德"。泥泥狗的色彩之美是远古"巫文化"的现实遗存,黑色在某种特定习俗中被人奉为神圣的色彩。在春秋战国或更早之前,淮阳即陈地歌舞极盛,由陈人在太昊之墟宛丘祭祖,娱神求子,出现巫舞职业,皆是宛丘曾是古代巫舞流传之地、陈人好歌舞的佐证。"担经挑"作为太昊陵庙会上的特殊"巫舞"形式,因古人称黑为母阴,舞者服饰主色为黑,是生殖崇拜遗俗。在"巫祭""火冶""水德""神玄"民俗活动中,"巫祭"有崇敬之美、"火冶"有实用之美,"水德"有忠义之美,"神玄"有奇妙之美,金、木、水、火、土五行理论和"五德"文化中"水德"为黑。以色彩观形成宇宙观,把混乱无序变成井然有序,从而影响社会的人伦秩序,凝结社会意识形态、上古遗风,具有强烈的生命意识色彩,展现出似拙实巧的色彩之美。[5]

(三)形神之美:体现民俗信仰范式

泥泥狗的造型表现代表着独特的民俗信仰范式,多展现为飞禽走兽、鸟虫蛇鱼、奇禽怪兽融汇而成的复合造型。其造型艺术不求形似,只求混沌神似,可分为原生型、互渗型、精灵型、现代型。原生型比重最多,属于具象的一种;互渗型则属人禽互渗、人兽共同体,多是艺人通过想象表现的神秘造型语义;精灵型怪诞,梦幻;现代型创作源于生活,是泥泥狗适应现代生活发展趋势的表现。比如,"人面鱼"即人、鱼组合体形象,在生殖崇拜文化中,鱼的繁殖能力极强,是"多子"的象征,后世还代表爱情与女性;"人头狗"是人们运用表象互渗手法创造的人兽共同体。此外,猴的题材很广,表现丰富,具体造型有人祖猴、猫拉猴、草帽猴、子母猴、骑马猴等。人祖猴造型是猿猴到人生物进化的展现,被称为"祖神"造像。父系时期,雄性"人面猴"作品随之出现,雄壮高大,展现雄性阳刚之美;还有独特的两头禽兽,诸如双头鸟、猫拉猴(图2)、两头狗、两头猴等,其中猫拉猴是猫与猴的复合形象,也象征伏羲女娲两性结合,寓意后代繁衍不息,是祈子、求福、求安的精神观念与"吉祥文化"的代表。[6]

三、文创设计视角中的泥泥狗

(一)泥泥狗文创设计的可行性分析

传统工艺文化是文创产品设计的文化灵感,可分为:"文化-图案灵感",即造型、装饰、色彩等图形信息;"文化-文字灵感",包括功能、技术、文化等文本信息,是设计者创作作品的价值要素。人们可将其从低到高应用于文创设计,比如提取图案、

图 2　泥泥狗中的猫拉猴造型

样式和方式，或从图案纹样的简单堆砌到系列元素的有序组合搭配，再到文化深层次内涵的体现。[7] 工艺文化可以与设计优势互补，以文化为基础，通过语义符号、艺术美学、人文精神，提取价值元素，利用现代技术将传统工艺文化资源整合，促进传统手工技艺和手工产品融入都市生活，提升社会大众的生活品质与情趣，激发受众对文化的求知欲与探索欲。具有地域特色的传统工艺元素的创新发展，越发离不开创新设计。

（二）泥泥狗元素在文创产品中的设计研究

文创产品的形态一般分为造型形态、装饰形态、色彩形态三个方面，具有文化深度、艺术审美、使用功能等特点。笔者对泥泥狗元素在文创产品中的理解，主要运用联想式、象征式、综合式、融合式等意象造型进行阐述。

1. 联想式的意象造型：泥泥狗的色彩美学及运用

（1）联想式的意象造型

色彩属性是审美主体与对象之间的感知媒介，属于视觉系统，是人的感官识别较为敏感的形式要素，通过感觉上升到思维范畴，产生心理倾向，引发色彩联想。色彩形态是产品的色彩外观。文创产品的色彩文化，通过意与形的联想思维法，将形象与意念结合，激发灵感契机。这是它有别于其他工业产品的特有属性。

（2）色彩文化的共情

在民间美术中，色彩具有地域性、象征性、主观性、装饰性。运用意与形的联想思维法，人们可将传统文化内涵用趣味的方式转化为视觉形象，承载消费者的感性诉求，激起消费者的色彩共情，产生购买行为。[8]

（3）色彩美学的运用

本文通过提取泥泥狗的色彩美学，将传统五色，即黑、红、黄、青、白的色彩纯度降低，灰调处理，创意搭配，把色彩文化内涵植入静态物品中，注重用户的参与感，软化刻板的传统形象。富有意趣的视觉体验使传统工艺文化具有亲和力，拉近文化主体与消费者的距离。设计出的娃娃抱枕、卡套、鼠标垫、行李牌、亲子互动多功能家具等系列文创生活用品，实用性与审美性和谐统一，如图3、图4所示。

2．象征式的意象造型：泥泥狗的装饰符号与表达

（1）象征式的意象造型

自古以来，中国传统造物思想就重视文与质、用与美、人与物的关系，其形式感主要体现在以象征、隐喻的方式赋予装饰符号以文化意象。"装饰"作为民间美术的精神追求，它从道德性、哲学性、审美理想的深层表达到实用性功能、形式之美表达，都具有传达文化信息和表征社会属性的作用。

（2）装饰的精简合宜

从产品的设计、制造、运用角度论其审美的具体性与相对性，要求"文"与"质"

图3　泥泥狗元素行李牌、卡套、娃娃抱枕、鼠标垫

图4 泥泥狗元素亲子互动多功能家具

和谐，主张"和"与"宜"协调，即文质彬彬。[9]苏珊·朗格认为："装饰不单纯像'美饰'那样涉及美，也不单纯暗示增添一个独立的饰物。'装饰'与'得体'同源，它意味着适宜、形式化。"[10]装饰作为文创产品设计要素，其审美功能施用有宜，遵循秩序，方能体现人文性、效用性的造物观念，展现忠实与实用之美。

（3）装饰符号的表达

除却获取经济效益、服务于精神文化外，开发具有历史感、时代感、民族性的文化产品，以文化韵味提升产品附加值，使消费者在立体层面感知工艺文化，达到感化和教育目的，是文创产品开发的重要责任，亦是达到物与美合一的最高理想。笔者运用隐喻或类比、文化意象的表达方法，提取泥泥狗中的草帽猴元素。文化上，提炼三足鼎立的形象与象征性植物纹样，搭配传统五色，点线面表现、卡通化处理，不仅具有民俗文化视觉冲击力，且突出子孙繁衍的吉祥文化；功能上，大于器身的草帽杯盖，杯身束腰，三足底流线，沉稳端庄，赋予产品意趣。透过设计语言，传达文化意象的形式，将是传统工艺文化打破边界、融入生活的探索途径（图5）。

图 5　草帽猴系列全家福杯器设计

3. 混沌式的意象造型：泥泥狗的造型元素重构

（1）混沌式的意象造型

混沌造型是基于原始美学的表达方式，将不同事物经过巧妙结合，产生超自然原型的变异，以创作某种意象造型，传达对宇宙时空、自然万物、生活事象的感受与理解。设计和造物本就是建立在对"形"的感受和认知基础之上的造型活动，价值伴随功用产生意义。根据人的需要，将传统工艺造型元素对象化为各种草创产品模型，通过艺术形式与物态化方式，以造型实现文创产品基本语言表达，是一种"以用为本的形式赋予"的造物活动。[11]

（2）造型元素的重构

随着产品造型逐渐成为消费者购买的重要理由，情感化因素逐渐占据主导地位。因此在设计中，设计师要以综合造型构成意念，使物象合理交融，生成不同造型意象。笔者设计的组合式小料碟，将泥泥狗的造型体系立体平面化，把泥泥狗对称与均衡、变化与统一、夸张与变形的形式美，通过"解构"与"重构"的使用方式，实现产品分离、组合的日常动作，反映出泥泥狗造型互渗的特点，也使其功能造型具备文化性与趣味性，如图 6 所示。

图 6 泥泥狗造型系列小料碟

4. 融合式的意象造型：泥泥狗的跨界融合

（1）融合式的意象造型

传统工艺文化可以说是艺术与技术相结合的产物。跨界融合，运用新材料、新技术，有利于丰富产品的形式，让用户从多层面、多感官体验上，感受传统文化符号的表达，是人与物、心与物、材与艺、用与美的统一表现。[12]

（2）泥泥狗的跨界融合

传统工艺元素与时尚潮玩锐意碰撞，充满猎奇性、趣味性、互动性，可促进其在消费市场上得到人们的认可，是传统文化破"域"出"圈"的重要途径。近几年，不同风格的潮流玩具品牌占领市场，相继出现泡泡玛特、幸运盒子、LOL 等品牌，创造了颇丰的经济效益。将"泥泥狗"与"潮流 IP"有效结合，深入挖掘，它也可摇身一变成为"时尚新宠"。笔者选取一组经典形象，将造型做憨态化处理、色彩做卡通化表现，设计了一系列盲盒手办，如图 7 所示。

传统工艺文化兼具人文价值与精神功能，在现代文创产品设计开发中扮演着不可或缺的角色。文创产品的设计研发，可以反映一个国家文化、技术、审美的水平。发展第三产业、振兴工艺文化，融合地域文化与设计，是促进地域文化消费、乡村振兴的重要手段。本文从造型法则、色彩配置、装饰元素等方面重点剖析了泥泥狗的艺术形态和文化意蕴，并进行了设计实践探索。泥泥狗文创产品设计研究将具有满足文化消费需求、提升社会经济效益、激活工艺文化活力、用设计赋能乡村振兴、助力区域文化创造性转化与创新性发展的意义。

图 7　泥泥狗系列盲盒设计

注 释

[1] 倪宝诚,倪珉子.泥泥狗·泥咕咕 [M].上海：上海远东出版社,2009:5.

[2] 孙建君.中国民间美术教程 [M].天津：天津人民出版社,2005:15–16.

[3] 李泽厚.美的历程 [M].北京：生活·读书·新知三联书店,2009:2–17.

[4] 辛丽亚.试论淮阳"泥泥狗"形体纹饰中的女性生殖崇拜 [J].美术大观,2012（12）：66–67.

[5] 倪宝诚.倪宝诚文集 [M].郑州：河南人民出版社,2019(11):20.

[6] 倪宝诚,段玫芳.淮阳泥泥狗的历史渊源和人文内涵 [J].民艺,2019(2):42–47.

[7] 张明.从"中国样式"到"中国方式"——全球视野下的本土化产品设计方法研究 [J].南京艺术学院学报,2016(4):197–201.

[8] 饶倩倩,许开强,李敏."体验"视角下文创产品的设计与开发研究 [J].设计，2016(9):30–31.

[9] 邵琦,闻晓菁,李良瑾,等.中国古代设计思想史略 [M].上海：上海书店出版社,2020:30–35.

[10][美]苏珊·朗格.情感与形式 [M].刘大基,等译.北京：中国社会科学出版社,1986:73.

[11] 倪宝诚.淮阳泥泥狗 [M].哈尔滨：黑龙江美术出版社,1999:11.

[12] 胡南.传统造物思想在文创产品设计中的价值探析与实践 [D].昆明：云南艺术学院,2018: 5–8.

Research on Regional Innovation of Huaiyang Putty mud Puppy — Taking Cultural and Creative Product Development as An Example

Chen Xu　　*Tianjin University of Science and Technology*

Abstract　Expanding the development scale of regional craft culture, transforming its resource endowment into an endogenous driving force for development, and helping rural revitalization with cultural revitalization is a new engine for economic development. The cultural and creative industries at home and abroad are developing day by day, and they also serve the national social and economic development for traditional crafts and cultural and creative products such as intangible cultural heritage, participate in cultural consumption research, and provide research value. The paper takes the regional innovation of Huaiyang putty mud puppy as an example, sorts out its historical evolution, artistic characteristics and cultural connotation, explores the aesthetic influence of folk beliefs on putty mud puppy art, and the relationship between folk art concepts and cultural consumption. Finally, from the perspective of design, the feasibility of cultural products as the inheritance path of putty mud puppy is discussed, and design methods are used to make design plans to help regional cultural innovation.

Keywords　putty mud puppy; Regional culture; Cultural and creative products; Cultural consumption; Rural revitalization

23 地域文化视域下博物馆文创产品的设计研发策略

郑成胜

地域文化视域下博物馆文创产品的设计研发策略

郑成胜

摘　要　地方性博物馆展陈的历史文物与传统手工艺作为各地历史、民俗、信仰的物质资料载体，反映了中国地域文化的丰富性。本文通过分析当下博物馆的文创设计，探究博物馆地域资源的作用，为文创产品的发展和设计方向提出建议。

关 键 词　地域文化；博物馆文创产品；设计研发策略

一、地域文化对博物馆文创设计的作用

(一) 地域性文化符号：博物馆文创彰显民族精神的宝藏

地域性文化作为一个民族或地区的存在方式和认同标识，因其蕴含着独特的文化因子和丰富的信息知识，而成为经济发展中关注的亮点。从文化的独特性出发，挖掘其经济价值成为各民族或地区拓展生存空间、提高国际竞争力不可或缺的"软实力"，这也是世界各国争相发展文化产业的本质所在。[1] 现代发达的科学技术打破了地域与国界之间的障碍，为文化信息提供了流动的渠道，国家之间的跨文化交流日益紧密，如何利用文创产品输出中华优秀传统文化成为当前国际文化交流的重大议题。[2] 但是传统文化赖以生存的社会环境已经消失，如何将其与现代精神、审美理念相结合，使得地域文化重新焕发活力，赋予当代中国文创产业新生命，是研究者与设计师的首要任务。

地域性文化是在历史长河中沉淀的精华与宝藏，它是一个国家或民族的文化精髓，是一个博物馆特性显现的重要标志。[3] 中国作为多元的地域性文化的综合体，在几千年

郑成胜，男，华东师范大学硕士研究生，研究方向为美术史论。

的历史进程中，形成了一个完整、系统的文化传承与发展脉络，这一脉络是文创设计的灵感来源。进入全球化时代，人民对精神体验与消费的要求不断提高，如何为广大人民群众提供更好的精神食粮，这对文化产品生产者提出了新的要求和课题。

在对地域文化进行转化时，设计师需要注重对"当下"的现代精神与设计语言的结合，即关注地域文化的现代性。地域文化的当代价值含义更多地体现于"文化体验"中。设计师对地域文化的情感、思想与氛围体会，可以转化为文创产品所提供的"文化体验"。根据不同地域，对不同文化元素的提炼和转化，使其更加适合当下空间，是设计师创造能力的重要体现。通过优秀的文创设计，地域文化可以形成更加具象化、艺术化和人文化的实体形式，从而构成博物馆特色，在不断地更新创造中变成博物馆及其所在地域全新的代言。

在已有的地域性文化基础上，使用现代设计语言与媒介，对传统文化符号进行探讨、提炼与创新，可以使文创设计更具观赏价值、文化价值与审美价值。丰富的地域性文化符号可以丰富博物馆文创的精神价值，使文创产品人文化与艺术化。人类的意识领域是一个符号的世界，人类的思维和语言交往都离不开符号，而符号作为信息载体是实现信息存贮和记忆的工具，符号又是表达思想情感的物质手段，只有依靠符号的作用人类才能实现知识的传递和相互的交往。德国哲学家马克斯·本塞对符号学在设计领域的应用做了开拓性的研究，按照符号学理论把对象分为四种，即自然对象、技术对象、设计对象和艺术对象。[4] 将地域性文化符号化，有利于文创产品的设计与传播，必将增强现代文创设计体系的艺术性、观赏性和延展性，增强地域文化的独特性与竞争力，为博物馆经济发展赋能。

(二) 地域资源：博物馆文创走向世界的依托

综合各国的概念表述，博物馆文创产品可以理解为以文化为依托、以创意为核心、符合现代审美并具有传播文化和推动经济发展双重效能的文化产品，为文化创意产业的重要组成部分。

博物馆是以教育、研究、欣赏为主要目的，面向全体公众开放的非营利常设机构，通过收集、保存、传播并陈列展出人类历史文明及其物质和非物质文化遗产，为整个社会文化及其发展服务。博物馆大量的馆藏文物，蕴含着中华民族的悠久历史和辽阔地域中的优秀文化，是文化创意产业的研发对象。对文物的进一步开发，生产相应的文化产品以及提供文化服务，有助于拓展博物馆传播文化价值的社会功能，解决博物馆资金短缺的问题。

博物馆收藏、教育的核心职能与文创产业传播文化的使命相契合，使得二者可以在相互促进的发展历程中不断前行。具有地域文化信息的馆藏文物及文化遗产为文创产品设计提供源源不断的素材与动力，使得博物馆中的传统文化积淀借助文创产品的创意设计与现代审美理念，重新焕发生命力。实际上，文创产品就是博物馆功能的延伸，根本目的是向大众传播其历史文化知识信息。参观者每购买一件衍生产品，就把其蕴含的文化信息带到博物馆之外，其实质是继续发挥了博物馆传播、教育、服务大众的功能。[5] 更重要的是，博物馆中地域历史文化特色的文物资源是解决目前博物馆文创同质化问题严重的重要途径。中国 56 个民族的文化特征以及多样的地理区域特色和非物质遗产为文化创意设计提供了众多的文化素材和不竭的源泉。不可否认，将地方资源转化为中国特色文创产品，将成为中国文化走向国际舞台的重要途径。

二、博物馆文创产品的开发模式

(一) 注重地域文化特色与现代审美理念相结合

地域文化存在于一定地理区域范围的民风习俗、宗教礼仪、建筑、饮食习惯等方面，包括物质的与精神的，并体现在特定文化区域的日常活动、建筑、器物造型及图案中。[6] 文创设计者在利用地域资源时，需要同时从物质层面考虑某种传统工艺或者文物的功用在现代环境中的实用性，运用现代社会甚至是国际社会的审美理念来重新探析文化遗产的形式美和象征意义。设计者可以从文化遗产中提取地域文化要素，通过新工艺、新材料、新色彩、新功能加以转化，达到化传统为现代的升华目的。具体的设计方法如下。

第一，定期组织文物研究人员参加研讨会帮助设计师了解准确、全面、细致的文物知识，为设计师的文创设计提供方向上的引领。

第二，设计者需要主动观察文物及体验其所在地区的文化生活，准确定位博物馆所在地域的民族文化特色。

第三，提取可以体现特定文化价值的造型、图案等典型元素，结合现代社会所需创造不同类型的文创设计，深化文创设计的特色与精神文化品质。如故宫文创推出的喜上眉梢餐具的灵感来源就是故宫藏红地梅花纹盘，它使用骨瓷、花纸、红釉、贴金配合描绘出喜鹊跃然枝头的画面，有"与梅同坐，喜上眉梢"之意，将故宫元素融入日常餐桌文化，深化了传统餐具的精神内涵。

第四，运用新材料和新技术，以及夸张、重构、重新配色等手段改造传统文化元素，融合现代设计文化及流行元素，做好传统文化的当代转化。

第五，开发与阐释不同地域文化遗产的意涵与价值，为不同年龄、地域的消费者提供多元的文化价值选择。

（二）开发多元化、系列化的产品以适应市场需求

由阿里天猫新品创新中心2019年6月发布的《2018年天猫博物馆文创数据报告》[7]可知，购买文创产品的人群"90后"占了一半以上，以女性居多，在挑选产品时通常有多维度的考量。文创市场呈现出多元化的市场需求，消费者选购博物馆文创产品时会综合考虑"美观""实用性""文化内涵""创意"和"纪念"等多个维度。文创产品目录已经涵盖了吃、穿、用、住、妆、玩、行各个生活场景，生活物件、家居装饰、文具用品和珠宝首饰等品类，也普遍被消费者认为适宜作为博物馆文创新品的开发方向。这种多元的开发趋势也将促成文创产品的系统化，便于形成文化品牌效应。

海外博物馆在开发系列产品方面一直都是佼佼者。它们对标志性文化的开发非常细致，文创类型全面，值得地方博物馆借鉴。当我们进入大英博物馆官网，映入眼帘的有十个大类的文创选择：馆藏复制品、珠宝、时尚、书籍、画作定制、家居用品、儿童、展览、礼物、主题系列。除了分类齐全的优点外，它值得称道的是画作定制和主题系列两个分类。画作定制：浏览博物馆的画作收藏，包括任何艺术家的名画和插画，只要你想要心仪的作品，就可以向博物馆进行定制，画框的大小和颜色可以自行选择，以便更好装饰自己的房间。这样的做法会吸引消费者了解自己喜欢的作品背后的故事，无形中做到了文化价值的传播。主题系列：对明星藏品或者博物馆建筑本身进行一系列的文创开发。比如对大英博物馆的标志性藏品罗塞塔石碑的开发，产品从铅笔、硬币、杯子、帆布包、项链、手表、珠宝到复制品等共72种，价格从0.75英镑到90英镑或以上，种类齐全，价格多元。对于地方性博物馆来说，充分利用馆藏文物、地域特色、民族文化，设计出多元化、系列化的文创产品是有效的文创设计策略，这可以使大众全面了解藏品的文化价值，宣传博物馆的标志性藏品及文化内涵，提升其影响力。

（三）融合具有地域文化特色的传统工艺进行产品研发

每个地域的特色工艺都是无法替代的，其独特性、珍稀性尤其吸引消费者的目光。

对海外顾客来说，他们更是具有猎奇的心理，喜爱探索和了解异域的文化特色与价值。苏州博物馆在开发文创产品时，有意识地将传统工艺运用到文创产品的设计中，结合传统缂丝技艺与馆藏明代画家沈周的书画作品《沈周花卉册页》，突破以往用非遗缂丝制作书画作品的形式，将缂丝与皮艺结合设计成缂丝沈周玉兰真皮钱包。苏州博物馆还利用非遗苏绣的双面刺绣工艺开发真丝芒种圆扇，使得藏品的文化内涵和传统工艺之美融入人们的日常生活中，传递了苏州城的雅致美学、江南文人古雅的审美趣味与精工细作的工艺精神。像我们熟知的中国四大名锦之首南京云锦，集历代织锦工艺之大成，也被开发成为文创产品。南京云锦博物馆推出的夏季百搭凤舞弦歌蚕丝丝巾使用云锦工艺，以光丽灿烂的色泽与高雅洁丽的格调得到了市场的认可和消费者的一致好评。地方博物馆应利用好地区的传统工艺和地域资源，呈现文创产品的创意性、稀缺性和设计感，打造地方博物馆的品牌特色。

地域性的传统工艺材料也是民族文化产品设计体现独特性的重要呈现方式。如苏绣、缂丝、云锦等传统工艺所用的蚕丝、金银与玉石等，都蕴含了地域技艺与审美趣味。不同地域物产资源中所特有的材料美感，通常会赋予某种工艺或产品特殊的文化意蕴或独特的风格特色，但精神文化价值必须通过策略化的艺术创造和精心设计才能在文创产品中得以实现，因此特色材料为载体的文创产品开发就显得尤为重要。利用地域物产资源中天然成趣的材质优势，通过材料发掘、文化融入和观念创新，实现将材料应用与文化设计相结合，是地方博物馆打造品牌特色的重要途径。博物馆文创产品可以从地域材料的质感、美学风格、文化意涵和传统工艺特色等多角度进行深入挖掘，开发地方博物馆的品牌特色。

（四）多 IP 联名合作助推博物馆文创产品的品牌宣传

文创产品的持续发展以及走向国际市场，需要借助多方力量来提升博物馆 IP 的影响力。博物馆通过授权 IP 进行跨界合作，让博物馆文化故事与知识传递的使命突破行业限制，将文化资源转化成文化产品，进而实现博物馆文化的传播与推广，实现文化价值、艺术价值和市场价值的提升。[8] 如此一来，不仅可以吸引联名品牌的忠实客户，还可以提高博物馆自身的知名度，有效实现粉丝转化。[9]2017 年 3 月，大英博物馆与艾拓（Ito）合作推出联合款行李箱限量系列。艾拓官方从大英博物馆藏品中选出五种标志性文物做了创意设计，分别为埃及罗塞塔石碑、波斯细密画、中国明朝瓷器、日本神奈川浪里和希腊大卫石雕，别具特色，一时成为热爱艺术与文化的年轻人的哄抢对象。世界各个地区的人民毕竟生活在不同的社会环境中，不可避免地有文化价值观的隔阂与障碍，与海外 IP 合作是打破文化屏障的绝佳途径。

近年来，中国国家博物馆也设立了国博文化产业发展中心，与海内外知名品牌合作，以 IP 授权合作项目实现馆藏资源与知名品牌的对接。国家云锦传承人郭俊大师将"非遗国技"和"国博新春桶"结合后创作出了"云锦版新春桶"，同时邀请景德镇诚德轩手工制瓷工匠来到餐厅现场展示粉彩瓷艺之美，并组织了"釉上彩绘"的非遗互动体验。[10] 中国国家博物馆与肯德基合作的借馆藏资源 IP 授权案例，给予我国地方博物馆以积极启示，与海外品牌的合作是非常灵活的，可以主动增添传统文化元素和地域民族工艺的体验。这不仅传递了传统工艺的文化价值，更彰显了联名品牌的文化内涵。未来博物馆 IP 授权可以结合美食、时尚、动漫等品牌并延伸至生活的方方面面，利用观众喜闻乐见的方式来讲述文化故事，形成更多通俗和令人向往的博物馆文化。

（五）结合特展与传统节日推动地域历史与文化的传播

文创产品与特展结合是海外博物馆的开发策略，现如今国内博物馆也开始借鉴。苏州博物馆经常举办特殊的专题展览，推出相匹配的文创产品，逐渐形成了围绕专题展览设计开发系列产品的运作方式。苏州博物馆陆续开办了"石田大穰——吴门画派之沈周特展""衡山仰止——吴门画派之文徵明特展""六如真如——吴门画派之唐寅特展""十洲高会——吴门画派之仇英特展"。参观完精心策划的展览之后，观众可以到艺术品商店购买以文徵明最爱用的衡山印为灵感设计的衡山杯，以沈周笔下的兰花、石榴等为原稿开发的苏绣材料包，以及运用仇英《莲溪渔隐图》的山水形象设计的烛杯，等等。[11] 观众在购买特展文创之前，已经对其文化原型有了一定的了解，不仅可以激发他们购买的兴趣，还可以延伸拓展特展的教育和文化传播功能。

博物馆利用传统节日开发文创新品是增加文创生命力和创意性的重要手段。如果说文创产品的目标用户是国外消费者，可以直接结合文化输出地的传统节日与国内传统文化来设计文创产品，以包容的态度灵活输出中国文创产品及其文化。从结合国外文化元素来说，设计师可以使用任何的地域传统文化与之结合，消除文化隔阂。从审美理念来看，则需要文创设计师具备国际视野，了解当代潮流与国际社会对美的认识和定义。

三、结语

地域文化元素是人类在改造和适应特定自然地理环境的过程中形成的独具特色的、传承至今仍能发挥一定作用的文化构成要素，它是特定区域生态、民俗、传统、习惯等的文明表现和文化载体。文创产品是将地域文化元素物质化的一种典型方式，对地域自然环境、民族形象特征、地方民俗习惯等元素的艺术性提炼，可以使我们快速了解一种地域文化。高质量的形象化作品可以帮助我们获得对特定地域文化价值观念的共情体验，进而获得对某一地域、民族的文化认同和情感共鸣。

注 释

[1] 柯林．博物馆发展文化创意产业的理论与实践——以中国闽台缘博物馆为个案 [D]．福建：华侨大学,2013:1–7.

[2] 姚添伦．跨文化传播视域下李子柒短视频出海策略分析 [J]．视听,2021(8):134–136.

[3] 杨冰．博物馆展陈中的地域性文化符号研究——乌兰夫纪念馆地域性文化符号实践 [J]．中国文艺家,2018(9):87.

[4] 尹定邦,邵宏．设计学概论 全新版 [M]．长沙：湖南科学技术出版社,2017:4–19.

[5] 李峰,胡绪雯．参与博物馆文创发展,思考博物馆文创未来 [J]．中国博物馆文化产业研究,2015(00):30–37.

[6] 石钧,赵晓彦．地域特色资源背景下民族文化产品设计的策略研究 [J]．美苑,2012(5):97–99.

[7] 阿里数据．2018 年天猫博物馆文创数据报告 [EB/OL].http://www.199it.com/archives/893520.html.

[8] 胡绪雯．博物馆 IP 授权的理论与实践——以上海博物馆为例 [J]．中国博物馆,2019(3):72–74.

[9] 杨楚瑶．基于文化价值观的海外博物馆文创产品消费者购买意愿的影响因素研究 [D]．上海：东华大学,2019:9–82.

[10] 李聪．博物馆文创产业现状与问题研究 [D]．保定：河北大学,2020:10–26.

[11] 疏花．做文创也要有苏式精致 [J]．中华手工,2017(12):44–47.

Design and R&D Strategy of Museum Cultural and Creative Products from the Perspective of Regional Culture

Zheng Chengsheng　　*East China Normal University*

Abstract　The historical relics displayed in local museums, as the material data remains of local history, folk customs, beliefs and crafts, reflect the richness of China's "regional culture". By analyzing the current cultural and creative design of museums, this paper explores the role of museum regional resources, and puts forward some suggestions for the development and design direction of cultural and creative products.

Keywords　Cross-cultural communication; Regional culture; Creative design

24 "生声不息"：博物馆生僻字创意字体设计实践

张乐琪

"生声不息"：博物馆生僻字创意字体设计实践

张乐琪

摘　要　博物馆存在着许多我们平常看不到的字，这些字是很久以前的，是生僻的，但它们的后面凝结着我们民族如何一步一步发展的印记。将这些生僻字运用当代创意进行再设计，可以帮助人们更好地认知其历史渊源和文化内涵，从而进一步传播中华优秀传统文化。

关键词　博物馆生僻字；文化价值；文化设计

一、设计思路

目前，我国的博物馆文创产业已经呈现出良好的发展势头，但是发展并不平衡，与一些发达国家有一定的差距，还有提升的空间。很多博物馆的文创多为普遍可见的产品，并没有形成自己的特色。因此，博物馆文创设计要利用好自身的资源优势，创新设计策略，根据自身特色进行针对性的设计研究。让优秀文化以更多、更优、更新的方式走进生活，走向世界。近年来，我国博物馆文化越来越被重视，文创产品不断创新，不断丰富。具有强大表现力的中国汉字，为文创产品的设计提供了不竭灵感。南开大学汉语言文化学院副教授冉启斌提出，"生僻字可以在一定程度上提升当代人的历史文化素养，因为在生僻字中往往蕴含着历史文化信息，或是有着时代的印记，可以勾起人们的

张乐琪，女，中原工学院硕士研究生，研究方向为视觉图形与形态设计。

历史记忆"。生僻字具有一定的研究价值、精神文化作用和社会实用功能。基于此，本文在生僻字的基础上开展了"生声不息"博物馆生僻字创意字体设计研究和实践，如图1所示。

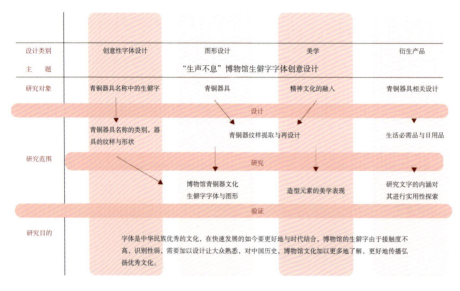

设计类别	创意性字体设计	图形设计	美学	衍生产品
主题	"生声不息"博物馆生僻字字体创意设计			
研究对象	青铜器具名称中的生僻字	青铜器具	精神文化的融入	青铜器具相关设计

设计

青铜器具名称的类别，器具的纹样与形状 → 青铜器纹样提取与再设计　　生活必需品与日用品

研究

| 研究范围 | 博物馆青铜器文化生僻字字体与图形 | 造型元素的美学表现 | 研究文字的内涵对其进行实用性探索 |

验证

| 研究目的 | 字体是中华民族优秀的文化，在快速发展的如今要更好地与时代结合，博物馆的生僻字由于接触度不高、识别性弱，需要加以设计让大众熟悉，对中国历史、博物馆文化加以更多地了解，更好地传播弘扬优秀文化。 |

图1　思路框架

二、创新理念

此系列作品是针对博物馆中生僻的器皿名称进行创意字体设计（图2）。人们对博物馆中的这些字既熟悉又陌生。事实上，有些博物馆并没有相应的拼音或注释，即使有也很难说清它们的意思与用途。在博物馆关注度逐渐提升的今天，我们也期望博物馆尽可能地在这类藏品的说明牌上加注更多信息，比如拼音、用途、背景等，让更多的人能真正看懂并了解这些文物。

将生僻字与对应的器皿进行再设计，实现了字体与器物相结合。字体设计通过器物造型与字体相结合的设计方式，将字体与器皿之间产生联想，通过器物的某个独特造型代替字体中的某一笔画或某一结构，使字、图相融成为一体，让人们看到字体想到器物、看到器物想到字体，加强记忆。图形设计是将器物进行几何化归纳，通过渐变的颜色进行层次分类。这种设计方式，一方面是将器物与名称更好地结合，形成链接记忆；

博物馆中存在许多我们平常看不到的以前的字，这些字在博物馆中经常出现，这些字后面代表着我们民族如何一步一步发展而来的印记。这些生僻字需要进行再设计与器皿相结合，进一步加强人们对它的认识，引起大家兴趣，传播优秀文化。

生声不息
博物馆
生僻字
字体设计

近年来我国的博物馆文化越来越被重视，文创产品不断创新不断丰富。我国博大精深具有强大表现力的汉字，为文创产品的设计提供不竭灵感。

很多博物馆的文创过于普遍化，多为大众普遍可见到的没有利用好自身优势，所以要根据不同的博物馆的特色进行针对性的研究设计，利用文创产品更好地宣传博物馆的文化，将我国的优秀有内涵的文化传播得更远。

目前，我国的博物馆文创产业已经有良好发展势头，但是发展不平衡，与一些发达国家仍有一些差距，还有提升发展空间。博物馆文创设计要利用好博物馆资源优势，创新设计策略，将优秀传统文化以更多、更优、更新的方式走入生活，走向世界。

字体：将字体与器皿形状结合，将字体形象化，几何化，更好地记忆。
图形：将器皿的特点突出提取，精简化，运用正片叠底的方法，造成颜色深浅变化的平面化特征。

文创产品：
冰激凌：器皿的形状做成冰激凌，冰激凌棒上是器皿对应的字。
冰箱贴：异形。
胸针：吊坠、字体。
书签：异形、带链子带吊坠。
毛衣链：银质吊坠。

图2　生僻字字体设计分析

另一方面，这种新颖的字体呈现方式可引起游客的好奇心，从而对其蕴含文化有继续探索下去的欲望。插画是将器物造型通过简单图形的提取，然后用正片叠底的方式产生颜色的变化，再加上纹样的装饰形成统一的风格。鲁迅先生曾提出中国汉字具有三美，"意美以感心，一也；音美以感耳，二也；形美以感目，三也"。生僻字具有一定的美学价值，包括形式美、意境美、音蕴美等。从生僻字的美学价值出发，对其表现形式进行设计，旨在让这些非遗焕发新的光彩，使这些生僻字不再生僻。

三、作品分析

(一)"生声不息"博物馆生僻字创意字体设计

整套设计分为字体设计、图形设计、文创设计三方面。字体设计分别对鼎、簋、卣、罍、盉、匜、瓿、鬲、罍、甗、觚、觯、盨、簠、镈、厄16个字进行再设计。设计中，设计师可以将字的一些笔画连接起来，也用器皿的形状代替某个字的部分，将笔画图形化转换后在原有的结构上进行组拼。这些新设计出来的字融合了原字的结构特点，也融入了器皿的造型特征。这种创意字体具有一定的识别性与文化链接（图3）。

图3　生僻字字体设计

（二）"生声不息"博物馆生僻字创意图形设计

图形设计分别对鼎、簋、卣、斝、盉、匜、甂、鬲、罍、甗、觚、觯、盨、簠、铺、厄 16 个青铜器皿进行再设计。设计师将造型与纹样提取出来，在外形的基础上进行几何化归纳，通过颜色深浅区分增加层次，将器皿特点更好地凸显出来（图4—5 所示）。

（三）"生声不息"博物馆生僻字创意文创设计

在字体与插图设计的基础上，设计师可进行一系列的文创设计，有书签系列设计、别针设计、毛衣坠设计、文创雪糕设计。

此款书签材料采用铝合金（特殊处理，不掉色），工艺选用镂空、填色、烤漆，

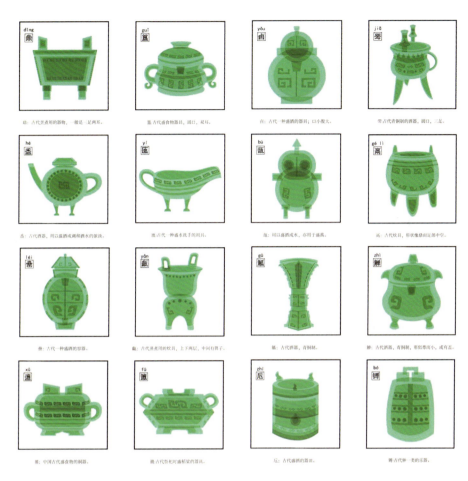

图 4　生僻字器皿插图设计

规格约 50×30 毫米，产品重量约 23 克。书签设计是基于生僻字中带有皿字底的字，将这些字做成异形书签的模样，在字体创意设计的基础上，将皿字底中两道竖的笔画又向下延长，像字的两条腿一样，这样可以别住书页，将书页卡在两条腿的中间。人们还可以直接将书签放在书中，留下特殊的记号，便于收藏（图 6）。

　　此款胸针材料采用铝合金，工艺选用金属压铸、电镀、仿珐琅烤漆，规格为 50×30 毫米。胸针是设计师基于一些有器皿造型的生僻字而设计出来的，将器皿的边及其纹样装饰的边突出，与面形成对比，可增加质感与手感。外部造型就是器皿的造型，形状各异。设计师还将产品对应的器皿名称与解释标示其下，实现传播生僻字的目的，让文化以新的方式走进生活（图 7）。

卣：古代一种盛酒的器具；口小腹大。

瓿：用以盛酒或水，亦用于盛酱。

斝：古代青铜制的酒器，圆口，三足。

镈：古代钟一类的乐器。

匜：古代一种盛水洗手的用具。

卮：古代盛酒的器皿。

觯：古代酒器，青铜制，形似尊而小，或有盖。

觚：古代酒器，青铜制。

甗：古代蒸煮用的炊具，上下两层，中间有箅子。

鬲：古代炊具，形状像鼎而足部中空。

鼎：古代烹煮用的器物，一般是三足两耳。

罍：古代一种盛酒的容器。

簠：古代祭祀时盛稻粱的器具。

盉：古代酒器，用以温酒或调和酒水的浓淡。

盨：中国古代盛食物的铜器。

簋：古代盛食物器具，圆口，双耳。

图 5　生僻字字体插图组合设计

图 6 文创书签设计　　　　　　　　　　　　　　　　图 7 文创胸针设计

　　此款书签材料选用黄铜，工艺选用镂空、填色、烤漆，产品重量约 23 克，链子的规格为 190 毫米，吊坠的规格为 40×70 毫米。这些书签是设计师从生僻字中挑选一些字与对应的器皿造型进行设计，采用一些工艺将器皿的造型与字体进行描边加工，中间配有链子将两端连接。此款书签造型灵动，可放置书中，也可卡住书页，两端的字与器皿相对应，实现了让生僻字易懂、易记忆的目的（如图 8）。

　　银质毛衣吊坠材质采用钛钢，吊坠的尺寸约 32×18 毫米，项链的尺寸约 700 毫米，用于搭配毛衣、T 恤等。毛衣吊坠设计主要是提取生僻字中的字体，对材质进行加工后制成。这些字似字似画，具有一定的独特性，边缘突出，与字体表面形成对比，银质的材质突出酷酷的特性（如图 9）。

　　此款文创雪糕是绿豆沙的，配料选用纯牛奶、稀奶油、白砂糖等，净含量为 72 克。文创雪糕是在器皿造型的基础上制作而成的。这类产品的出现，文创产品开辟了一个新的领域。镈是古代的一种乐器，将这个器皿制成雪糕，让人们在吃的时候会有更深的印象。雪糕表面凹凸不平，是在实物造型的基础上进行了重点提炼。吃完的雪糕棒上，还有这个器皿的解释与字形，进一步起到了传播的作用，适合各个年龄阶段的人群食用（图 10）。

　　在本项研究和实践中，笔者希望通过设计将博物馆生僻字这一知识很好地带入人们的生活，打开历史尘封的长河，使人们从好奇到学习再到探索，使得中华优秀传统文

图8 文创书签设计

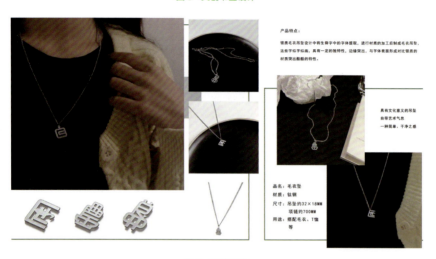

图9 吊坠设计

图10 文创雪糕设计

化传播开来。文创产品的开发设计可以使传统文化更好地走进生活，成为实用的、具有创意的生活用品，真正将生僻字融入人们的生活当中，成为一种文化潮流，被人们所熟知和喜欢。

汉字作为中华文明的记录者，有着自身独具的魅力与文化沉淀，凝结了几代人的无穷智慧，彰显出文化的发展脉络，是国人为之自豪的文化标签，是中华文明有力的声音。文创设计将古老的汉字文化与当代生活相融合，将汉字文化与设计者的创造性思维相结合，是发挥生僻字多维文化价值的重要途径。

"Sheng Sheng Bu Xi": Design Practice on the Creative Font of Rarely Used Characters in the Museum

Zhang Leqi   Zhongyuan University of Technology

Abstract There are many characters in museums that we don't normally see, which are long ago and are rarely used. These characters often appear in museums, and the background of the characters represent the marks of how our nation developed step by step. These rarely used characters need to be redesigned through creativity to further strengthen people's understanding of it, to arouse interest and spread excellent culture.

Nowadays, rarely used characters are slowly coming into people's attention, with the emergence of the song Rarely Used Characters, and many packages, posters and other such with rarely used characters are slowly coming into life. However, the culture of rarely used characters, its origin also needs to be studied and explored. Redesigning the rarely used characters and giving the historical origin to them is what is needed for cultural design nowadays.

Keywords Museums with rarely used characters; Cultural values; Cultural design

25 | 符号学视域下徐州汉代长青树文创产品设计研究

叶以琛　兰芳

符号学视域下徐州汉代长青树文创产品设计研究

叶以琛　兰　芳

摘　　要　本文基于符号学理论体系，探究徐州汉画像中长青树纹与现代文创产品之间的符号联系与意义。本文将汉代长青树纹作为符号对象，分为"概念阐释层""意图确立层"与"延伸探究层"构建研究框架，从汉代长青树的文化内涵与造型特征逐步延伸到现代文创产品的功能、图案与造型，通过长青树的祥瑞寓意确立文创产品的功能性，在图案上通过长青树的像似符号特征衍生出文创产品的视觉符号，完成相关的设计成果。

关键词　符号学；徐州汉画像；设计研究；长青树纹；文创产品

在我国传统哲学的生命观中，"阴阳相合，化生万物"以及万物"生生不息"是其重要内涵，生命之树则是这一观念下"生者长寿，死者永生"生命意识的观物取象[1]。因此，树形纹样在汉代"天人感应"和"谶纬学说"盛行的时代被赋予了"引导升仙""长生"等丰富的内涵寓意。本文以符号学理论体系为基础，对基于徐州汉代长青树的文创产品开发进行探讨和实践。

一、符号学介入下的文创产品研究

(一) 文创产品符号的表意特征

符号学是研究意义的学说，表意是符号学理论的关键所在。赵毅衡认为："符号是被认为携带意义的感知。"[2]德里达说："从本质上讲，不可能有无意义的符号，也不可能有无所指的能指。"[3]我们身处一个充满意义的世界，艾柯指出符号意义的集合

叶以琛，男，江苏师范大学硕士研究生，研究方向为视觉传达设计。

最终不是符号，而是形成了"文化"这个"整体语意场"。[4] 文创产品作为一种文化符号，表意亦是文创产品的目的。同时，设计需要以科技为基础，以文化价值观为导向，为生活创造物质依托，这种综合社会、经济和文化各方面因素的行为实质上是一种文化整合的过程。[5] 设计师需综合考量文创产品（符号）的造型、内涵、工艺、市场等伴随文本来共同完成文创产品符号的文化表意过程。

（二）文创产品的符号意指关系

索绪尔（Saussure）的"能指"与"所指"是基于语言学的符号划分[6]，尤其是他对语言结构的强调，对西方语言学研究有着重大影响，但应用于文创产品设计时有一定程度的限制性。皮尔斯（Peirce）的逻辑—修辞符号学则以更为具体且开阔的三元论来阐释符号，他把符号分为"再现体"（representamen）、"对象"（object）和"解释项"（interpretant）。[7] 索绪尔的"能指"相当于皮尔斯的"再现体"，索绪尔的"所指"在皮尔斯这里划分为两个部分："符号所替代的概念"，即为"对象"；"符号所引发的思想"，是符号的"解释项"。以索绪尔为代表的结构主义因其强调事物的整体优先性，事物的每一部分都处于整体的关系网中而不是孤立存在的，这种结构主义的封闭性在一定程度上限制了设计创意的发展空间。皮尔斯的三分法则可以解决这个问题，其关键在于"解释项"。皮尔斯认为，符号的"解释项"必然是无限衍义的。以长青树纹文创产品为例，长青树纹的概念有很多解释项，从其中一种"解释项"可以衍生出一个新的符号。这体现了皮尔斯符号学理论的开放性特征，对文创产品的设计具有积极的启示作用（图1）。

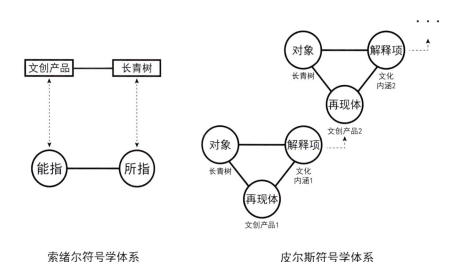

索绪尔符号学体系　　　　　　皮尔斯符号学体系

图1　索绪尔、皮尔斯符号学体系

二、徐州汉代长青树纹的符号学分析

汉代长青树纹的符号化表现，不仅源于客观的自然物象，还受汉代工匠对画像的主观解释的影响。他们所描绘的树木形象，基于主体对画像的理解，有时还会根据画面的需要，运用不同的手法来表现树木形象。我们可以从中发现长青树纹作为艺术符号的不同，包括树木不同的形态特征和性格，由此衍生出相应的符号解释项，与符号之间有相互作用的关系。大部分长青树纹通过图案类装饰手法来呈现，图案类树纹在写实的基础上进行艺术加工，使得树木形态更具风格化的表现力。长青树的造型多为几何对称形态，如等腰三角形和菱形等。[8] 徐州汉画像中的长青树造型以三角形为主（图2），同时会以三角形为基础进行变化，如桃形（图3）。在其他地区，如河南汉画像中还衍生出三角形的其他变化，如梯形（图4）、菱形（图5）。

作为装饰性纹样，汉代工匠对于长青树纹的符号化表现追求的是避繁就简，意在呈现画面整体的秩序性。汉代人在长期观察生活并付诸艺术实践后，总结出一套高度概括的艺术语言，抓住树的生长规律、造型特征等，将繁复的树纹平面化、几何化，再通过夸张、变形等手法进行艺术表现，赋予图案意义。在这种将事物符号化的过程中，树纹完成了从形态到精神上的升华。[9] 如长青树纹的母型——三角形树冠，三角形的符号意义是稳定、永恒，上升到精神层面是汉代人对生命不朽的欲求。综上可以看到，

图2　三角形树冠　　　　　图3　桃形树冠

图4　梯形树冠　　　　　图5　菱形树冠

汉代长青树纹在符号学的视角下可以更为清晰具体地解构并重新整合其造型特征与文化内涵之间的关系，且在解释项的基础上有着更为开阔的衍义视野，为设计研究提供了必要的文化语境。

三、符号学语境下徐州汉代长青树纹文创产品设计研究

本文选用皮尔斯符号学体系作为理论指导。因其优势在于解释项的延续潜力，设计师还可将符号的解释项交由符号的接收者来阐释。这样不仅更为具体，而且在文创产品的实践中，接收者的解释项有时会反过来重新定义产品，从而对符号产生影响，或是引出新一轮的符号表述。这是皮尔斯理论的开放性所致。本次设计实践基于皮尔斯符号学搭建的框架分为三层，即"概念阐释层""意图确立层"和"延伸探究层"。研究思路见图6。

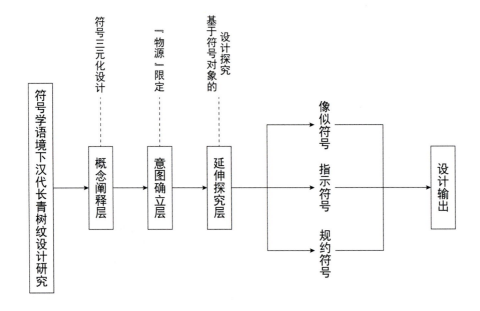

图6　研究思路

（一）概念阐释层

设计实践以汉画像中的长青树纹作为文创产品符号研究对象，概念阐释层以皮尔

斯的首层表意——"再现体""对象"和"解释项"为基础，将文创产品符号分别解释为"文创产品""长青树"以及"文化内涵"。

文创产品符号的"对象"确定为"长青树纹"，"再现体"可以在一个人心中创造一个相等的符号，甚至一个发展的符号。[10] 文创产品在接收者的心中代替了"长青树"的概念，随后在接收者的心中产生新的解释项。如长青树纹应用在茶包装中，对应的"解释项"为"健康自然"，但接收者看到此符号后产生的符号衍义却不一定是"健康自然"。根据主体元语言的不同，接收者还可以进一步衍义出茶浓郁清香的口感、茶叶青翠的颜色等。

确定了设计研究的框架，笔者对后面两层将在此基础上进行推演，详见图7。

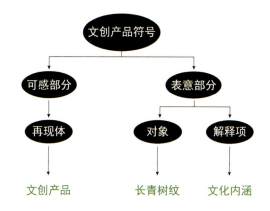

图7 概念阐释层

（二）意图确立层

意图确立层从"再现体"和"解释项"，即文创产品和文化内涵展开，将文化内涵（解释项）横向展开推演，基于长青树（对象）产生了三个解释项："自然健康""青春永驻"和"连接两界"。此时根据解释项的"无限衍义"概念，解释项还可以继续衍义下去，但是这会导致意图不明，让接收者在解释项中迷失，违背了设计的目的。为避免产生误解，此时引入符号的"物源"概念。赵毅衡在《符号学原理与推演》中提出："任何物都是'物—符号'的双联体，它可以向纯然之物一端靠拢，完全成为物，不表达意义；它也可以向纯然符号载体一端靠拢，纯为表达意义，但这两种极端只会在特殊情况下才出现，多数情况下都是在此间移动。"[11] 根据此理解划分出的符号"物源"有三种：

一是自然事物,如风雨雷电等,原本不携带意义,在被人的意识符号化后才携带了意义;二是人工制造的器物,如茶具、工艺品等,我们现在所使用的几乎都要被划分在这一类别中;三是人为制造出来的"纯符号",完全为了表达意义而被制造出来的,如艺术、语言、货币等,它不需要被"符号化",因为它本身就是为了表达意义而制造出来的。

引入符号的"物源"后,还需在此基础上进一步确立符号意图。黑格尔对艺术的分类[12],意在表现艺术从意图不明的象征中升华到精神层面的过程。"象征型艺术"是精神未与物象完美结合的艺术形式,相当于"物源"概念的第一层,即自然事物。"古典型艺术"是黑格尔认为的最为完美的艺术形式,艺术的精神性与物象完美结合,达到了艺术形式的顶峰,代表为古希腊艺术。我们目前在生活中虽然很难发现严格意义上的黑格尔式的完美事物,但是从事物使用性和精神性的结合度来看,如中国的茶具,既使用便捷又可以代表中国的茶文化,有人工的痕迹又保留了器物的自然之美,器物的使用性和精神性达到了较好的平衡,可以看作相对完美的符号。到了"浪漫型艺术",作品的精神性逐渐占据上风,脱离物象而独立存在。黑格尔认为这是艺术发展的最终形态,此后艺术将被哲学所取代。"物源"的第三层中有一些可表现此阶段的符号,如语言、表情等。文创产品设计无法抛弃作品的物理属性,但作品所表达出的精神性文化内涵仍然是主要设计意图所在。如灯具与长青树所结合,需要"解释项"的进一步介入。长青树在汉画像中是连接两界的标志,灯有引路、指引的作用,同样起到指引、连接的作用。

文化内涵(解释项)展开后,"再现体"也会相应展开。在纵轴上使用"物源"中的"自然""人工""精神"三层来限定设计的"意图定点",分别确定了三种文创产品"茶饮品""化妆品""灯具",设计意在通过这三种文创产品(再现体)来表现长青树(对象)在符号学语境中的演变过程。设计实践由此展现出了动态的发展趋势,即一个符号从自然走向精神的演变过程,详见图8。

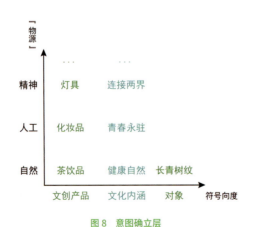

图8 意图确立层

（三）延伸探究层

设计实践的第三个层面——"延伸探究层"，基于皮尔斯表意三分式的"对象"展开[13]，探究符号与对象之间的关系。

"像似符号"是指"一个符号代替另一个东西，因为与之相似"。这里以表意层展开的三类文创产品举例进行设计元素的提取与推演。像似符号的对象是长青树，但这里对应的可以不局限于视觉，任何感知都有作用于感官的形状，因此任何感知都可以找出与另一物的相似之处，也就是说，任何感知都是潜在的像似符号。所以，像似符号还可以是听觉、味觉、嗅觉和触觉上的相似，将其他四种感官通过视觉化转换来提取设计元素。在这种设计语境下，我们对茶的感官印象可以选取视觉、味觉、听觉来说明，茶的浓郁口感可以让人联想到厚重有序的波浪线，看到波浪线也可联想到缕缕茶香。从听觉上，我们可以通过向心圆式的曲线来表现风吹过树梢和茶叶时的声响。基于"像似符号"的推演见图9。

如"像似符号"一样，"指示符号"也是有理可据的"理据符号"，但更多地注重符号与对象之间的因果、邻接、部分与整体等关系，让接收者通过符号的提示联想到对象。基于符号的指示逻辑关系可得到以下表格，基于"指示符号"的推演见图10。

符号对象展开的第三项是"规约符号"，皮尔斯认为这种符号需要解释者靠规约来确认符号与意义的关系，但从本质上来说皮尔斯也承认几乎没有纯理据性符号，无论什么样的理据性，解释的时候仍需规约限定，如语言的理据性需要单个字意义的规约组成。

图 9　基于"像似符号"的推演　　　　　图 10　基于"指示符号"的推演

设计中的规约符号将长青树的社会规约（也可称作文化规约）——"连接两界"展开衍义，得到"灯"的意象。灯在社会规约中有指引的作用，缩小范围，在我们的生活规约中，打开灯即需要光线，关闭即光线充足，黑夜需要光线，白天光照充足，灯从这层意义上连接了白天与黑夜，基于"规约符号"的推演见图11。

综上所述，虽然研究框架基于对象的三类符号分开阐释，但真正"合理"的符号会包含这三类符号的特性，理据性与规约性共存。文创产品的设计亦是如此，以符号学理论作为设计指导，系统且有意图地推进设计实践。

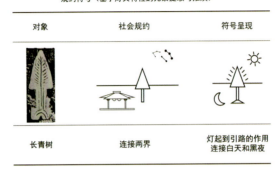

图11　基于"规约符号"的推演

四、符号学语境下徐州汉代长青树纹文创产品设计实践

设计实践基于意图确立层，将对象（长青树纹）的解释项（文化内涵）经反向推演得到三个再现体（文创产品），根据符号的"物源"概念将文创产品符号分为茶饮品、化妆品和灯具，将设计研究推进到延伸探究层，基于文创产品符号对象进一步衍义。

汉画像中的长青树纹种类多样，多以抽象形式出现，极具规律性与秩序性。设计师将汉画像中的长青树纹作为原型，首先基于茶饮品的符号推演，选取汉画像长青树纹中具有代表性的三角形和菱形，设计以简练的线条概括长青树纹造型。同时，以线条的疏密表现长青树纹原有的自然神韵，整合成图案化与符号意义为一体的现代设计纹样。茶饮品的元素推演与整合见图12。

根据古人"天圆地方"的宇宙观，设计师将符号化的长青树纹通过旋转、分割、镜像等构成方法进行设计延展（表 1）。设计组合后的长青树符号仍然可以表现出纹样与符号之间的关联性，将茶饮品和汉代长青树纹进行融合，实现传统纹样的现代化转换，同时为文创产品设计实践提供思路。茶饮品系列设计见图 13 至图 15。

茶饮品的元素推演与整合

对象	视觉	味觉	听觉	符号整合
长青树	几何轮廓	茶的浓郁口感	风拂过树林的声响	抽象化表现

图 12　茶饮品的元素推演与整合

表 1　设计延展

符号	旋转	分割、镜像	排版

图 13　茶饮品系列设计 1　　　　　图 14　茶饮品系列设计 2　　　　　图 15　茶饮品系列设计 3

　　其次，基于化妆品的"指示符号"设计推演，"指示符号"强调符号与对象的逻辑关联。根据框架的逻辑关系，设计师由长青树纹联想到树叶，树叶象征着生命力，从树叶的指示关系联想到滋养万物的雨水，逻辑整合得到的是春雨万物再生、树木枝繁叶茂的景象，最终指向化妆品得到的解释项是产品的滋润、新生等功效，与其对应的符号解释项是长青树纹"青春永驻"的文化内涵。

　　设计保留原有长青树纹样造型，以扁平化设计形式来表现。汉代长青树的造型模式大多以抽象几何图形呈现，造型精简易识，与扁平化设计特点契合。将"扁平化"后的长青树纹样安排在特定的场景中，它们分别对应不同的化妆品种类包装，使设计整体生动且具有韵律感。场景视觉设计见图 16—18。扁平化设计可以增强产品的符号化特征，为消费者提供直观、准确、独特的产品信息，凸显产品特色，使消费者在短时间形成记忆点，提升产品的视觉辨识度和冲击力。化妆品系列设计见图 19—21。

　　综合意图确立层和延伸探究层的第三个符号再现体是灯具，相对应的解释项为长青

图 16　场景视觉设计 1　　　图 17　场景视觉设计 2　图 18　场景视觉设计 3　　　图 19　化妆品系列　　图 20　化妆品系列
　　　　　　　　　　　　　　　　　　　　　　　　　　　　　　　　　　　　　设计 1　　　　　　设计 2

树纹"连接两界"的文化内涵。在我们的社会规约中，"引路灯""灯塔"等规约符号都将"灯"作为对象引向"指示""向导"等解释项，因此，灯的解释项可以进一步阐释为人与意象或精神的媒介，亦是意象之间的连接。设计研究回到生活层面时，灯作为白天和黑夜最为明显的区分标志，灯在此处接替了长青树纹的"连接"作用，根据"意图确立层"关于符号发展演变的概念，灯与长青树纹之间在此完成了文创产品符号的阶段衍义过程。作为文创产品符号，灯在这一层面上成为长青树纹的符号载体，以长青树纹作为对象的设计研究也完成了符号的衍义循环，灯具系列设计见图22 – 24。

本文基于符号学理论体系，以徐州汉画像中的汉代长青树纹作为对象，通过概念阐释层、意图确立层与延伸探究层，将长青树纹的文化内涵、形态特征与文创产品的功能、图案和造型结合，阐释汉代长青树纹与现代文创产品设计之间形式与意义的联系。基于长青树的祥瑞寓意，设计师确立文创产品的功能性，在图案上通过长青树的像似符号特征来衍生出文创产品的视觉符号。通过研究和实践，我们可以看到，长青树纹作为汉画像中具有代表性的装饰纹样，在符号学语境下呈现出更加广阔的意义。这也为当代文创设计提供了具有拓展价值的路径。

图21　化妆品系列设计 3

图22　灯具系列设计 1

图23　灯具系列设计 2

图24　灯具系列设计 3

注 释

[1] 靳之林. 生命之树与中国民间民俗艺术 [M]. 桂林：广西师范大学出版社,2002:3.

[2][11] 赵毅衡. 符号学原理与推演 [M]. 南京：南京大学出版社,2016:1，27–28.

[3][法] 雅克·德里达. 声音与现象 [M]. 杜小真，译. 北京：商务印书馆,1999:20.

[4]CHARLES SANDERS PEIRCE, Collected Papers[M]. Cambridge Mass: Harvard University Press,1932.

[5] 徐恒醇. 设计美学 [M]. 北京：清华大学出版社,2006:93.

[6][瑞] 费尔迪南·德·索绪尔. 普通语言学教程 [M]. 岑麒祥，叶蜚声，高名凯，译注. 北京：商务印书馆，2019:105–107.

[7][10][美] 皮尔斯·皮尔斯：论符号   李斯卡：皮尔斯符号学导论 [M]. 赵星植，译. 成都：四川大学出版社,2014:31–49.

[8] 刘芊. 中国神树图像设计研究 [D]. 苏州：苏州大学,2014:278–281.

[9] 唐建中."树"在汉代画像石中的造型格式 [J]. 装饰,2012(6):72–73.

[12] 黑格尔在《美学》中把艺术的发展过程分为三个阶段：象征型艺术、古典型艺术和浪漫型艺术。[德] 黑格尔. 美学 (第二卷)[M]. 朱光潜，译. 北京：商务印书馆,1979.

[13] 皮尔斯将符号与其对象的关系分为像似符号、指示符号、规约符号。

[美] 皮尔斯·皮尔斯   李斯卡：皮尔斯符号导论：论符号 [M]. 赵星植，译注. 成都：四川大学出版社,2014:51–74.

图片来源

图 1.6.7–24. 作者绘制

图 2. 中国画像石全集编辑委员会编，汤池主编. 中国画像石全集 4 江苏安徽浙江汉画像石 [M]. 济南，郑州：山东美术出版社，河南美术出版社，2000:3,40.

图 3. 中国画像石全集编辑委员会编. 中国画像石全集 4 江苏安徽浙江汉画像石 [M]. 济南，郑州：山东美术出版社，河南美术出版社，2000:7.

图 4.《中国画像砖全集》编辑委员会编. 中国画像砖全集：河南画像砖 [M]. 成都：四川美术出版社，2006:76,87.

图 5. 邓本章. 中原文化大典·文物典·画像砖 [M]. 郑州：中州古籍出版社，2008:15,64.P15,P64

Research on the Design of Cultural and Creative Products with Evergreen Tree Pattern in Han Dynasty from the Perspective of Semiotics

Ye Yichen Lan Fang   *Jiangsu Normal University*

Abstract   Based on the theoretical system of semiotics, this paper explores the symbolic connection and significance between evergreen tree pattern in Xuzhou Han portraits and modern cultural and creative products. The paper divides the Han Dynasty evergreen tree pattern as the symbol object into three layers: "concept explanation layer", "intention establishment layer" and "extension inquiry layer" to construct the research framework from the cultural connotation and modeling characteristics of the Han Dynasty evergreen tree to the function pattern and modeling of modern cultural and creative products. Establish the functionality of cultural and creative products through the auspicious meaning of evergreen trees. From the pattern, derive the visual symbols of cultural and creative products through the iconic symbol characteristics of evergreen trees and complete the relevant design results.

Keywords   Semiotics; Xuzhou Han painting; Design research; Evergreen tree pattern; Cultural and creative products

26 镇江非遗"太平泥叫叫"IP 形象设计与传播策略

张雪萍　印男宇　顾　颖　陈建伟

镇江非遗"太平泥叫叫"IP形象设计与传播策略

张雪萍　印男宇　顾　颖　陈建伟

摘　要　本文以江苏省级非物质文化遗产——镇江泥塑"太平泥叫叫"为例，深入挖掘"太平泥叫叫"的文化内涵、发展现状、艺术特色等，提取其文化元素并进行IP形象塑造，在此基础上对其进行表情包、创意插画、联名等文创设计，以期既能够创造额外的经济价值，又能够促进文化多元化传播，为其国际化发展奠定基础，亦为同类型非物质文化遗产的创新设计提供参考。

关键词　非遗；太平泥叫叫；IP形象；设计；传播策略

"太平泥叫叫"（下文简称"泥叫叫"）是江苏省镇江市华山村一带的传统民间玩具，能吹响，声音清脆响亮，有祈求平安之意，故此得名。但从目前的发展状况来看，其传承不容乐观。"走进大众视野，融入大众生活"是"泥叫叫"实现当代发展的关键所在。因此，基于IP形象塑造的角度对"泥叫叫"的外形特征、色彩纹样、文化内涵等元素进行提取和设计，有着很大空间。"泥叫叫"的IP形象能够直观地展现地方文化特色，便于传播与普及；借助新兴文创产业，灵活应用IP形象，是有效的经济增收手段，提高经济效益的同时还能够提升影响力和知名度。这不仅是非物质文化遗产活态化传承的有效方式，更是其国际化发展的重要策略。

一、"泥叫叫"的传承现状

在文化强国的时代背景下，传统工艺振兴、中华优秀传统文化的创造性转化与创新性发展一直是热点话题。为了能够设计出既贴合"泥叫叫"艺术特征又具备创新潜力

张雪萍，女，江苏大学硕士研究生，研究方向为视觉与信息设计。

印男宇，女，江苏大学硕士研究生，研究方向为视觉与信息设计。

顾颖，女，江苏大学硕士研究生，研究方向为视觉与信息设计。

陈建伟，女，江苏大学硕士研究生，研究方向为视觉与信息设计。

的 IP 形象，笔者多次拜访江苏省非物质文化遗产"泥叫叫"的代表性传承人周宝康，在与传承人的交谈中详细地了解到"泥叫叫"的传承现状。

（一）生存现状

在周宝康老师的努力下，"泥叫叫"由原来的濒危消亡逐渐焕发生机。但在时代洪流中，"泥叫叫"仍然面临着历史的考验，存在一系列发展困难。

首先，在经济效益方面，主要还是以门店售卖和开设体验课程的形式为盈利来源，产品制作成本高，耗时长，经济收入较低，且以互联网平台为依托的线上经济鲜有尝试。其次，在宣传方面，仍然处于被动局面，传播范围有限，通常集中在镇江当地及周边地区；传播人群有限，主要集中于当地学校师生、景区游客以及周宝康的交友圈；传播方式单一，主要是依靠周宝康的个人活动、口耳相传，以互联网为媒介的传播方式鲜有涉及。

（二）传承方式

古时，"泥叫叫"坚守着"传男不传女，传内不传外"的原则，因此在传承上备受限制。现如今，周宝康老师打破这一规则，学徒逐渐变多，堪称师徒传承的典范（图 1）。一方面，周宝康作为幼儿园特聘专家，在课上不仅给幼儿讲述"泥叫叫"的历史，还向他们普及民间艺术的文化魅力，让幼儿学习制作"泥叫叫"，在幼儿的心中种下关心民间艺术、关注非物质文化遗产的种子；另一方面，周宝康与高校多有合作，多次在高校开办讲座、授课，"泥叫叫"因此走进大学校园。在与师生的交谈和互动中，周宝康了解到当代大学生的喜好和当下流行的风格，以及年轻人对非物质文化遗产的看法和需求。

图 1　师徒传承

周宝康总能够听取学生的意见，并对"泥叫叫"加以创新和改良。学生学习到"泥叫叫"的制作工艺，深知传承非物质文化遗产、传播民间文化绝非易事。此外，不少学生专门拜周宝康为师，长期从事"泥叫叫"的制作活动。

（三）现代传播路径

"泥叫叫"的现代传播路径主要为两种：一是文旅传播；二是自媒体传播。

首先，关于文旅传播的路径（图2）。"泥叫叫"民艺馆位于国家级4A级景区西津渡，在旅游行业蓬勃发展的大背景下，每年都有大量游客到西津渡游玩观光，推进西津渡旅游产业的发展。"泥叫叫"民艺馆作为西津渡"网红打卡"地，吸引国内外游客前来参观游玩。"泥叫叫"外形古朴可爱、寓意吉祥，销量甚佳，作为镇江市经典旅游纪念品深受游客们的喜爱，并将其传播到世界各地。每当旅游节、文化节，"泥叫叫"的作品总会出现在显眼位置。周宝康向来往游客们展示制作技艺，讲述历史文化，还会举办"泥叫叫"制作活动，让游客在体验"泥叫叫"制作的过程中感受到民间泥塑的魅力与乐趣，体悟文化底蕴带来的情怀与浪漫。游客还能够将自己制作的"泥叫叫"烧制带走，当作纪念品。

其次，关于自媒体传播的路径（图3）。近几年，镇江市政府愈来愈重视旅游业的发展。在市政形象宣传片中，"泥叫叫"通常会被作为镇江市代表性非物质文化遗产出镜。作为镇江市的文化名片，古朴传神的"泥叫叫"似乎在诉说着古韵，流露着独妙的匠心。有些"网络红人"会来"泥叫叫"民艺馆"打卡"，展示和介绍其经典形象，采访周宝康传承非物质文化遗产的心得等，有时还会开直播和观众互动。"网络红人"借助"泥

图2　文旅传播

图3　自媒体传播

叫叫"来为他们的短视频增添文化底蕴,丰富视频素材,"泥叫叫"也得以在互联网上传播。周宝康也经常在个人朋友圈、微信公众号中介绍其新作品,讲述"泥叫叫"的制作心得。

二、"泥叫叫"IP 化的价值意义

IP 形象具有强大的亲和力、感染力和号召力,更是文化、理念、情怀的重要载体,由 IP 形象产生的直接价值和间接价值无法估量。"走进大众视野,融入大众生活"一直是"泥叫叫"的传承理念。在走上国际化舞台的道路中,"泥叫叫"一直在尝试和探索。

"泥叫叫"具有 IP 化的条件。首先,"泥叫叫"民艺馆作为西津渡的重要门店,每年会吸引大量游客,具有较为稳定的客源与收益。其次,民艺馆作为当地高校的学习基地与非物质文化遗产传承基地,学生经常把"泥叫叫"作为学习素材,尤其是设计专业的学生,每年都会针对其进行再设计,为其持续注入设计活力。最后,"泥叫叫"题材众多,种类丰富。周宝康和学徒们一直在创作和创新,年年都会紧跟时代潮流推出几组优秀作品,因而"泥叫叫"的题材日益丰富。综上所述,"泥叫叫"具有稳定的客源和收入,设计灵感充沛,创作题材丰富且源源不断,传承方式灵活,传承前景较为乐观。其 IP 化一定程度上能够紧随当下潮流,吸引更多人的目光。以 IP 形象出现的"泥叫叫"有利于在网络上传播与推广,推动其逐渐出现在大众的视野里。具有娱乐属性的 IP 形象作为更直观的代言人,能够便捷有效地传达基本信息,且快速地被人们接纳。它的传播形式较为便捷,能够借助网络快速传播发挥社会价值。以 IP 形象为主体开发的系列产品,能够带动与"泥叫叫"相关的消费,创造经济价值。乘着时代的新风,借助新兴媒体、新兴产业快速发展,才是"泥叫叫"走上国际化舞台的关键步骤。

三、"泥叫叫"IP 形象的设计

互联网时代的消费群体以新生代的年轻人为主,审美风格、需求特点、用户画像相比往日已经截然不同,对非物质文化遗产的态度也发生了变化,从欣赏观赏到参与体验,从崇尚经典、传统到追求个性独特、时尚时兴。非物质文化遗产也从"防守"的姿态转向多变、创新,打破格式化,用一种多向度的方法重新诠释传统文化的精华,做到"与时俱进、古为今用、洋为中用"。[1]走向更高更远的平台是"泥叫叫"的发展追求,"泥叫叫"IP 化能够展现地域特色,更有利于代表"泥叫叫"在网络上进行传播与推广,是其实现国际化发展的重要之路。

(一)第一步：确定 IP 原型

"泥叫叫"历史悠久，文化内涵丰富，题材众多。比较具有代表性的作品有《张王》（图4）、《二龙盘珠》（图5）、《双鱼牡丹》（图6）等。在确定其 IP 原型形象方面，笔者主要采取了以下几种方式：首先，在大众偏好方面，笔者通过问卷调研的方式征求大众的意见。在最终的调研结果中，大多数人选择的是张王。其次，在文化内涵方面，"泥叫叫"源于张王舍身试水的传说，张王令将士掘井取水以解民众缺水之急，井掘成后，张王以身试水，不料中毒身亡。民众为感张王之恩取当地黏土，以土塑形，随形就意捏塑出各类飞禽走兽，钻上哨孔，吹之以招张王之魂。这便是"泥叫叫"的由来。[2] 最后，笔者征求传承人意见，认为张王作为一个人物形象更具有亲和力，张王本身就承载着舍己为人、无私高尚的精神，他作为"泥叫叫"IP 形象的原型更具说服力。故此，最终确定张王作为"泥叫叫"IP 形象的原型。

图4　张王

图5　二龙盘珠

图6　双鱼牡丹

（二）第二步：角色设计

角色设计是整个 IP 形象设计的核心，贯穿视觉设计整个过程。角色设计以张王为原型，在简化原本张王形象的同时，保留张王的主要艺术特色：黝黑的面庞、圆鼓鼓的脸蛋、白花花的胡须、圆滚壮硕的身体。简化后的张王更加"年轻化"，可爱憨厚的IP 形象与原本的张王形象形成强烈的反差，更容易引发人们的好奇心（图 7）。除此之外，一个成功的 IP 形象必须拥有可以让大众接受的故事性、价值观与人格特征，同时必须拥有值得深挖的文化特点、人物故事与价值观等内容。只有这样，才能使这个形象足够鲜活，更加容易为大众所接受。[3] 所以，"泥叫叫"IP 形象"张王小勃"不单单有可爱且具有亲和力的外表，其背后所蕴含的历史文化能够体现"张王小勃"的人格魅力以及有其温度、有情感的人格特征，拥有无私奉献的勇气与舍己为人的大爱等正能量价值观，再加上可爱的表情、憨态的动作，让它能够更好地亲近大众。

（三）第三步：基础元素设计

基础元素主要指 IP 形象的标识、标准字设计。为了打造一个文化属性独特且富有较高附加价值的"泥叫叫"IP 形象，在标志的设计中，不仅应该体现张王的形象，更应该体现"泥叫叫"是泥哨玩具的性质。笔者以泥土拓印的方式拓印出张王的形象，保留张王的主体特征。在标准字设计中，为符合 IP 形象名称的特点，设计应该符合"张王小勃"的情感表现，敦厚古朴的质感与 IP 形象的个性更为协调。因此，以棕色系为标准色，以红色、灰色系为辅助色。除此之外，简洁易读，辨识度高，更有利于个性的打造，让消费者从名字上就能初步了解 IP 形象的基本信息（图 8）。

图 7 张王小勃

■ C:71 M:73 Y:68 K:33
■ C:68 M:70 Y:64 K:22

■ C:53 M:100 Y:100 K:41
■ C:48 M:100 Y:95 K:22

■ C:0 M:0 Y:0 K:90
■ C:0 M:0 Y:0 K:80

图 8　标志及标准字设计

四、"泥叫叫"IP 形象的传播策略

(一) 开发 IP 形象表情包

在网络聊天中，表情包是必不可少的。表情包多种多样，或诙谐幽默，或夸张生动。在聊天过程中，表情包的使用不仅增加了聊天的趣味性，更能够简单快速地表达聊天内容，不同年龄段的人群都可以找到适合自己的表情包。表情包传播范围广，受众多，设计"泥叫叫"IP 形象的表情包有利于"泥叫叫"的传播与推广。在设计过程中，笔者保留"张王小勃"的主体形象并根据当下潮流对"张王小勃"的五官进行设计，最终设计出"张王小勃"的动态表情包（图 9）。

(二) 推出多元化的 IP 形象创意产品

在大众消费生活多元化发展进程中，IP 形象在当下社会的影响力日益增加，在商业中的应用也愈加频繁。[4]"泥叫叫"民艺馆地处旅游景区，客流量巨大，很多游客会在游玩途中选择购买旅游纪念品。推出"泥叫叫"IP 形象的创意产品，不仅能够促进其传播，更能够产生经济价值。笔者在设计创意产品的过程中，以 IP 形象以及表情包为主要创作元素，同时将西津渡的特色建筑体现在包装插图中，再把"泥叫叫"的 IP 形象和孟菲斯元素相结合，使用夸张艳丽的色彩、重复排列的几何图形，将传统和现代潮流相结合，把握年轻人追求潮流的心理，在视觉上打造一个既潮流又古朴的文化创意产品（图 10）。此外，在以 IP 形象为主要表现形式的文化创意产品设计上也有所尝试。如以"张王小勃"为主体，根据不同的动态搭配不同的祝福语（图 11），并根据设计

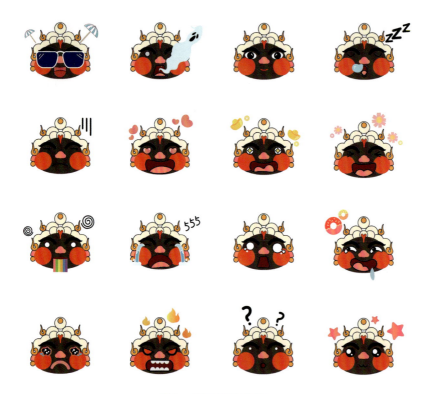

图 9 "张王小勃"表情包

图 10 "张王小勃"插画 1

图 11 "张王小勃"插画 2

图开发文化创意产品(图 12-13)。大部分文化创意产品属于生活中的常见物品,如文具、日用品、饰品、服装等均是优质载体,是传播与展现创意内容的重要媒介。

(三)与恒顺香醋推出联名商品

在西津渡,不仅有"泥叫叫",还有其他当地特产,商品的联名有助于双方产品的传播。笔者选择"泥叫叫"与镇江恒顺香醋联名(图 14)。镇江作为中国醋都,恒顺香醋驰名海外,销量甚佳,西津渡恒顺香醋的门店古色古香,装修别致,吸引了大量的游客前来参观或者购买。两种非物质文化遗产的联名,形成双重的文化底蕴,促进非物质文化遗产的双重传播。它有别于其他商品的包装,独具一格,以此吸引消费者的目光,激发消费者的购买欲望,从而产生更大的经济价值。

图 12 IP 形象创意产品设计

图 13 IP 形象创意产品设计

图 14 恒顺陈醋联名产品效果展示

"泥叫叫"的 IP 形象直观展现地域特色，憨厚可爱的"张王小勃"作为代言人极具亲和力，围绕其设计的创意延展丰富了 IP 形象的应用，兼具审美价值与实用价值的文化创意产品落地生产有助于提升经济价值和社会价值。乘着信息时代的东风，"泥叫叫"可以迅速地推广和发展。此外，有趣新颖的 IP 形象有利于打破民众对于非物质文化遗产的刻板印象，激发民众了解中华优秀传统文化的兴趣。IP 形象的应用不仅局限于表情包、创意产品和联名产品，亦可借助其他新媒介手段。"泥叫叫"IP 形象的灵活应用才是它走向国际化的重要路径。

注 释

[1] 张文潇 . 基于 IP 视角下的非物质文化遗产传播策略研究——以桃花坞木刻年画为例 [J]. 老字号品牌营销 ,2020(8):7–8.

[2] 纪黎 . 材美与工巧——镇江华山村太平泥叫叫 [J]. 艺术与设计 (理论),2012,2(6):160–162.

[3] 庞博 , 李天成 . 赤峰市 IP 形象助推文化旅游发展的方法研究 [J]. 包装工程 ,2021,42(4):224–230.

[4] 陈旺 . 非物质文化遗产的 IP 形象设计与传播策略探析 [J]. 新闻传播 ,2020(21):35–36.

图片来源

图 1–6. 实地拍摄 2020.02

图 7–14. 作者绘制

IP Image Design and Communication Strategy of Zhenjiang Intangible Cultural Heritage *Taiping Nijiaojiao*

Zhang Xueping Yin Nanyu   *Jiangsu University*

Abstract In this paper, the Jiangsu level intangible cultural heritage Zhenjiang clay sculpture *taiping nijiaojiao* as an example, through in-depth excavation of the cultural connotation, development status, artistic characteristics of *taiping nijiaojiao*, extract cultural elements and IP image of *taiping nijiaojiao*, and on the basis of the IP image, carry out emojis, creative illustrations, co-naming and other cultural and creative design. In this way, it can not only create additional economic value, but also promote diversified communication, laying a foundation for its international development, and providing a reference for the innovative design of the same type of intangible cultural heritage.

Keywords Taiping clay sculpture; IP image; Design; Spread

27 "河南老字号"文化创意产品设计实践

李婧源

"河南老字号"文化创意产品设计实践

李婧源

摘　要　随着时代发展，人们的消费观念不断更新，文化创意产品逐步被人们熟知。本文在对河南老字号餐饮品牌发展现状存在的现实问题进行分析的基础上，将现代生活元素与老字号传统文化相结合，以因应新的消费观，促进河南老字号品牌技艺和文化的可持续发展。

关键词　河南老字号；文创设计；产品

近年来，文化创意产品快速发展成为一种新的趋势，它丰富了人的精神需求，特殊的地域元素也逐步被运用在文创设计中。将传统地域文化与现代的文化创意产品设计相融合，既可以弘扬民族文化，也可以推动地域文化的传播发展。河南省位于黄河下游，是华夏文明的发祥地，诞生了无数中华民族传统文化，其中以餐饮文化为代表的河南老字号品牌历史悠久，具有浓厚的地域特色和民族烙印。文创产品与老字号品牌相融合拓宽了文化传播的道路。

一、设计思路

老字号是中华优秀传统文化的重要组成部分，具有重要的文化价值和商业开发价值。河南省商务厅从 2006 年以来就启动了河南老字号认定工作，截至 2021 年 2 月以7 个批次累计授予了 217 个"河南老字号"标识。河南老字号的评定主要分为四大类，分别为餐饮类、工艺美术类、医疗医药类和商业服务类。[1] 河南老字号代表的是中原文化的传承，也是民族民间文化历代变迁的象征。每一个老字号品牌都经历了百年的风雨，

李婧源，女，中原工学院硕士研究生，研究方向为视觉传达与公共设计。

凝结了几代人的情感。

目前，河南老字号餐饮类企业数量有限，大部分企业缺乏创新思维，依旧保留着"老"的思想，经营规模较小，在全国的知名度不高。其一，大多河南老字号在发展中只注重口味，周边产品开发范围并不大，缺乏品牌支撑。其二，河南老字号在百年文化传承发展过程中缺乏相关的专业设计人才，产品的内容、形式不够新颖，导致品牌打开新市场的压力较大。其三，河南老字号的文创产品还有待进一步的开发延展。目前市面上的河南老字号文创产品还处于初步阶段，种类少，大多是杯子、扇子等，没有将文化与现代生活相结合，不能给消费者带来深刻的印象。因此，河南老字号不能顺应时代发展速度，没有对市场和消费者的需求进行准确定位，导致老字号的附加值大大降低。[2] 同时，它还面临各种现代新兴品牌带来的冲击和发展压力，已被列入河南省民间文化遗产抢救工程常态中。

在设计初期，笔者对河南老字号的品牌类别进行了系统性梳理总结（图1），以郑州、洛阳、开封的河南老字号为中心，最终选择出15个具有代表性的河南老字号品牌。首先，创新老字号的品牌文字，再与插图相结合，在字体与插图风格表现上，提取出老字

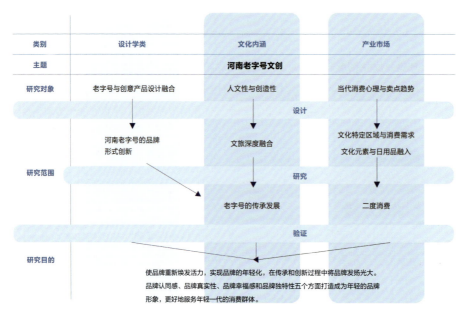

图1　河南老字号研究思路框架

号品牌中代表的特色菜品并进行重构、抽象，使视觉更加现代化，从而贴合年轻人的审美观。其次，确定文化创意产品种类，做到顺应时代潮流，把握新消费风向。如"盲盒热"走进大众视野的中心，设计师可借助盲盒的创新理念与产品进行组合，加入文化符号，创造出新的文化创意产品。

二、河南老字号文创产品的创新理念

近几年，国家对老字号品牌给予了政策支持。河南老字号品牌的许多制作技艺被列入了非物质文化遗产的名单，使得河南老字号又重新回到了人们的视野中。他们更愿意为带有文化内涵的文创产品买单。[3] 在保有文化价值的基础上融入创新思维，满足人们对文化内涵的需求，河南老字号更应该面对挑战。河南老字号文化创意产品的设计，不仅可以增加人们对老字号文化的了解，品牌的美誉度也得到了提升，具有开创性。在设计过程中，设计师要打破固有思维，采用新的设计表达，不断增强产品的实用美和创造美，将河南老字号的内涵以新产品的形式展现出来，提高人们的接受度，宣传美食文化，推动发展具有现代风格的河南老字号文创产品，从而传承民族文化，提升品牌的附加值。

三、设计作品分析

（一）河南老字号相关文字设计

通过对河南老字号品牌资料的收集和实地考察，笔者发现，河南老字号的牌匾仍采用传统的字体，风格同质化严重。为此，笔者针对 15 个品牌的字体，采用重构、手写体等方法进行创新设计，将其转化为现代平面造型，并采用鲜亮明快的颜色，使其更加符合现代审美（图 2）。

（二）河南老字号相关图形设计

图形化是对图形语言直观感受的表达。文化创意产品中元素的提炼，要体现其独特性、艺术性、文化性，呈现现代的艺术语言形式。插图元素运用点、线、面构成视觉元素噪点，对噪点的大小、色彩进行变动构成肌理重复，能够打破传统在人们心中的固有印象。另外，在图形的设计上，沿用老字号品牌中人们较为熟知的元素，设计出新图样并运用，在颜色的搭配上使用反差对比较大的冷暖搭配（图 3），不仅可以赋予老字号元素以文化内涵，而且彰显了象征意味。

图 2 河南老字号字体设计

图 3 河南老字号插图设计

（三）河南老字号相关文创设计

一直以来，河南老字号以旅游产品来定位，消费群体中游客占比大，年轻人消费并不多，一直面临着创新性不足的问题，需要设计出符合年轻人消费观的产品。"今天吃什么"抽签盲盒是根据近年来市场的流行趋势设计出的一款商品（图4），盲盒中有河南老字号的品牌名称和流行语言，对于年轻的旅游群体，也是一种互动性的体验。

对于游客这个数量众多的消费群体，把老字号插画应用在家居帆布收纳袋上，在展现老字号文化的同时，也有一定的装饰作用。"挂式收纳袋"通过丝网印刷的方式，将图案清晰地展示出来。插图的纹样和色调搭配统一，装饰性和实用性并存（图5）。

也可将河南老字号文化创意产品运用在厨房用品上，通过对肌理的提取，打破沉闷色彩。"便携餐具布袋"也是一种旅游中的伴手礼（图6），它可以随身携带，展开后内层的河南老字号品牌简介也起到了宣传的作用。产品采用原木和棉麻材质，会给人带来温馨的感觉。"餐盘"采用陶瓷材质，运用肌理（图7），颜色鲜亮对比强烈，更符合年轻群体的消费需求。餐垫、杯垫作为生活中较为常用的产品，加入插图后，会增加其趣味性（图8）。

钥匙扣是生活中使用较为频繁的产品之一。将文字和插图相结合，既达到了快速传递信息的效果，又能使老字号在视觉上唤起了情感联系，拉近了传统与年轻群体的距离。锌合金和钢丝圈的材质还增加了产品的质感，展现了老字号的现代美（图9）。

图4　文创产品"抽签盲盒"应用

图5　文创产品"挂式帆布袋"应用　　　　图6　文创产品"便携餐具布袋"应用

图7 文创产品"陶瓷餐盘"应用

图8 文创产品"餐垫、杯垫"应用

图9 文创产品"钥匙扣"应用

随着经济不断发展，社会消费方式不断转化升级，河南老字号作为传统文化的传承与发展更应该得到年轻群体的重视。本文把河南老字号作为研究对象，从形式、色彩、元素等方面深入了解河南老字号在文化创意产品中的创新应用，以期使老字号中蕴含的文化内涵得到传承，拥有新发展。

注 释

[1] 索德浩,毛求学,汪健.四川汉代俳优俑——从金堂县出土的俳优俑谈起 [J]. 成都考古研究,2013(00):257-269.

[2] 穆健康.河南省老字号品牌活化研究 [J]. 河南社会科学,2010,18(5):232-233.

[3] 马向阳,王烨纯.品牌文化认同对区域品牌产品购买意向影响研究 [J]. 河北工业科技,2015,32(01):32-37.

Design Practice of "Henan Time-honored Brand" Cultural and Creative Products

Li Jingyuan　　*Zhongyuan University of Technology*

Abstract　With the constantly updated consumer concepts of the times, cultural and creative products have gradually become well-known, and Henan's time-honored brands have been deeply influenced by tradition. This paper analyzes the actual problems of the development status of Henan's time-honored catering brands, and conducts innovative research and design promotion of Henan's time-honored cultural and creative products, and combines modern life elements with time-honored traditional culture for design practice and application to cater to the new consumption concept and promote. The skills and culture of the traditional Henan time-honored brand are sustainable.

Keywords　Henan time-honored brand; Cultural and creative design; Product